Schriften des Betriebs-Beraters
Band 55

# Bewertung der Aktien und GmbH-Anteile bei der Vermögensteuer

Richtlinien – Rechtsprechung – Anmerkungen

von

Ministerialrat a. D. Dr. Max Troll

Bonn

5., neubearbeitete Auflage 1989

Verlag Recht und Wirtschaft GmbH · Heidelberg

1. Auflage 1975 – ISBN 3-8005-6242-1
2. Auflage 1977 – ISBN 3-8005-6247-2
3. Auflage 1980 – ISBN 3-8005-6260-x
4. Auflage 1983 – ISBN 3-8005-6272-3
5. Auflage 1989 – ISBN 3-8005-6283-9

---

**CIP-Titelaufnahme der Deutschen Bibliothek**

**Troll, Max:**

Bewertung der Aktien und GmbH-Anteile bei der Vermögensteuer : Richtlinien – Rechtsprechung – Anm. / von Max Troll. – 5., neubearb. Aufl. – Heidelberg: Verl. Recht u. Wirtschaft, 1989

(Schriften des Betriebs-Beraters ; Bd. 55)
4. Aufl. u.d.T.: Troll, Max : Bewertung der GmbH-, OHG- und KG-Anteile bei der Vermögensteuer.
ISBN 3-8005-6283-9

NE: GT

---

ISBN 3-8005-6283-9

© 1989 Verlag Recht und Wirtschaft GmbH, Heidelberg

Das Werk einschließlich aller seiner Teile ist urheberrechtlich geschützt. Jede Verwertung außerhalb der engen Grenzen des Urheberrechtsgesetzes ist ohne Zustimmung des Verlages unzulässig und strafbar. Das gilt insbesondere für Vervielfältigungen, Bearbeitungen, Übersetzungen, Mikroverfilmungen und die Einspeicherung und Verarbeitung in elektronischen Systemen.

Lichtsatz und Offsetdruck: HVA Grafische Betriebe, 6900 Heidelberg

Verarbeitung: Progressdruck, Speyer

Printed in Germany.

# Vorwort zur 5. Auflage

Ebenso wie die Vorauflagen behandelt auch die vorliegende 5. Neuauflage die Bewertung von Aktien und GmbH-Anteilen für vermögensteuerliche Zwecke. Aktueller Anlaß für die Neuauflage ist der Erlaß der Vermögensteuer-Ergänzungsrichtlinien 1989 und die damit im Zusammenhang stehende Neufassung der Vermögensteuer-Richtlinien, jeweils vom 9. 3. 1989 (BStBl I Sondernummer 1/1989), die für die Vermögensteuer-Hauptveranlagung zum 1. 1. 1989 und für die folgenden Stichtage gelten. In diesen Vermögensteuer-Richtlinien 1989 haben gerade die Anweisungen, die sich mit der Bewertung von Aktien und GmbH-Anteilen befassen (Abschn. 74 ff. VStR), umfangreiche und wesentliche Änderungen erfahren.

Bei etwa 2400 Aktiengesellschaften und 380 000 Gesellschaften mit beschränkter Haftung, die es in der Bundesrepublik gibt, haben die genannten Anweisungen eine ganz erhebliche Bedeutung; denn das Ergebnis der danach erfolgenden Bewertung der Aktien und GmbH-Anteile ist für eine Vielzahl von Gesellschaftern verbindlich. Hinzu kommt, daß, wie zu vernehmen ist, auch die Finanzverwaltung in der nächsten Zeit ihr besonderes Augenmerk auf die Durchführung der Anteilsbewertung richten wird. Es sollte sich deshalb schon lohnen, wenn der steuerliche Berater der einzelnen Kapitalgesellschaft neben allen anderen Steuerproblemen, die er zu bewältigen hat, sich auch mit diesem Steuergebiet eingehender befaßt. Dabei soll ihm die vorliegende Neuauflage behilflich sein.

Der bewährte Aufbau der früheren Auflagen wird auch diesmal beibehalten. Zunächst wird der jeweilige Wortlaut der einschlägigen Abschnitte der Vermögensteuer-Richtlinien gebracht und daran anschließend die dazu ergangene Rechtsprechung des Bundesfinanzhofs dargestellt. Da in der Begründung vieler Urteile des Bundesfinanzhofs weit mehr Einzelheiten behandelt werden, als die jeweiligen Leitsätze des Urteils vermuten lassen, werden diese Ausführungen möglichst im Wortlaut mitabgedruckt. Redaktionelle Straffungen und Überarbeitungen haben sich dabei allerdings nicht immer vermeiden lassen. Zu den einzelnen Abschnitten der Vermögensteuer-Richtlinien folgen dann ergänzende Anmerkungen und Erläuterungen, in denen die Meinung des Verfassers wiedergegeben wird. Insbesondere wird dabei auch auf die Änderungen eingegangen, die sich in den Vermögensteuer-Richtlinien 1989 ergeben.

Der Verfasser war in dem für die Vermögensteuer zuständigen Referat des Bundesfinanzministeriums tätig und konnte an dieser Stelle die Entwick-

*Vorwort*

lung des hier behandelten Steuergebiets über Jahrzehnte hinweg beobachten, gelegentlich auch beeinflussen. Seine Erfahrungen aus seiner späteren steuerberatenden Tätigkeit dürften ebenfalls ihren Niederschlag in der Neuauflage gefunden haben. Ohne die Ausführlichkeit eines Kommentars zu beanspruchen, behandelt die Neuauflage mehr die praktische Seite der Bewertung. Sie ermöglicht es aber dem Leser, daß er sich, wie von der BFH-Rechtsprechung gefordert (vgl. dazu BFH, 7. 12. 1977), auch über die theoretischen Grundlagen des „Stuttgarter Verfahrens" unterrichtet.

Verlag und Verfasser hoffen und wünschen, daß die vorliegende Neuauflage allen von Nutzen sein möge, die sich in der nächsten Zeit mit diesem Steuergebiet befassen müssen.

Bonn, im Frühjahr 1989 *Max Troll*

# Inhaltsverzeichnis

|  | Seite |
|---|---|
| Abkürzungsverzeichnis | 14 |

**I. Allgemeines zur vermögensteuerlichen Bewertung von Aktien und GmbH-Anteilen**
1. Wortlaut des Abschnitts 74 VStR ... 17
2. Rechtsprechung zu Abschnitt 74 VStR ... 19
   a) Bedeutung des Börsenkurses ... 20
   b) Verkäufe im gewöhnlichen Geschäftsverkehr ... 20
   c) Verkäufe in zeitlicher Nähe des Stichtages ... 22
   d) Ein oder mehrere Verkäufe ... 22
   e) Ungewöhnliche und persönliche Verhältnisse ... 24
3. Ergänzende Anmerkungen zu Abschnitt 74 VStR ... 25
   a) Verbindlichkeit des Börsenkurses ... 25
   b) Ableitung des Werts aus Kaufpreisen ... 26
   c) Aktien mit Verfügungsbeschränkungen ... 29
   d) Aktien bei Kapitalerhöhung ... 30
   e) Genußscheine ... 30
   f) Verschiedene Aktiengattungen ... 31
   g) Ausländische Aktien ... 32
   h) Beteiligung und Paketzuschlag ... 33
   i) Beteiligung und Paketabschlag ... 35

**II. Allgemeines zur Ermittlung des gemeinen Wertes von nichtnotierten Aktien und von GmbH-Anteilen**
1. Wortlaut des Abschnitts 76 VStR ... 37
2. Rechtsprechung zu Abschnitt 76 VStR ... 37
   a) Schätzungsverfahren ... 38
3. Ergänzende Anmerkungen zu Abschnitt 76 VStR ... 40
   a) Allgemeines ... 40
   b) Bewertung nach Abschnitt 76 ff. VStR ... 41
   c) Bindung an das Stuttgarter Verfahren ... 41
   d) Bedeutung des Börsenkurses für die Anteilsbewertung ... 42
   e) Nichtnotierte Anteile an ausländischen Kapitalgesellschaften ... 43

**III. Ermittlung des Vermögenswertes**
1. Wortlaut des Abschnitts 77 VStR ... 46

*Inhaltsverzeichnis*

2. Rechtsprechung zu Abschnitt 77 VStR .............. 48
   a) Übernahme der Ergebnisse der Einheitsbewertung ....... 48
   b) Einheitswert bei abweichendem Wirtschaftsjahr......... 50
   c) Erfassung von Wirtschaftsgütern.................. 51
   d) Berücksichtigung von Schulden .................. 51
   e) Betriebsgrundstücke......................... 53
   f) Kein Abzug latenter Steuerlasten ................. 54
   g) Kürzung des ermittelten Betriebsvermögens........... 55
3. Ergänzende Anmerkungen zu Abschnitt 77 VStR ........ 56
   a) Verbindlichkeit des Einheitswerts des GmbH-Vermögens 56
   b) Einheitswert bei abweichendem Wirtschaftsjahr......... 58
   c) Negativer Einheitswert und fehlender Einheitswert ....... 60
   d) Korrekturen am Einheitswert .................... 61
   e) Zurechnungen zum Einheitswert ................. 61
      aa) Schachtelbeteiligungen .................... 62
      bb) Auslandsvermögen ...................... 63
      cc) Firmenwert und firmenwertähnliche immaterielle
          Wirtschaftsgüter......................... 64
   f) Abrechnungen vom Einheitwert .................. 65
      aa) Schulden und Lasten...................... 65
      bb) Gewinnabführungsverpflichtung .............. 66
   g) Korrekturen an einzelnen Wertansätzen............. 67
      aa) Grundbesitz........................... 69
      bb) Erbbaurecht........................... 73
      cc) Mineralgewinnungsrechte .................. 74
      dd) OHG- und KG-Anteile .................... 74
      ee) Beteiligungen .......................... 80
      ff) Bewegliches Anlagevermögen ................ 80
      gg) Renten und Nutzungen .................... 82
      hh) Kapitalforderungen ...................... 83
   h) Abzug von Steuerschulden ..................... 84
   i) Genereller Abschlag vom Vermögenswert ............ 87
   k) Rechnerische Ermittlung des Vermögenswerts ........ 88

IV. **Ermittlung des Ertragshundertsatzes**
1. Wortlaut des Abschnitts 78 VStR.................. 89
2. Rechtsprechung zu Abschnitt 78 VStR ............... 90
   a) Künftiger Ertrag............................ 91
   b) Ertragsaussichten bei Familiengesellschaften .......... 92
   c) Berücksichtigung von Abschreibungen ............. 92
   d) Steuerbelastung ............................ 93

|     |     |     |
| --- | --- | --- |
| | e) Abschlag vom Durchschnittsertrag | 94 |
| | f) Negative Betriebsergebnisse | 95 |
| 3. | Ergänzende Anmerkungen zu Abschnitt 78 VStR | 96 |
| | a) Steuerbilanzgewinn | 96 |
| | b) Korrekturen am Steuerbilanzgewinn | 97 |
| | c) Hinzurechnungen | 99 |
| |     aa) Sonderabschreibungen | 99 |
| |     bb) Steuerfreie Rücklagen | 100 |
| |     cc) Verlustabzug | 100 |
| |     dd) Veräußerungsverlust | 101 |
| |     ee) Steuerfreie Einnahmen u. a. mehr | 101 |
| | d) Abrechnungen | 102 |
| |     aa) Veräußerungsgewinn | 102 |
| |     bb) Nichtabzugsfähige Ausgaben | 102 |
| |     cc) Gewinnausschüttungen | 102 |
| | e) Körperschaftsteuerabzug | 103 |
| | f) Zuschlag bei nichtabzugsfähigen Aufwendungen | 105 |
| | g) Negatives Betriebsergebnis | 106 |
| | h) Selbständige Ermittlung des Betriebsergebnisses | 106 |
| | i) Betriebsergebnisse bei hoher Rendite | 107 |
| |     aa) Abschlag bei hoher Rendite | 108 |
| |     bb) Höhe des Abschlags | 110 |
| | j) Genereller Abschlag vom Betriebsergebnis | 112 |
| | k) Rechnerische Ermittlung des Ertragshundertsatzes | 113 |
| | l) Verlust als Betriebsergebnis | 113 |

**V. Ermittlung des gemeinen Wertes**

|     |     |     |
| --- | --- | --- |
| 1. | Wortlaut des Abschnitts 79 VStR | 115 |
| 2. | Rechtsprechung zu Abschnitt 79 VStR | 117 |
| | a) Marktübliche Verzinsung | 118 |
| | b) Unangemessen niedrige Rendite | 119 |
| | c) Bindungen beim Verkauf | 120 |
| | d) Bindungen bei Familiengesellschaften | 121 |
| | e) Beschränkungen bei Gründungsgesellschaftern | 121 |
| | f) Schwere Verkäuflichkeit | 122 |
| | g) Betriebsgrundstück im Besitz eines Gesellschafters | 123 |
| | h) Politisches Risiko | 123 |
| | i) Konzernmäßige Verbindung | 123 |
| | k) Andere Verfügungsbeschränkungen | 124 |
| 3. | Ergänzende Anmerkungen zu Abschnitt 79 VStR | 124 |
| | a) Bedeutung des Bewertungsverfahrens | 124 |

    b) Abschlag bei zu geringen Erträgen. . . . . . . . . . . . . . . 130
    c) Unterkapitalisierte GmbH . . . . . . . . . . . . . . . . . . . . 133
    d) Verfügungsbeschränkungen . . . . . . . . . . . . . . . . . . 133
    e) Sonstige Korrekturen . . . . . . . . . . . . . . . . . . . . . . . 135

**VI. Ermittlung des gemeinen Wertes für Aktien und GmbH-Anteile ohne Einfluß auf die Geschäftsführung**

1. Wortlaut des Abschnitts 80 VStR . . . . . . . . . . . . . . . . . . 136
2. Rechtsprechung zu Abschnitt 80 VStR . . . . . . . . . . . . . . 137
    a) Allgemeines . . . . . . . . . . . . . . . . . . . . . . . . . . . . . . 138
    b) Voraussetzungen für eine Sonderbewertung . . . . . . . . . . 139
    c) Sonderbewertung bei Ehegatten . . . . . . . . . . . . . . . . . 141
    d) Ableitung des gemeinen Wertes aus Kaufpreisen . . . . . . . . 142
3. Ergänzende Anmerkungen zu Abschnitt 80 VStR . . . . . . . . . 143
    a) Allgemeines . . . . . . . . . . . . . . . . . . . . . . . . . . . . . . 143
    b) Voraussetzung einer Sonderbewertung . . . . . . . . . . . . . 143
    c) Durchführung der Sonderbewertung. . . . . . . . . . . . . . . 145
    d) Zusammenrechnung von Anteilen . . . . . . . . . . . . . . . . 146
    e) Zusammenrechnung bei Ehegatten usw. . . . . . . . . . . . . . 147
    f) Zusammenrechnung in anderen Fällen . . . . . . . . . . . . . 148
    g) Anteile ohne Stimmrecht . . . . . . . . . . . . . . . . . . . . . 148
    h) Behandlung der zusammengerechneten Anteile . . . . . . . . 149
    i) Sonderbewertung und Paketzuschlag . . . . . . . . . . . . . . 149

**VII. Ermittlung des gemeinen Wertes unter Außerachtlassung der Ertragsaussichten**

1. Wortlaut des Abschnitts 81 VStR . . . . . . . . . . . . . . . . . . 150
2. Rechtsprechung zu Abschnitt 81 VStR . . . . . . . . . . . . . . 151
    a) Bewertung ohne Berücksichtigung des Ertrags . . . . . . . . 151
    b) Holding-Gesellschaft . . . . . . . . . . . . . . . . . . . . . . . . 151
    c) Komplementär-GmbH. . . . . . . . . . . . . . . . . . . . . . . 152
3. Ergänzende Anmerkungen zu Abschnitt 81 VStR . . . . . . . . . 153
    a) Gesellschaft ohne unmittelbare Erträge . . . . . . . . . . . . 153
    b) Kaskadeneffekt . . . . . . . . . . . . . . . . . . . . . . . . . . . . 154
    c) Abgrenzung des Beteiligungsbesitzes . . . . . . . . . . . . . . 156
    d) Holding-Gesellschaft . . . . . . . . . . . . . . . . . . . . . . . . 157
    e) Gesellschaft mit größerem Anteilsbesitz . . . . . . . . . . . . 158
    f) Anteile ohne Einfluß auf die Geschäftsführung . . . . . . . . 159
    g) Gesellschaft mit OHG- und KG-Anteilen . . . . . . . . . . . 159
    h) Liquidationsgesellschaft . . . . . . . . . . . . . . . . . . . . . . 161
    i) GmbH ohne Vermögen . . . . . . . . . . . . . . . . . . . . . . 162

## VIII. Ermittlung des gemeinen Wertes von Anteilen an gemeinnützigen Kapitalgesellschaften

1. Wortlaut des Abschnitts 82 VStR . . . . . . . . . . . . . . . . . . . 163
2. Rechtsprechung zu Abschnitt 82 VStR . . . . . . . . . . . . . . 163
   a) Unterstützungskasse . . . . . . . . . . . . . . . . . . . . . . . . . 163
3. Ergänzende Anmerkungen zu Abschnitt 82 VStR . . . . . . . . 164
   a) Anteile an gemeinnützigen Gesellschaften . . . . . . . . . . . 164
   b) Anteile an einer Unterstützungskasse . . . . . . . . . . . . . 165
   c) Rückwirkender Wegfall der Steuerfreiheit . . . . . . . . . . . 166

## IX. Ermittlung des gemeinen Wertes für Anteile bei Beteiligungsbesitz und in den Fällen der Organschaft

1. Wortlaut des Abschnitts 83 VStR . . . . . . . . . . . . . . . . . . . 167
2. Rechtsprechung zu Abschnitt 83 VStR . . . . . . . . . . . . . . 168
   a) Organgesellschaft . . . . . . . . . . . . . . . . . . . . . . . . . . 168
   b) Obergesellschaft . . . . . . . . . . . . . . . . . . . . . . . . . . . 169
3. Ergänzende Anmerkungen zu Abschnitt 83 VStR . . . . . . . . 171
   a) Allgemeines . . . . . . . . . . . . . . . . . . . . . . . . . . . . . . 171
   b) Getrennte Wertermittlung . . . . . . . . . . . . . . . . . . . . . 172
   c) Anteile an der Organ-GmbH . . . . . . . . . . . . . . . . . . . 174
   d) Anteile an der Organträger-GmbH . . . . . . . . . . . . . . . 174
   e) Garantierte Dividende . . . . . . . . . . . . . . . . . . . . . . . 175
   f) Fiktive Steuern . . . . . . . . . . . . . . . . . . . . . . . . . . . . 176

## X. Ermittlung des gemeinen Wertes für Anteile an Kapitalgesellschaften mit ungleichen Rechten

1. Wortlaut des Abschnitts 84 VStR . . . . . . . . . . . . . . . . . . . 178
2. Ergänzende Anmerkungen zu Abschnitt 84 VStR . . . . . . . . 178

## XI. Ermittlung des gemeinen Wertes für Anteile an Kapitalgesellschaften bei nicht voll eingezahltem Grund- und Stammkapital

1. Wortlaut des Abschnitts 85 VStR . . . . . . . . . . . . . . . . . . . 180
2. Rechtsprechung zu Abschnitt 85 VStR . . . . . . . . . . . . . . 180
3. Ergänzende Anmerkungen zu Abschnitt 85 VStR . . . . . . . . 181

## XII. Ermittlung des gemeinen Wertes für Anteile an Kapitalgesellschaften bei verdecktem Neukapital

1. Wortlaut des Abschnitts 86 VStR . . . . . . . . . . . . . . . . . . . 183

*Inhaltsverzeichnis*

2. Rechtsprechung zu Abschnitt 86 VStR . . . . . . . . . . . . . . . 184
   a) Darlehen von Gesellschaftern und Nichtgesellschaftern . . . . . 184
   b) Vergleich mit dem Nennkapital . . . . . . . . . . . . . . . . . 184
3. Ergänzende Anmerkungen zu Abschnitt 86 VStR . . . . . . . . . 184

**XIII. Bewertung bei eigenen Aktien und GmbH-Anteilen**

1. Wortlaut des Abschnitts 87 VStR . . . . . . . . . . . . . . . . . . 186
2. Rechtsprechnung zu Abschnitt 87 VStR . . . . . . . . . . . . . . 186
   a) Erfassung von Eigenanteilen . . . . . . . . . . . . . . . . . . . 187
   b) Eigenanteile bei der Ermittlung des Anteilswertes . . . . . . . 188
   c) Feststellungsbescheid . . . . . . . . . . . . . . . . . . . . . . 188
3. Ergänzende Anmerkungen zu Abschnitt 87 VStR . . . . . . . . . 189

**XIV. Ermittlung des gemeinen Wertes für Kuxe und andere Anteile an bergrechtlichen Gewerkschaften**

1. Wortlaut des Abschnitts 88 VStR . . . . . . . . . . . . . . . . . . 191
2. Ergänzende Anmerkungen zu Abschnitt 88 VStR . . . . . . . . . 191

**XV. Ermittlung des gemeinen Wertes für Anteile an Kapitalgesellschaften bei Neugründungen**

1. Wortlaut des Abschnitts 89 VStR . . . . . . . . . . . . . . . . . . 192
2. Rechtsprechung zu Abschnitt 89 VStR . . . . . . . . . . . . . . . 193
   a) Ansatz mit 100 v. H. des eingezahlten Nennkapitals . . . . . . 193
   b) Verluste in der Anlaufzeit und Teilwert . . . . . . . . . . . . 194
3. Ergänzende Anmerkungen zu Abschnitt 89 VStR . . . . . . . . . 194

**XVI. Stichtag für die Bewertung von Anteilen an Kapitalgesellschaften**

1. Wortlaut des Abschnitts 89 a VStR . . . . . . . . . . . . . . . . . 196
2. Ergänzende Anmerkungen zu Abschnitt 89 a VStR . . . . . . . . 197
   a) Durchführung der Anteilsbewertung auf Antrag . . . . . . . . 197
   b) Zweckmäßigkeit eines Antrags . . . . . . . . . . . . . . . . . 198
   c) Neubewertung von Amts wegen . . . . . . . . . . . . . . . . . 199

**XVII. Verfahren bei der Bewertung von Anteilen an Kapitalgesellschaften**

1. Wortlaut des Abschnitts 90 VStR . . . . . . . . . . . . . . . . . . 201

2. Wortlaut der Verordnung zur gesonderten Feststellung des gemeinen Werts nichtnotierter Anteile an Kapitalgesellschaften (AntBew-VO) .............................. 201
3. Rechtsprechung zu Abschnitt 90 VStR und zur AntBew-VO .... 203
   a) Grundlagen- und Folgebescheid ................. 203
   b) Beiladung der Beteiligten ..................... 204
   c) Streitwert ................................. 205
4. Ergänzende Anmerkungen zu Abschnitt 90 VStR und zur AntBew-VO ........................... 206
   a) Formelles Feststellungsverfahren ............... 206
      aa) Erklärungspflicht ....................... 206
      bb) Feststellungsbescheid ................... 207
      cc) Berichtigung des Feststellungsbescheids ...... 208
      dd) Beteiligte am Feststellungsverfahren .......... 209
      ee) Feststellungsbescheid als Grundlagenbescheid .... 210
   b) Rechtsbehelf gegen den Feststellungsbescheid ......... 210
   c) Feststellungsbescheid bei getrennter Bewertung ......... 211
   d) Geltungsbereich des Feststellungsbescheids über den Anteilswert 211
   e) Bewertung von Anteilen an einer ausländischen GmbH ..... 212

**Anlage:** Auszug aus dem Bewertungsgesetz ............. 213

**Sachregister** ..................................... 215

# Abkürzungsverzeichnis

| | |
|---|---|
| AfA | Absetzung für Abnutzung |
| AG | Aktiengesellschaft |
| AktG | Aktiengesetz |
| AntBew-VO | Anteilsbewertungs-Verordnung |
| AO | Abgabenordnung |
| | |
| BB | Zeitschrift „Betriebs-Berater" |
| BerlinFG | Berlinförderungsgesetz |
| Betrieb | Zeitschrift „Der Betrieb" |
| BewG | Bewertungsgesetz |
| BewRGr | Richtlinien zur Bewertung des Grundvermögens |
| BFH | Bundesfinanzhof |
| BFH/NV | Sammlung amtlich nicht veröffentlichter Entscheidungen des Bundesfinanzhofs |
| BGBl. | Bundesgesetzblatt |
| BGH | Bundesgerichtshof |
| BStBl. | Bundessteuerblatt |
| BVerfG | Bundesverfassungsgericht |
| | |
| DStR | Zeitschrift „Deutsches Steuerrecht" |
| DStZ/E | Deutsche Steuerzeitung/Eildienst |
| | |
| E | Ertragshundertsatz |
| EAV | Ergebnisabführungsvertrag |
| EFG | Entscheidungen der Finanzgerichte |
| EStDV | Einkommensteuer-Durchführungsverordnung |
| EStG | Einkommensteuergesetz |
| | |
| FG | Finanzgericht |
| FinMin. | Finanzministerium |
| | |
| G | Gemeiner Wert |
| GG | Grundgesetz |
| GmbH | Gesellschaft mit beschränkter Haftung |
| GmbHG | Gesetz über Gesellschaften mit beschränkter Haftung |
| GmbHR | Zeitschrift „GmbH-Rundschau" |
| HFR | Höchstrichterliche Finanzrechtsprechung |

*Abkürzungsverzeichnis*

| | |
|---|---|
| i. d. F. | in der Fassung |
| KG | Kommanditgesellschaft |
| KStG | Körperschaftsteuergesetz |
| NS | Niedersachsen |
| NW | Nordrhein-Westfalen |
| OHG | Offene Handelsgesellschaft |
| RFH | Reichsfinanzhof |
| RStBl. | Reichssteuerblatt |
| s. o. | siehe oben |
| s. S. | siehe Seite |
| u. U. | unter Umständen |
| V | Vermögenswert |
| VO | Verordnung |
| VStG | Vermögensteuergesetz |
| VStR | Vermögensteuer-Richtlinien |
| WP | Zeitschrift „Wirtschaftsprüfung" |

# I. Allgemeines zur vermögensteuerlichen Bewertung von Aktien und Anteilen

## 1. Wortlaut des Abschnitts 74 VStR

*(1) Für Wertpapiere und Schuldbuchforderungen, die am Stichtag an einer deutschen Börse zum amtlichen Handel oder zum geregelten Markt zugelassen oder in den geregelten Freiverkehr (vgl. BFH 6. 5. 1977, BStBl. 1977 II S. 626) einbezogenen sind, gelten die nach § 11 Abs. 1 BewG maßgebenden Kurse vom Stichtag. Diese werden vom Bundesminister der Finanzen in einer Liste zusammengestellt und im Bundessteuerblatt Teil I veröffentlicht.*

*(2) Wertpapiere, für die ein Kurs nach § 11 Abs. 1 BewG nicht besteht, sind anzusetzen,*

1. *soweit sie Anteile an Kapitalgesellschaften verbriefen, mit dem gemeinen Wert nach § 11 Abs. 2 BewG und*
2. *soweit sie Forderungsrechte verbriefen, mit dem sich nach § 12 Abs. 1 BewG ergebenden Wert. . . .*

*(3) Der gemeine Wert von Anteilen an Kapitalgesellschaften ist nach § 11 Abs. 2 BewG in erster Linie aus Verkäufen abzuleiten. Dabei sind jedoch nur Verkäufe zu berücksichtigen, die am Bewertungsstichtag weniger als ein Jahr zurückliegen. Käufe nach dem Stichtag bleiben außer Betracht (BFH 30. 1. 1976, BStBl. 1976 II S. 280, und BFH 7. 12. 1979, BStBl. 1980 II S. 234). Der gemeine Wert nichtnotierter Anteile an einer Kapitalgesellschaft kann auch aus einem einzigen Verkauf abgeleitet werden, wenn Gegenstand des Verkaufs nicht nur ein Zwerganteil ist (BFH 5. 3. 1986, BStBl. 1986 II S. 591). Telefonkurse im Bankverkehr, denen nicht lediglich geringfügige Verkäufe ohne echten Aussagewert zugrunde liegen, sind grundsätzlich für die Wertableitung geeignet. Es können jedoch nur Kurse und Verkaufserlöse berücksichtigt werden, die im gewöhnlichen Geschäftsverkehr erzielt worden sind (BFH 14. 10. 1966, BStBl. 1967 III S. 82, BFH 14. 2. 1969, BStBl. 1969 II S. 395, BFH 6. 5. 1977, BStBl. 1977 II S. 626, und 28. 11. 1980, BStBl. 1981 II S. 353). Bei Ableitung aus Verkäufen ist ein in dem Verkaufspreis enthaltener Zuschlag für den Beteiligungscharakter auszuscheiden. Soweit der Zuschlag betragsmäßig nicht feststeht, ist er unter sinngemäßer Anwendung des Absatzes 4 zu berechnen. Im übrigen gelten für die Ermittlung des gemeinen Werts die Anweisungen in den Abschnitten 76 bis 90. Bei*

*I. Allgemeines zur vermögensteuerlichen Bewertung von Aktien und Anteilen*

*ausländischen Wertpapieren ist möglichst von den Kursen des Emissionslandes auszugehen.*

*(4) Besitzt ein Steuerpflichtiger mehr als 25 v. H. der Anteile an einer Kapitalgesellschaft, so ist ein Paketzuschlag zu machen, wenn der gemeine Wert seiner Beteiligung höher ist als der Wert, der sich insgesamt nach den Absätzen 1 bis 3 für die Anteile ergibt (§ 11 Abs. 3 BewG). Bei der Entscheidung darüber, ob der Steuerpflichtige mehr als 25 v. H. der Anteile an einer Kapitalgesellschaft besitzt, ist von einem um die eigenen Anteile der Kapitalgesellschaft verminderten Nennkapital auszugehen (vgl. das zur Ertragsbesteuerung ergangene BFH-Urteil vom 24. 9. 1970, BStBl. 1971 II S. 89). Bei der Prüfung, ob eine Beteiligung vorliegt, sind neben den Anteilen, die dem Steuerpflichtigen selbst gehören, auch die Anteile zu berücksichtigen, bei denen ihm die Ausübung der Gesellschafterrechte ganz oder teilweise vorbehalten ist.*

*Eine Zusammenrechnung von Ehegattenanteilen ist nur dann gerechtfertigt, wenn hierfür konkrete Umstände vorliegen. Es müssen demnach zusätzlich zur ehelichen Lebensgemeinschaft Beweisanzeichen gegeben sein, die für das Vorliegen einer engen Wirtschaftsgemeinschaft sprechen. Eine enge Wirtschaftsgemeinschaft ist insbesondere in folgenden Fällen anzunehmen:*

*1. Die Anteile an der Kapitalgesellschaft gehören zum Gesamtgut der im Güterstand der Gütergemeinschaft lebenden Ehegatten.*

*2. Ein Ehegatte hat dem anderen Ehegatten eine unwiderrufliche Vollmacht zur Stimmrechtsausübung erteilt oder sich zivilrechtlich verpflichtet, sein Stimmrecht stets im Einklang mit dem Stimmrecht des anderen Ehegatten auszuüben.*

*3. Die Anteile der Ehegatten wurden bei der Beurteilung der personellen Verflechtung zwischen Besitz- und Betriebsunternehmen als Voraussetzung für die Annahme einer Betriebsaufspaltung zusammengerechnet.*

*4. Die Ehegatten können ihre Anteile an der Kapitalgesellschaft nur gemeinschaftlich veräußern.*

*Folgende Umstände reichen dagegen für eine Zusammenrechnung der Ehegattenanteile nicht aus (vgl. BFH 27. 11. 1985, BStBl. 1986 II S. 362):*

*1. Jahrelanges konfliktfreies Zusammenwirken der Eheleute innerhalb der Gesellschaft,*

*2. Herkunft der Mittel für die Beteiligung eines Ehegatten an der Kapitalgesellschaft vom anderen Ehegatten,*

3. „Gepräge" der Kapitalgesellschaft durch den Ehegatten, d. h. nur der Ehegatte führt die Geschäfte und nur er verfügt über die erforderlichen Fachkenntnisse,

4. Erbeinsetzung des Ehegatten durch den anderen Ehegatten als Alleinerbe, gesetzlicher Güterstand der Zugewinngemeinschaft, beabsichtigte Alterssicherung des anderen Ehegatten durch die Beteiligung an der Kapitalgesellschaft.

*Die Grundsätze über die Zusammenrechnung von Ehegattenanteilen gelten für die Zusammenrechnung von Anteilen der Eltern und ihrer Kinder entsprechend. Als Paketzuschlag wird, wenn sich der gemeine Wert der Beteiligung nicht aus Verkäufen von Paketen ableiten läßt, je nach dem Umfang der zu bewertenden Beteiligung im allgemeinen ein Zuschlag bis zu 25. v. H. in Betracht kommen.*

## 2. Rechtsprechung zu Abschnitt 74 VStR

BFH 25. 6. 1965 – II 384/60 (HFR 1966 S. 1)
BFH 30. 7. 1965 – III 186/64 (BStBl. 1965 III S. 574, BB 1965 S. 1101, 1216)
BFH 14. 10. 1966 – III 281/63 (BStBl. 1967 II S. 82)
BFH 7. 5. 1968 – I BvR 420/64 (BStBl. 1968 II S.549)
BFH 14. 2. 1969 – III 88/65 (BStBl. 1969 II S. 395, BB 1969 S. 787)
BVerfG 7. 10. 1969 – 2 BvR 701/64 (BStBl. 1970 II S. 160)
BFH 25. 8. 1972 – III R 33/71(BStBl. 73 II S. 46)
BFH 15. 2. 1974 – III R 22/73 (BStBl. 1974 II S. 443, BB 1974 S. 824)
BFH 30. 1. 1976 – III R 74/74 (BStBl. 1976 II S. 280, BB 1976 S. 635)
BFH 23. 2. 1977 – II R 63/70 (BStBl. 1977 II S. 427, BB 1977 S. 732)
BFH 6. 5. 1977 – III R 17/75 (BStBl. 1977 II S. 626, BB 1977 S. 1134)
BFH 23. 2. 1979 – III R 44/77 (BStBl. 1979 II S. 618, BB 1979 S. 1440)
BFH 7. 12. 1979 – III R 45/77 (BStBl. 1980 II S. 234, BB 1980 S. 715)
BFH 28. 11. 1980 – III R 86/78 (BStBl. 1981 II S. 353, BB 1981 S. 779)
BFH 13. 3. 1985 – II R 237/81 (BFH/NV 1986 S. 67)
BFH 27. 11. 1985 – I R 115/85 (BStBl. 1986 II S. 362, BB 1986 S. 376)
BFH 5. 3. 1986 – II R 232/82 (BStBl. 1986 II S. 591, BB 1986 S. 1284)
BFH 2. 11. 1988 – II R 52/85 (BStBl. 1989 II S. 80, BB 1989 S. 61)

*I. Allgemeines zur vermögensteuerlichen Bewertung von Aktien und Anteilen*

## Zu Abschnitt 74 Abs. 1 VStR

*a) Bedeutung des Börsenkurses*

**1** Für börsengängige Aktien ist kraft Gesetzes der Kurswert maßgebend (BFH, 25. 8. 1972). Das gilt auch, wenn ein Teil der Aktien nicht zum Börsenhandel zugelassen ist, dieser Teil jedoch ebenfalls stets zum gleichen, dem Börsenkurs entsprechenden Preis gehandelt wird und auch in der Ausstattung kein Unterschied besteht (BFH, 25. 8. 1976). Der im amtlichen Handel an der Börse notierte Kurs ist nur dann unbeachtlich, wenn die Voraussetzungen für eine Streichung nach § 29 Abs. 3 Börsengesetz vorgelegen haben (BFH, 23. 2. 1977).

Nach dem Willen des Gesetzgebers ist der Börsenkurs als gemeiner Wert anzusehen. Er entspricht der Geschäftslage des Verkehrs an der Börse, wird regelmäßig veröffentlicht und ist somit leicht zugänglich. Damit sind alle Einwendungen ausgeschlossen, die nicht die Geschäftslage an der Börse betreffen (BFH, 26. 7. 1974). Der Nichtansatz eines Kurses kann nur mit der Begründung verlangt werden, daß Umstände den Kurs beeinflußt hätten, die auch bei einem Antrag auf Streichung des Kurses durch den Börsenvorstand nach § 29 Abs. 3 des Börsengesetzes berücksichtigt werden könnten. Es genügt nicht ein Vorbringen, daß nur ein einziger Käufer aufgetreten sei und dieser die Aktien zu einem überhöhten Kurs gekauft habe, daß an der Böse nur geringe Umsätze getätigt worden seien, gleichzeitig aber auch Verkäufe außerhalb der Börse vorgenommen wurden. Alle diese Umstände betreffen nicht „die Geschäftslage des Verkehrs an der Börse" selbst (BFH, 26. 7. 1974).

## Zu Abschnitt 74 Abs. 2 VStR

*b) Verkäufe im gewöhnlichen Geschäftsverkehr*

**2** Liegt kein Börsenkurs vor, so ist der gemeine Wert der Aktien aus Verkäufen abzuleiten. Nur dann, wenn Verkäufe am oder vor dem Stichtag nicht vorliegen, ist er unter Berücksichtigung des Vermögens und der Ertragsaussichten der Kapitalgesellschaft zu schätzen. § 11 Abs. 2 BewG bietet damit für die Ermittlung des gemeinen Werts durch Ableitung aus Verkäufen und durch Schätzung zwei unterschiedliche Methoden an. Dabei hat den Vorrang die Ableitung des gemeinen Werts aus Verkäufen (BFH, 23. 3. 1979, BFH, 28. 11. 1980, BFH, 5. 3. 1986).

**3** Die Verkäufe, aus denen der gemeine Wert der Anteile abgeleitet werden soll, müssen im gewöhnlichen Geschäftsverkehr getätigt worden sein.

Gewöhnlicher Geschäftsverkehr ist in der Regel der Handel, der sich nach den marktwirtschaftlichen Grundsätzen von Angebot und Nachfrage im freien Wirtschaftsleben vollzieht und bei dem jeder Vertragspartner ohne Zwang und nicht aus Not oder besonderen Rücksichten, sondern freiwillig in Wahrung seiner eigenen Interessen zu handeln in der Lage ist (BFH, 14. 2. 1969 und BFH, 28. 11. 1980). Bei jedem Verkauf ist deshalb zu prüfen, ob bei Bildung des Kaufpreises alle den freien Preis bestimmenden marktwirtschaftlichen Faktoren des Angebots und der Nachfrage unter Heranziehung objektiver Wertmaßstäbe berücksichtigt worden sind. Solche Wertmaßstäbe sind vor allem das Gesamtvermögen und die Ertragsaussichten der GmbH, um deren Anteil es sich handelt. Ein Preis, bei dessen Bildung diese Gesichtspunkte nicht entscheidend berücksichtigt worden sind, kann nicht als im gewöhnlichen Geschäftsverkehr erzielt angesehen werden, weil er nicht dem gemeinen Wert entspricht. Lassen z. B. hohe Rücklagen und die günstige Ertragslage der GmbH erkennen, daß der gemeine Wert höher ist als der erzielte Verkaufspreis, so rechtfertigen solche klar erkennbaren Umstände die Außerachtlassung des getätigten Verkaufs und die Schätzung des gemeinen Werts der Anteile nach dem Stuttgarter Verfahren. Für diese Feststellung bedarf es allerdings nicht erst noch eines Vergleichs mit dem Wert, der sich nach dem Stuttgarter Verfahren ergibt (BFH, 14. 2. 1969).

Ist bei einer Familiengesellschaft nur ein Teil der Aktien zum Börsenhandel zugelassen, so sind zwar die nicht zugelassenen Aktien mit dem gemeinen Wert (§ 11 Abs. 2 BewG) anzusetzen. Der gemeine Wert ist aber auch hier nach dem Börsenkurs zu ermitteln; denn maßgebend ist in erster Linie der Kaufpreis. Den Börsenkurs kann man hier unmittelbar als pauschalierten Kaufpreis der nichtnotierten Aktien ansehen. Ein Abschlag kann nicht gemacht werden, wenn die Aktien jeweils zum Börsenkurs verkauft werden können und gegenüber den börsengängigen Aktien auch kein Unterschied bezüglich des Stimmrechts und des Gewinnbezugsrechts besteht (BFH, 25. 8. 1972). 4

Nach § 11 Abs. 2 BewG ist der gemeine Wert der Anteile aus Verkaufspreisen abzuleiten. Daraus folgt, daß der Verkaufspreis, da er Ausdruck des gemeinen Werts der verkauften Anteile ist, für die Bewertung der nicht veräußerten Anteile noch zu korrigieren ist, wenn Umstände vorliegen, die eine Veränderung gebieten. Das ist z. B. der Fall, wenn der Kaufpreis für eine Beteiligung gezahlt worden ist, hieraus jedoch der gemeine Wert für Anteile im Streubesitz abgeleitet werden soll (BFH, 23. 2. 1979). Dasselbe gilt, wenn lediglich ein Anteil an die GmbH selbst veräußert wird (BFH, 7. 12. 1979). 5

*I. Allgemeines zur vermögensteuerlichen Bewertung von Aktien und Anteilen*

*c) Verkäufe in zeitlicher Nähe des Stichtages*

**6** Nach dem Stichtagsprinzip können für die Wertermittlung nur Verkäufe in zeitlicher Nähe des Stichtages herangezogen werden. Verkäufe, die Jahre nach dem Stichtag stattgefunden haben, sind nicht zu berücksichtigen (BFH, 22. 5. 1970).

Der Verkauf muß also grundsätzlich vor dem Stichtag erfolgt sein. Ein Verkauf, der einundeinhalb Jahre vor dem Stichtag stattgefunden hat, muß allerdings unberücksichtigt bleiben (BFH, 14. 2. 1969). Ebenso muß außer Betracht bleiben ein Kaufpreis, bei dessen Vereinbarung ein Bewertungsgutachten auf einen zwei Jahre zurückliegenden Zeitpunkt verwertet wurde (BFH, 13. 3. 1985, BFH, 2. 11. 1988).

Nachdem die Aktien und Anteile grundsätzlich zum Ende eines jeden Kalenderjahres bewertet werden, müssen Verkäufe nach dem Stichtag außer Betracht bleiben. Anderenfalls würde damit ein vom Gesetz nicht vorgesehener zweiter Stichtag für die Anteilsbewertung geschaffen (BFH, 30. 1. 1976). Die Ableitung aus dem Verkauf wäre hier nur dann zulässig, wenn zwar der formelle Vertragsabschluß kurz nach dem Stichtag erfolgt ist, die Einigung über die Höhe des Verkaufspreises aber schon vor dem Stichtag bestanden hat. Diese Ausnahme ist deshalb vertretbar, weil Verkaufsverhandlungen über nichtnotierte Anteile regelmäßig eine längere Zeit beanspruchen (BFH, 30. 1. 1976). Die Einigung über den Kaufpreis erfolgt in dem Zeitpunkt, in welchem der Preisrahmen für den kurze Zeit nach dem Stichtag vereinbarten Kaufpreis festgelegt wird. Diese Einigung braucht jedoch noch nicht rechtsverbindlich zu sein (BFH, 2. 11. 1988). Zu dem letzten BFH-Urteil vgl. auch die Anmerkungen dazu in HFR 1989 S. 124.

*d) Ein oder mehrere Verkäufe*

**7** Nach dem Wortlaut des § 11 Abs. 2 BewG ist der gemeine Wert aus „Verkäufen", d. h. grundsätzlich aus einer Mehrzahl von Veräußerungsgeschäften abzuleiten (BFH, 14. 10. 1966, BFH, 6. 5. 1977, BFH, 7. 12. 1979). Ob es genügt, daß bei einem Verkaufsgeschäft auf der Veräußererseite mehrere Gesellschafter beteiligt sind, die als einheitliche Gruppe in Erscheinung treten, ist zweifelhaft (BFH, 28. 11. 1980). Der gemeine Wert kann allerdings auch von einem einzigen Verkauf abgeleitet werden (BFH, 25. 6. 1965, BFH, 14. 10. 1966). Aus dem Wortlaut des § 11 Abs. 2 BewG läßt sich nicht herleiten, daß dies unzulässig sei, wenn es sich nicht um einen Zwerganteil handelt (BFH, 7. 12. 1979). Der Verkauf einer Beteiligung von 25. v. H. ist vom Umfang her in jedem Fall für eine Ableitung geeignet

(BFH, 5. 3. 1986). Entscheidend ist nicht die Zahl der Verkaufsfälle, sondern der Umfang der verkauften Aktien.

Es muß sich um Verkäufe der zu bewertenden Anteile, nicht aber um Verkäufe von Anteilen an einer anderen GmbH handeln. Anderenfalls würde keine Ableitung aus Verkäufen, sondern eine Schätzung in Anlehnung an branchenähnliche Werte erfolgen (BFH, 14. 10. 1966). Demgemäß bietet auch ein Vergleich des Anteilswerts mit dem Börsenkurs anderer gleichartiger Unternehmen keine geeignete Grundlage (BFH, 28. 2. 1975).

Der gezahlte Preis ist regelmäßig dann nicht als im gewöhnlichen Geschäftsverkehr erzielt anzusehen, wenn besondere Beziehungen oder sonstige besondere Umstände bei der Preisbildung eine Rolle gespielt haben, also nicht der innere Wert der Anteile preisentscheidend war. Außerdem muß es sich um mehrere Verkäufe handeln. Wenn als Kaufpreis der Nennwert lediglich kostendeckend für den eigenen Ankauf angesetzt wird, so liegt kein gewöhnlicher Geschäftsverkehr vor. Wird beim Verkauf vinkulierter Namensaktien, die nur mit Zustimmung der Gesellschaft abgetreten werden können, als Verkaufspreis regelmäßig der Nennwert, lediglich kostendeckend für den eigenen Ankauf angesetzt, so liegt kein gewöhnlicher Geschäftsverkehr im obigen Sinne vor (BFH, 14. 10. 1966). **8**

Es kann dahingestellt bleiben, ob die freiwillige Versteigerung des Anteils eines verstorbenen Gesellschafters zwecks Erbauseinandersetzung eine Veräußerung unter gewöhnlichen Umständen im Sinne des § 9 Abs. 2 BewG ist (BFH, 22. 5. 1970). Dagegen sind Verkaufserlöse bei einer Veräußerung im Wege der Zwangsversteigerung oder aus der Konkursmasse nicht unter gewöhnlichen Umständen zustande gekommen und daher auch nicht zu berücksichtigen (BFH, 25. 6. 1965). **9**

Für den Geschäftsverkehr an den deutschen Börsen ist es kennzeichnend, daß im Verhältnis zum Grundkapital der Gesellschaften, deren Aktien zum Börsenhandel zugelassen sind, die Nominalumsätze sehr gering sind. Wenn es aber für den typischen Markt des Wertpapierhandels charakteristisch ist, daß der „Marktpreis" der Aktien großenteils aufgrund sehr geringer Umsätze zustande kommt, dann können für die Ableitung des gemeinen Werts von Aktien aus freien Verkäufen i. S. des § 11 Abs. 2 BewG nicht schon deshalb ungewöhnliche Verhältnisse angenommen werden, weil der Nennwert der umgesetzten Papiere nur einen geringen Bruchteil des Grundkapitals der Gesellschaft ausmacht (BFH, 6. 5. 1977). **10**

*I. Allgemeines zur vermögensteuerlichen Bewertung von Aktien und Anteilen*

*e) Ungewöhnliche und persönliche Verhältnisse*

**11** Der gemeine Wert wird durch den Preis bestimmt, der im gewöhnlichen Geschäftsverkehr nach der Beschaffenheit der Anteile zu erzielen wäre. Dabei sind alle Umstände zu berücksichtigen, die den Preis beeinflussen. Ungewöhnliche oder persönliche Verhältnisse sind außer Betracht zu lassen (§ 9 Abs. 2 BewG). Aus dieser Begriffsbestimmung folgt für die Bewertung durch Ableitung des gemeinen Werts aus Verkäufen, daß der Preis von Verkäufen außer Betracht bleiben muß, die unter ungewöhnlichen Verhältnissen zustande gekommen sind (BFH, 23. 2. 1979).

**12** Wegen der verwandtschaftlichen Verhältnisse zwischen Verkäufer und Käufer braucht ein Verkauf noch nicht unberücksichtigt zu bleiben. Ebensowenig reicht eine Bestimmung im Gesellschaftsvertrag, wonach die Übertragung der Anteile der Zustimmung der Gesellschafterversammlung bedarf, für sich allein nicht aus, um von vornherein schon alle Verkäufe von Anteilen als nicht im gewöhnlichen Geschäftsverkehr getätigt anzusehen (BFH, 14. 2. 1969). Der Handel mit Sperrminoritäten, Schachtelbeteiligungen oder Mehrheitsbeteiligungen an Kapitalgesellschaften ist nicht ungewöhnlich, sondern eine für das Marktgeschehen typische Erscheinung, wenngleich er, selbst bei börsennotierten Anteilen, regelmäßig außerhalb der Börse abgewickelt wird. Die Tatsache, daß auf diesem Markt sowohl auf Verkäuferseite als auch auf Käuferseite nur ein kleiner Kreis von Interessenten vorhanden ist und damit nicht für jedermann überschaubare Verhältnisse gegeben sind, ist ebensowenig ungewöhnlich wie der Umstand, daß bei einem Überhang an anlagesuchendem Kapital ein Verkäufermarkt gegeben ist, der es ermöglicht, Verkaufspreise zu erzielen, die außerhalb des Rahmens rein rationaler Preisbildungen liegen (BFH, 6. 5. 1977). Es kann deshalb auch für die Anteile ein hoher Preis gezahlt worden sein, von dem unterstellt werden kann, daß er nicht gerechtfertigt gewesen sei. Insoweit besteht zwischen der Maßgeblichkeit der Börsenkurse für die Bewertung börsennotierter Beteiligungspapiere und der Preisbildung bei der Veräußerung nichtnotierter Beteiligungspapiere und der Preisbildung bei der Veräußerung nichtnotierter Anteile an Kapitalgesellschaften kein Unterschied. Der gemeine Wert der Anteile kann deshalb auch noch aus solchen Kaufpreisen abgeleitet werden, ohne daß deshalb schon ungewöhnliche Verhältnisse angenommen werden müßten (BFH, 23. 2. 1979).

**13** Eine Ableitung ist nicht möglich, wenn die persönlichen Verhältnisse der Beteiligten von entscheidender Bedeutung sind oder wertbildende Faktoren in den Preis Eingang gefunden haben, die mit der Beschaffenheit der Aktien und Anteile selbst nichts zu tun haben. Dies ist z. B. der Fall, wenn

Veräußerer und Erwerber mit dem Beteiligungswechsel in erster Linie eine Neuordnung (Umstrukturierung) ihrer Unternehmen mit dem Ziele einer gegenseitig engeren wirtschaftlichen und technischen Zusammenarbeit erstreben (BFH, 28. 11. 1980). Hier ist nämlich der gezahlte Kaufpreis in erheblichem Umfang durch persönliche Verhältnisse beeinflußt, die sonst nicht üblich sind.

Andererseits spricht es gegen das Vorliegen von ungewöhnlichen Verhältnissen i. S. des § 9 Abs. 2 BewG, wenn ein branchenfremdes Unternehmen mit dem Kauf der Anteile in die Branche der GmbH einzudringen versucht (BFH, 23. 2. 1979) oder ein Unternehmen desselben Geschäftszweiges die Anteile aufkauft, um sich in einem bestimmten Gebiet einer Konkurrenz zu entledigen (BFH, 2. 11. 1988).

## 3. Ergänzende Anmerkungen zu Abschnitt 74 VStR

Zu Abschnitt 74 Abs. 1 bis 3 VStR

*a) Verbindlichkeit des Börsenkurses*

Für notierte Aktien ist der Börsenkurs vom Stichtag verbindlich. Dabei ist es gleichgültig, ob er auch dem inneren Wert der Aktie entspricht. Er kann nur mit der Begründung angefochten werden, daß auf Antrag der Kurs vom Stichtag auch vom Börsenvorstand hätte gestrichen werden können. Rechtsgrundlage hierzu wäre § 29 Abs. 3 des Börsengesetzes. Danach ist als Börsenkurs derjenige Preis festzusetzen, welcher der wirklichen Geschäftslage des Verkehrs an der Börse entspricht.

**14**

Unter Streichung des Kurses versteht man eine kurzfristige Nichtfestsetzung für einen oder zwei Tage, die Aussetzung ist von etwas längerer Dauer, während unter Einstellung oder Aufhebung einer Börsennotiz eine langfristige Maßahme ohne zeitliche Begrenzung verstanden wird. Gründe für eine Streichung und Aussetzung sind erhebliche Veränderungen des Kurses durch zufälligen Angebots- oder Nachfragedruck, ohne daß es hierfür eine sachliche Veranlassung gibt, so daß der Börsenpreis auch nicht annähernd einen „richtigen" Marktkurs wiedergeben würde. Eine Aussetzung der Kursfeststellung erfolgt vor allem dann, wenn auf Grund von Gerüchten oder Mitteilungen (Insider-Kenntnissen), die nicht allgemein bekannt waren, ein hektischer Handel mit großen Kurssprüngen einsetzt, was dem Bestreben der Börsen, eine ausgeglichene Kursentwicklung zu

*I. Allgemeines zur vermögensteuerlichen Bewertung von Aktien und Anteilen*

erreichen, völlig zuwiderlaufen würde. Die Praxis zeigt, daß sich die Börse heute immer stärker von ihrer Eigenart als freier, nur dem Gesetz von Angebot und Nachfrage unterliegender Markt entfernt und Überlegungen, wie im Interesse des Publikums ein fairer Markt aufrechtzuerhalten sei, ihre Entscheidungen bestimmt. Eine Streichung oder Aussetzung der Kursnotiz soll nach den Börsenusancen erfolgen, wenn bei Aktien Kursänderungen von mehr als 5 % gegenüber dem Vortage eintreten.

Der Steuerpflichtige müßte also gegen den Kurswert vom Stichtag vorbringen, daß dieser danach vom Börsenvorstand hätte gestrichen werden können. In diesem Fall wäre so zu verfahren, als ob am Stichtag ein Kurs nicht bestanden hätte. Damit dürfte aber nicht allzuviel gewonnen sein, denn es gilt dann noch § 11 Abs. 1 BewG der letzte Börsenkurs, der innerhalb von 30 Tagen vor dem Stichtag notiert wurde, oder es würde nach § 11 Abs. 2 BewG der gemeine Wert aus früheren Verkäufen abgeleitet.

Verfahrensrechtlich müßte die Anfechtung des Kurswertes im Rahmen der Vermögensteuerveranlagung des Aktionärs erfolgen. Zweckmäßiger wäre es jedoch, beim Bundesminister der Finanzen, der die jährliche Kursliste veröffentlicht, eine Überprüfung des Kurses zu beantragen, der dann in Zusammenarbeit mit dem Börsenvorstand eine eventuelle Korrektur vornimmt.

*b) Ableitung des Werts aus Kaufpreisen*

**15** Liegt zum Stichtag oder in den letzten 30 Tagen vor dem Stichtag kein Börsenkurs usw. vor, so sind Aktien mit dem gemeinen Wert anzusetzen. Dieser ist nach § 11 Abs. 2 BewG in erster Linie aus Verkäufen abzuleiten, die bis zu einem Jahr vor dem Stichtag zurückliegen können.

Unter diesen Umständen kann es durchaus fraglich sein, ob auch ein am Stichtag notierter Geldkurs übernommen werden muß. Dies soll jedoch der Fall sein, wenn er an die Stelle eines Bezahltkurses aus dieser Zeit getreten ist und diesen nur fortführt (FG Nürnberg, 24. 4. 1986, EFG 1986 S. 545).

Die frühere Rechtsprechung, die auch eine Ableitung aus Verkäufen nach dem Stichtag zuließ, ist heute als überholt anzusehen. Daß Verkäufe nach dem Stichtag überhaupt nicht mehr herangezogen werden dürfen, vermag jedoch auch nicht immer zu befriedigen; denn der bei einem Verkauf kurz nach dem Stichtag gezahlte Kaufpreis wird vermutlich weit mehr dem gemeinen Wert vom Stichtag entsprechen als ein Kaufpreis bei einem Verkauf, der schon 12 Monate zurückliegt. Die im Jahre 1974 gebrachte Regelung im § 11 Abs. 2 BewG war offensichtlich auf die damaligen

Gegebenheiten abgestellt, als bei einer wirtschaftlichen Hochkonjunktur in aller Regel damit gerechnet werden konnte, daß bei Verkäufen in der Zeit nach dem Stichtag höhere Kaufpreise erzielt würden als in der Zeit vorher, so daß sich die Übernahme des früheren Kaufpreises steuerlich meist günstig auswirken mußte. Diese Situation hatte sich jedoch inzwischen zeitweise wesentlich geändert. Wenn schon Kaufpreise aus dem Jahr, das dem Stichtag folgt, nicht als Grundlage zur Übernahme oder zur Ableitung des gemeinen Werts herangezogen werden dürfen, sollten sie wenigstens dann, wenn sie wesentlich unter den Kaufpreisen des Jahres vor dem Stichtag liegen, als Hinweise dafür gewertet werden können, daß es dann zu einer Wertermittlung nach Abschnitt 76 ff. VStR kommen muß. Sollte diese Lösung von der Finanzverwaltung nicht akzeptiert werden, wäre es in einem solchen Fall mindestens möglich, eine Neubewertung zum nächsten Stichtag zu beantragen. Hierzu vgl. Abschnitt 89 a Rz. 3 ff.

Haben im Jahre vor dem Stichtag mehrere Verkäufe stattgefunden, so sollte man in analoger Weise zu § 11 Abs. 1 BewG auf den Kaufpreis abstellen, der beim letzten Verkauf erzielt worden ist. Wenn unterschiedliche Kaufpreise erzielt wurden, wird man u. U. auch einen Durchschnittspreis bilden oder ähnlich wie in § 11 Abs. 1 BewG den niedrigsten Kaufpreis zugrunde legen können. Zur Ableitung des gemeinen Wertes brauchen nicht mehrere Verkäufe vorzuliegen. Es genügt auch ein einziger Verkauf, sofern es sich nicht gerade um einen Zwerganteil handelt (BFH, 7. 12. 1979; BFH, 12. 11. 1980). Hierzu vgl. allerdings auch Friedrich in BB 1982 S. 613. Ob nämlich zwei oder drei Verkäufe zusammen eine bessere Grundlage bilden als nur ein einziger, ist genauso zweifelhaft. **16**

Der Kaufpreis, von dem der gemeine Wert abgeleitet werden soll, muß im gewöhnlichen Geschäftsverkehr zustandegekommen sein. Ein Verkauf im gewöhnlichen Geschäftsverkehr ist nach der BFH-Rechtsprechung anzunehmen, wenn bei der Bildung des Kaufpreises alle den Preis bestimmenden marktwirtschaftlichen Faktoren des Angebots und der Nachfrage unter Heranziehung objektiver Wertmaßstäbe berücksichtigt worden sind. Solche objektiven Wertmaßstäbe sind vor allem das Vermögen und die Ertragsaussichten der Aktiengesellschaft, an der die zu bewertenden Aktien Gesellschaftsrechte verbriefen. Ein Kaufpreis, bei dem diese Gesichtspunkte nicht entscheidend berücksichtigt worden sind, kann nicht als im gewöhnlichen Geschäftsverkehr erzielt angesehen werden (BFH, 14. 2. 1969; BFH, 28. 11. 1980, u. a. mehr). Er ist deshalb auch für eine Ableitung nicht geeignet. **17**

*I. Allgemeines zur vermögensteuerlichen Bewertung von Aktien und Anteilen*

**18** Auch ein Börsenkurs kann zur Ableitung des gemeinen Werts geeignet sein (BFH, 25. 8. 1972). Eine solche Ableitung könnte zur Debatte stehen, wenn ein Börsenkurs zwar nicht am Stichtag oder in den letzten 30 Tagen davor, wohl aber im Jahr vor dem Stichtag notiert worden ist (§ 11 Abs. 1 und 2 BewG) oder wenn von dem Börsenkurs für die eine Aktiengattung der gemeine Wert für eine nichtnotierte andere Aktiengattung der gleichen Gesellschaft abgeleitet werden soll. Hierzu vgl. Abschnitt 74 Rz. 24. Der Börsenkurs ist dabei als „pauschalierter Kaufpreis" anzusehen. Aber auch bei dem Börsenkurs müssen dann dieselben Voraussetzungen gegeben sein, die sonst für eine Ableitung des gemeinen Werts nichtnotierter Aktien verlangt werden. Es müssen also in erster Linie das Vermögen und die Ertragsaussichten der AG für seine Bildung entscheidend gewesen sein. Diese Feststellung ist deshalb wichtig, weil beim unmittelbaren Ansatz des Börsenkurses im Rahmen des § 11 Abs. 1 BewG nicht geprüft werden kann, wie er zustande gekommen ist, ob er auch das Vermögen und die Ertragsaussichten der AG hinreichend berücksichtigt, ob und inwieweit sich die allgemeinen wirtschaftlichen und politischen Gegebenheiten auf ihn ausgewirkt haben, ob und inwieweit das für den Börsenhandel typische Spekulationsmoment Einfluß auf ihn gehabt hat, ob für seine Höhe auch der „innere Wert" der Aktie ausschlaggebend war (BFH, 14. 10. 1966). Im Rahmen einer Ableitung nach § 11 Abs. 2 BewG muß dagegen diese Prüfung erfolgen. Wenn sich dabei zeigt, daß sich der Börsenkurs nicht entscheidend nach dem Vermögen und den Ertragsaussichten der Aktiengesellschaft ausrichtet, sondern wesentlich von anderen Umständen beeinflußt ist, kann er für eine Ableitung nicht verwendet werden.

Die insoweit etwas widersprüchliche BFH-Rechtsprechung hat zwar festgestellt, daß die für den Wertpapiermarkt typischen Umstände auch bei der Bewertung nichtnotierter Aktien nicht ausgeschlossen werden könnten (BFH, 6. 5. 1977). Sie hat es aber ausdrücklich offengelassen, ob auch so zu entscheiden wäre, wenn eine sprunghafte Entwicklung mit stark voneinander abweichenden Preisen stattgefunden hat (BFH, 12. 12. 1975). Es müßten also bei einer Ableitung vom Börsenkurs in jedem Fall auch die wertmäßigen Auswirkungen des u. U. besonders gravierenden Spekulationsmoments ausgeschaltet werden. Diese an sich notwendigen Korrekturen am Börsenkurs müßten dann aber durch Schätzungen erfolgen, die ihrerseits so vage sein würden, daß sich aus diesem Grund der gemeine Wert kaum aus dem Börsenkurs zutreffend ableiten ließe.

**19** Sicher würden bei einer Ableitung auch mehr oder weniger ins Gewicht fallende Korrekturen an dem Kaufpreis vorgenommen werden können. Zunächst fehlt aber jeder Maßstab dafür, wie diese Korrekturen erfolgen sollen. Ein Vergleich mit dem gemeinen Wert nach dem Stuttgarter Verfahren wird sich deshalb kaum vermeiden lassen, denn insoweit steht fest, daß die Wertermittlung unter Berücksichtigung des Vermögens und der Ertragsaussichten der AG zu erfolgen hat (§ 11 Abs. 2 BewG). Unter diesen Umständen zeigt sich aber, daß tatsächlich nur eine Alternative zwischen der Übernahme des unveränderten Kaufpreises und dem Ansatz des Richtlinienwerts besteht. Um zu einem möglichst einheitlichen allgemeinen Wertniveau zu kommen, sollte man deshalb auf den Richtlinienwert abstellen. Das gilt um so mehr, als auch an dem errechneten Richtlinienwert durchaus noch Korrekturen gemacht werden können, um die besonderen individuellen Verhältnisse zu berücksichtigen.

*c) Aktien mit Verfügungsbeschränkungen*

Aktien können mit Verfügungsbeschränkungen der verschiedensten Art [20] verbunden sein. Diese können ihren Hauptgrund in der Aktie selbst, aber auch in der Person des Gesellschafters haben. So sind z. B. von den Aktien, die auf Grund ihrer Ausstattung jederzeit von der Aktiengesellschaft zurückgefordert werden können, die Aktien zu unterscheiden, bei denen lediglich eine vertragliche Rückgabeverpflichtung besteht. Bei dieser Rückgabeverpflichtung und bei ähnlichen Verfügungsbeschränkungen handelt es sich dann um Umstände, die nicht in der Aktie selbst, sondern in der Person des Aktionärs begründet sind und deshalb nach § 9 Abs. 2 und 3 BewG nicht berücksichtigt werden können. Dasselbe gilt auch bei Aktien, die aus steuerlichen oder sonstigen Gründen innerhalb einer bestimmten Sperrfrist nicht veräußert werden dürfen; denn auch die Sperrfrist bedeutet eine nicht zu berücksichtigende Verfügungsbeschränkung. Entsprechend sind z. B. auch vinkulierte Namensaktien zu behandeln (FinMin. Schleswig-Holstein, 18. 1. 1973, Inf. S. 230), was jedoch nicht bedenkenfrei sein dürfte.

Man sollte hier ebenso wie bei der Bewertung von GmbH-Anteilen die Berücksichtigung von Verfügungsbeschränkungen davon abhängig machen, ob der Gesellschafter, der davon betroffen ist, die Möglichkeit hat, sie jederzeit zu beseitigen, was wiederum davon abhängt, ob er in der Gesellschafterversammlung nach dem Umfang seiner Aktien soviel Einfluß hat, daß er deren Aufhebung auch jederzeit erreichen kann. Dies ist aber einem Kleinaktionär oder einem Gesellschafter mit einem Zwerganteil kaum möglich. Infolgedessen müßten mindestens hier auch die wertmäßigen Auswirkungen einer Verfügungsbeschränkung berücksichtigt werden können. Der gemeine Wert könnte dann auch nur von dem Kaufpreis für die davon betroffenen Aktien abgeleitet werden. Wie zu verfahren ist, wenn

*I. Allgemeines zur vermögensteuerlichen Bewertung von Aktien und Anteilen*

der gemeine Wert solcher Aktien und Anteile nach dem Stuttgarter Verfahren zu ermitteln ist, vgl. im einzelnen in Abschnitt 79 Rz. 21 ff.

*d) Aktien bei Kapitalerhöhung*

21 Aktien, die im Zusammenhang mit einer Kapitalerhöhung neu ausgegeben werden, gelten als junge Aktien. Für die Bewertung junger Aktien, die noch nicht an der Börse eingeführt sind, soll zwar der Kurs der alten Aktien übernommen werden. Davon soll jedoch ein Abschlag in Höhe von 10 v. H., höchstens jedoch von 15 Punkten, gemacht werden können (FinMin. NW, 13. 3. 1987, Betrieb 1987 S. 766). Bei jungen Aktien, die noch nicht an der Börse eingeführt und auch noch nicht voll dividendenberechtigt sind, soll außer dem zuvor genannten Abschlag noch einmal ein weiterer Abschlag in gleicher Höhe zulässig sein.

Bei Bezugsrechten ist zu unterscheiden, ob sie noch mit der Aktie verbunden oder von der Aktie bereits getrennt sind. Die mit der Aktie noch verbundenen werden im Kurs der Aktie mitberücksichtigt und können deshalb nicht nochmals als selbständiges Wirtschaftsgut erfaßt werden. Dagegen ist das bereits von der Aktie getrennte Bezugsrecht selbständig zu bewerten. Es soll mit dem niedrigsten, am Stichtag dafür notierten Kurs bzw. gezahlten Preis angesetzt werden (FinMin NW, 23. 4. 1965, Betrieb S. 612). Erstmals ist dies zu einem Zeitpunkt möglich, an dem das Bezugsrecht selbständig gehandelt wird und sich der Bezugsrechtsabschlag auf den Kurs der Altaktien ausgewirkt hat.

*e) Genußscheine*

22 Genußscheine verbriefen Genußrechte, die den unterschiedlichsten Inhalt haben können, insbesondere eine Beteiligung am Reingewinn und (oder) am Liquidationserlös. Soweit sie einen Kurswert haben, sind sie mit diesem anzusetzen (§ 11 Abs. 1 BewG). Wenn ein Kurs nicht notiert wird, kommt es darauf an, ob das Genußrecht als Mitgliedschaftsrecht oder als Gläubigerrecht zu behandeln ist. Hierzu wird in aller Regel bereits bei den Ertragsteuern der Kapitalgesellschaft, die sie ausgegeben hat, eine Entscheidung getroffen werden müssen.

Wenn der Genußschein ein Recht am laufenden Gewinn und eine Beteiligung am Liquidationserlös zum Gegenstand hat, ist er wie eine stimmrechtslose, nichtnotierte Aktie zu behandeln. Es sollte deshalb die Wertermittlung in gleicher Weise wie bei einer Aktie ohne Einfluß auf die Geschäftsführung erfolgen. Hierzu vgl. Abschnitt 80 VStR. Gewährt der

Genußschein nur einen Anteil am Gewinn oder nur eine Mindestverzinsung, so ist er wie eine Kapitalforderung zu behandeln.

*f) Verschiedene Aktiengattungen*

Sind die Aktien einer AG unterschiedlich ausgestattet, z. B. als Stamm- und Vorzugsaktien, und werden dafür unterschiedliche Kurse notiert, so ist jede Gattung mit dem für sie geltenden Kurs zu bewerten (§ 11 Abs. 1 BewG). Für nichtnotierte Aktien mit unterschiedlicher Ausstattung ist jeweils der für die Aktien der einzelnen Gattung gezahlte Kaufpreis zu übernehmen (§ 11 Abs. 2 BewG). Ist dies nicht möglich, so ist der gemeine Wert für die jeweilige Gattung selbständig zu ermitteln (Abschnitt 84 VStR). Hierzu vgl. Abschnitt 84 Rz. 1 ff. Offen ist allerdings der Fall, daß ein Börsenkurs zwar für die eine Gattung vorliegt, für die andere Gattung jedoch weder ein Börsenkurs noch ein eigener Kaufpreis. Die Finanzverwaltung geht davon aus, daß hier der gemeine Wert von dem Börsenkurs für die andere Gattung abgeleitet werden kann. So soll z. B., wenn für die Stammaktien ein Kurs notiert wird, nicht jedoch für die Vorzugsaktien (oder umgekehrt), der notierte Kurs übernommen und dazu ein Zu- oder Abschlag in Höhe des drei- bzw. vierfachen Dividendenunterschieds gemacht werden. Diese noch aus dem Jahre 1963 stammende Regelung (vgl. FinMin NW, 14. 11. 1963, BB 1963 S. 1326) wurde letztmals 1987 bestätigt (FinMin NS, 3. 4. 1987, BB 1987 S. 1171).

23

Nach Auffassung der Finanzverwaltung würde also eine Korrektur im Hinblick auf den Dividendenunterschied genügen. In der Literatur wird zwar behauptet, daß der Dividendenunterschied und seine wertmäßigen Auswirkungen „ziemlich exakt" berechnet werden können. Hierzu vgl. Binz-Sorg in BB 1987 S. 1996. Dies trifft aber nicht zu. Wenn man nämlich die Börsenkurse für notierte Vorzugsaktien den Börsenkursen für notierte Stammaktien gegenüberstellt und mit dem Kursunterschied jeweils die darauf ausgeschütteten Dividenden vergleicht, zeigt sich, daß insoweit keineswegs eine eindeutige Beziehung besteht. Aber selbst, wenn man die Auswirkungen des Dividendenunterschieds nicht pauschal, sondern individuell festlegen wollte, wäre das Problem noch nicht gelöst. Wie bereits ausgeführt, muß für die nichtnotierte Aktiengattung der gemeine Wert ermittelt werden (FinMin NS, 3. 4. 1987 s. o.). Wie auch in anderen Fällen bei der Ableitung des gemeinen Werts aus Verkäufen, muß deshalb auch hier verlangt werden, daß für seine Bildung in erster Linie das Vermögen und die Ertragsaussichten der AG für seine Bildung entscheidend gewesen sind. Diese Feststellung ist deshalb wichtig, weil beim unmittelbaren Ansatz

*I. Allgemeines zur vermögensteuerlichen Bewertung von Aktien und Anteilen*

des Börsenkurses vom Stichtag im Rahmen des § 11 Abs. 1 BewG nicht geprüft werden kann, ob für seine Höhe auch der „innere Wert" der Aktie ausschlaggebend war (BFH, 14. 10. 1966). Im Rahmen einer Ableitung nach § 11 Abs. 2 BewG muß diese Prüfung jedoch erfolgen. Hierzu vgl. auch Abschnitt 74 Rz. 18.

24 Besteht für eine bestimmte Aktiengattung eine Bindung, wonach die dazugehörenden Aktien nur zu einem bestimmten Kurs oder Preis veräußert werden dürfen, so würde dies auch hier zu beachten sein. Der gemeine Wert würde dann aus diesem Kaufpreis abzuleiten bzw. dieser Verkaufspreis würde zu übernehmen sein, ohne daß es noch auf die Höhe des Börsenkurses für die andere Aktiengattung ankommt. Zu einem ähnlichen Ergebnis kommt übrigens auch die Finanzverwaltung. Für den Fall nämlich, daß nichtnotierte Vorzugsaktien nur zum Nennwert und nur an die Aktiengesellschaft zurückgegeben werden können, soll unabhängig vom Börsenkurs der Stammaktien der Nennwert unter Berücksichtigung eines Zuschlags in Höhe der dreifachen Dividende auch als gemeiner Wert zu übernehmen sein (FinMin NW, 14. 11. 1963, BB 1963 S. 1326, OFD Frankfurt, 17. 10. 1962, StEK R 40 zu § 11 BewG und FinMin NW, 13. 3. 1985, BB 1985 S. 2158). Hier wird also ebenfalls, ungeachtet eines Börsenkurses für die andere Aktiengattung, darauf abgestellt, was der Inhaber der „gebundenen Aktie" dafür erhält oder erhalten würde. Dies muß dann auch sonst gelten.

*g) Ausländische Aktien*

25 Ausländische Aktien und andere Anteile an ausländischen Kapitalgesellschaften sind in gleicher Weise wie die entsprechenden inländischen Aktien usw. zu behandeln. Wird im Inland ein Kurs notiert, ist dieser maßgebend. Fehlen inländische Kurse, ist möglichst von dem Kurs auszugehen, der an den Börsen im Staate des Sitzes der Gesellschaft notiert wird (Abschnitt 74 Abs. 3 VStR). Sind auch keine im Ausland notierten Kurse bekannt, müßte der gemeine Wert aus Kaufpreisen abgeleitet werden (§ 11 Abs. 2 BewG). Bei den Schwierigkeiten, die hier u. U. für eine Wertermittlung bestehen, sollten auch keine Bedenken für eine Ableitung aus Kaufpreisen bestehen, die schon länger als ein Jahr zurückliegen oder erst nach dem Stichtag getätigt wurden. Bei einem Erwerb durch den Steuerpflichtigen ist verständlicherweise in erster Linie von dem Kaufpreis auszugehen, den er selbst gezahlt hat. Im übrigen soll auch hier der gemeine Wert nach den Grundsätzen des Stuttgarter Verfahrens ermittelt werden. Hierzu vgl. Abschnitt 76 Rz. 9. Zur verfahrensmäßigen Behandlung vgl. Abschnitt 90 Rz. 20.

## Zu Abschnitt 74 Abs. 4 VStR

*h) Beteiligung und Paketzuschlag* 26

Ist der gemeine Wert einer Anzahl von Aktien an einer Aktiengesellschaft, die einer Person gehören, infolge besonderer Umstände höher als der Wert, der sich auf Grund der Kurse für die einzelnen Aktien insgesamt ergibt, so ist der gemeine Wert der Beteiligung maßgebend (§ 11 Abs. 3 BewG). Haben die Aktien einen Kurswert, soll die Ermittlung des gemeinen Werts einer solchen Beteiligung nach Abschnitt 74 Abs. 4 VStR durch einen Paketzuschlag erfolgen. Er soll bis zu 25 v. H. betragen können (Abschnitt 74 Abs. 4 Satz 5 VStR). Wenn jedoch die Aktien nach dem Stuttgarter Verfahren bewertet worden sind, kommt ein Paketzuschlag nicht in Betracht. Es gilt vielmehr die Sachbehandlung nach Abschnitt 80 Abs. 2 VStR.

Nach § 11 Abs. 3 BewG ist für die Beteiligung der gemeine Wert maßgebend. Der Paketzuschlag ist zwar eine Möglichkeit zur Ermittlung dieses gemeinen Werts. Die gelegentlich vertretene Auffassung, daß bei einer Beteiligung von mehr als 25 v. H. der Paketzuschlag obligatorisch sei, weil hier nicht die Vorschriften in § 11 Abs. 2 BewG, sondern die Vorschriften in § 11 Abs. 3 BewG maßgebend seien, ist jedoch nicht zwingend; denn beide Vorschriften sprechen vom „gemeinen Wert", und für beide gilt einheitlich die Definition in § 9 Abs. 2 BewG. Danach wäre aber der gemeine Wert einer Beteiligung, ungeachtet des Börsenkurses, nach Abschnitt 76 ff. VStR zu ermitteln.

Wenn schon der gemeine Wert einer Beteiligung durch einen Paketzuschlag 27 ermittelt werden soll, dürfte dieser entgegen den Anweisungen in Abschnitt 74 Abs. 4 VStR jedoch nicht bis zu 25 v. H., sondern höchstens bis zu 10 v. H. bzw. 15 v. H. betragen. Dafür spricht, daß bei nichtnotierten Aktien oder GmbH-Anteilen mit sonst völlig gleicher Ausstattung, wenn sie keinen Einfluß auf die Geschäftsführung gewähren, von dem im Stuttgarter Verfahren ermittelten gemeinen Wert für die Beteiligung ein Abschlag gemacht werden kann, der im Ergebnis bei 10 bis 15 v. H. liegt. Vgl. hierzu Abschnitt 80 Rz. 18 . . . sowie Abschnitt 81 Abs. 1 und 83 Abs. 1 VStR. Im umgekehrten Fall würde deshalb zu den Anteilen in Streubesitz, d. h. hier zu den Aktien, auch nur ein entsprechender Zuschlag in dieser Höhe gemacht werden können. An dieser Grenze sollte unter den gegebenen Umständen schon der Einheitlichkeit halber festgehalten werden.

Als Beispiel, in welchem ein Paketzuschlag in Betracht kommen soll, wird in § 11 Abs. 3 BewG der Umstand angeführt, daß die Beteiligung die

*I. Allgemeines zur vermögensteuerlichen Bewertung von Aktien und Anteilen*

Beherrschung der Kapitalgesellschaft ermöglicht. Eine absolute Beherrschung der Kapitalgesellschaft ist zwar in der Regel erst bei einem Anteilsbesitz von mehr als 50 v. H. des Kapitals gesichert. Bei einer Beteiligung von mehr als 25 v. H. wäre nach Abschnitt 74 Abs. 4 VStR bereits ein Paketzuschlag zu machen. Die Tatsache, daß eine Beteiligung von mehr als 10 v. H. des Nennkapitals in anderem Zusammenhang für steuerliche Zwecke bereits als wesentlich angesehen wird (z. B. § 102 Abs. 1, § 121 Abs. 1 Nr. 4 BewG u. a. mehr), hat hier noch nicht zu einer Herabsetzung der Grenze von 25 v. H. geführt. In diesem Zusammenhang sollten jedoch auch die Anweisungen in Abschnitt 80 Abs. 1 VStR und die BFH-Rechtsprechung zur Bewertung von GmbH-Anteilen in Streubesitz beachtet werden, die denselben Sachverhalt, wenn auch in umgekehrter Sicht, wesentlich detaillierter regeln. Danach würden aber, wenn ein Gesellschafter mit mehr als 50 v. H. des Nennkapitals vorhanden ist, für die anderen Gesellschafter ein Paketzuschlag nur noch ausnahmsweise in Betracht kommen, selbst wenn ihr Aktienbesitz mehr als 25 v. H. ausmacht.

**28** Bei der Prüfung, ob die Beteiligung mehr als 25 v. H. des Nennkapitals beträgt, sind alle Aktien mitzurechnen, bei denen der Steuerpflichtige das Stimmrecht ausüben kann, auch wenn sie ihm nicht gehören. Das kann möglicherweise bei den Aktien eines Ehegatten und den Aktien seiner Kinder, mindestens seiner minderjährigen Kinder, der Fall sein. Nach der Lebenserfahrung sollte deshalb bisher eine wenn auch widerlegbare Vermutung gelten, daß der Gesellschafter die Rechte seines Ehegatten und seiner Kinder, die wirtschaftlich von ihm abhängen, sofern sie ebenfalls beteiligt sind, in Übereinstimmung mit seinen eigenen Interessen wahrnimmt. Diese bloße Vermutung soll jedoch nicht mehr ausreichen, um eine beherrschende Stellung des Gesellschafters annehmen zu können (BFH, 14. 6. 1985 IV R 127/81, BStBl. 1986 II S. 62), denn eine wenn auch widerlegbare Vermutung, die sich als steuerbelastender Tatbestand auswirkt, ist mit Art. 3 Abs. 1 i. V. mit Art. 6 Abs. 1 GG unvereinbar (BVerfG, 12. 3. 1985 1 BvR 571/81, BStBl. 1985 II S. 475). Hier müsse deshalb zwischen den Ehegatten usw. schon eine enge Wirtschaftsgemeinschaft bestehen. Ob es allerdings notwendig gewesen ist, für das Vorliegen einer solchen Wirtschaftsgemeinschaft so detaillierte Regelungen zu bringen wie in der Neufassung des Abschnitts 74 Abs. 4 VStR, scheint zweifelhaft. Im Ergebnis verschiebt sich damit jedoch die Beweislast mehr oder weniger vom Gesellschafter auf das Finanzamt.

Eine Beteiligungsbewertung würde auch in Betracht kommen, wenn sie einer Personengesellschaft, Erbengemeinschaft oder sonstigen Gemeinschaft gehört, bei der das Stimmrecht durch eine zur Geschäftsführung befugten Person im Namen aller Beteiligten ausgeübt wird. Das Rechtsverhältnis, das diese Person im Innenverhältnis zur Ausübung des Stimmrechts berechtigt, ist dabei ohne Bedeutung. Der Paketzuschlag ist dann bei allen Aktien zu machen, die bei der Beteiligung mitgerechnet worden sind.

*i) Beteiligung und Paketabschlag*

In § 11 Abs. 3 BewG wird nur der Fall behandelt, daß der gemeine Wert der Beteiligung über dem Wert der Summe der dazugehörenden einzelnen Aktien liegt. Dagegen wird der Fall, daß der gemeine Wert der Beteiligung niedriger ist, in § 11 Abs. 3 BewG nicht angesprochen. Mangels einer Sonderregelung muß es deshalb auch in diesem Fall bei den allgemeinen Grundsätzen des § 11 Abs. 2 BewG verbleiben. Danach kommt es unabhängig von dem höheren Börsenkurs der einzelnen Aktie auf den gemeinen Wert an, der sich nach dem Stuttgarter Verfahren für die Beteiligung ergibt, was im Ergebnis auf eine Art von Paketabschlag hinausläuft, der bisher aber abgelehnt wurde.

29

Dieses Ergebnis steht nicht nur im Einklang mit dem Wortlaut des § 11 Abs. 2 und 3 BewG, sondern entspricht durchaus auch den wirtschaftlichen Gegebenheiten. In der Handels- und Steuerbilanz wird die Beteiligung als ein einheitliches Wirtschaftsgut ausgewiesen und auch dementsprechend bewertet. Die dazugehörenden Aktien haben ihre Eigenschaft als selbständige Wirtschaftsgüter verloren (Blümich, Komm. z. EStG § 6 Tz. 967). Dasselbe gilt, wie sich aus § 11 Abs. 3 BewG ergibt, der ausdrücklich nur von „der Beteiligung" spricht, auch für die vermögensteuerliche Bewertung. Der gemeine Wert kann deshalb auch nur der Preis sein, der beim Verkauf der gesamten Beteiligung im gewöhnlichen Geschäftsverkehr und nicht nur beim Verkauf der einzelnen dazugehörenden Aktie erzielt wird (§ 9 Abs. 2 BewG).

Würde der Verkauf der gesamten Beteiligung schlagartig an der Börse erfolgen, würde sofort auch der Börsenkurs zusammenbrechen, mindestens aber sinken. Solche Transaktionen werden jedoch in aller Regel außerhalb der Börse abgewickelt. Bei den dazu erforderlichen Verkaufsverhandlungen ist Maßstab für die Bildung des Kaufpreises dann nicht der Börsenkurs, sondern im Regelfall der Wert, der sich nach den sowohl dem Verkäufer als auch dem Käufer zur Verfügung stehenden Bilanzen und sonstigen wirtschaftlichen Daten der Kapitalgesellschaft richtet. Es dürfte gar nicht so selten sein und durchaus auch den wirtschaftlichen Gegebenheiten entsprechen, daß der Kaufpreis für die Beteiligung dann auch unter den Börsenkursen der einzelnen dazugehörenden Aktien liegen kann. Wenn aber die

*I. Allgemeines zur vermögensteuerlichen Bewertung von Aktien und Anteilen*

noch 29   am Kauf Beteiligten für die Bildung des Kaufpreises von denselben Unterlagen ausgehen wie letztlich auch das Stuttgarter Verfahren, können gegen den Ansatz des danach ermittelten gemeinen Werts auch vom wirtschaftlichen Ergebnis her keine Bedenken bestehen.

## II. Allgemeines zur Ermittlung des gemeinen Wertes von nichtnotierten Aktien und von GmbH-Anteilen

### 1. Wortlaut des Abschnitts 76 VStR

*Wenn sich der gemeine Wert von Aktien und Anteilen an Kapitalgesellschaften nicht aus Verkäufen ableiten läßt, ist er unter Berücksichtigung des Gesamtvermögens und der Ertragsaussichten der Gesellschaft zu schätzen (§ 11 Abs. 2 BewG). Die Feststellung des gemeinsamen Wertes kann unterbleiben, wenn die Aktien und Anteile weder zur Vermögensteuer noch zur Gewerbesteuer heranzuziehen sind.*

### 2. Rechtsprechung zu Abschnitt 76 VStR

BFH, 19. 12. 1960 – III 396/58 S (BStBl. 1961 III S. 92, BB 1961 S. 320)
BFH, 6. 4. 1962 – III 261/59 U (BStBl. 1962 III S. 253, BB 1962 S. 253)
BFH, 23. 10. 1964 – III 365/61 U (BStBl. 1965 III S. 64, BB 1965 S. 76)
BFH, 9. 9. 1966 – III 263/63 (BStBl. 1967 III S. 43, BB 1967 S. 951)
BFH, 18. 12. 1968 – III R 135/67 (BStBl. 1969 II S. 370, BB 1969 S. 708)
BFH, 12. 3. 1971 – III R 82/69 (BStBl. 1971 II S. 419, BB 1971 S. 996)
BFH, 20. 10. 1972 – III R 7/72 (BStBl. 1973 II S. 98, BB 1973 S. 133)
BFH, 24. 1. 1975 – III R 4/73 (BStBl. 1975 II S. 375, BB 1975 S. 502)
BFH, 12. 12. 1975 – III R 30/74 (BStBl. 1976 II S. 238, BB 1976 S. 403)
BFH, 25. 2. 1977 – III R 83/75 (BStBl. 1977 III S. 404, BB 1977 S. 685)
BFH, 7. 12. 1977 – II R 164/72 (BStBl. 1978 II S. 323, BB 1978 S. 540)
BFH, 20. 10. 1978 – III R 31/76 (BStBl. 1979 II S. 34, BB 1979 S. 253)
BFH, 14. 11. 1980 – III R 81/79 (BStBl. 1981 II S. 351, BB 1981 S. 779)
BFH, 2. 10. 1981 – III R 27/77 (BStBl. 1982 II S. 8, BB 1981 S. 2123)
BFH, 3. 12. 1982 – III R 19/80 (BStBl. 1983 II S. 190, BB 1983 S. 489)
BFH, 17. 12. 1982 – III R 92/80 (BStBl. 1983 II S. 192, BB 1983 S. 490)
BVerfG, 5. 7. 1983 – BvR 1369/81 (StRK § 11 BewG Nr. 28)
BFH, 4. 5. 1984 – III R 61/83 (BStBl. 1984 II S. 657)
BFH, 8. 5. 1985 – II R 184/80 (BStBl. 1985 II S. 608)
BFH, 5. 3. 1986 – II R 232/82 (BStBl. 1986 II S. 591, BB 1986 S. 1284)

## II. Ermittlung des gemeinen Wertes von nichtnotierten Aktien und GmbH-Anteilen

### a) Schätzungsverfahren

1 Beim Fehlen geeigneter Verkaufspreise ist unter Berücksichtigung des Vermögens und der Ertragsaussichten der Kapitalgesellschaft der gemeine Wert der Anteile zu schätzen (BFH, 9. 9. 1966). Dabei ist das sich nach Abschnitt 77 ff. VStR ergebende Verfahren, das sog. „Stuttgarter Verfahren", in der jeweils am Stichtag geltenden Fassung (BFH, 7. 12. 1979) anzuwenden. Die Grundsätze dieses Verfahrens sind als ein wertvolles und die Einheitlichkeit der Bewertung gewährleistendes Hilfsmittel zur Feststellung des gemeinen Werts anerkannt (BFH, 6. 4. 1962; 23. 10. 1964; 18. 12. 1968; 22. 5. 1970; 17. 5. 1974; 28. 2. 1975; 14. 11. 1980; 2. 10. 1981; 3. 12. 1982; 17. 12. 1982 u. a. m.). Sie gelten nicht nur für die Vermögensteuer, sondern auch für die Erbschaftsteuer (BFH, 3. 9. 1964 – II 159/62, HFR 1965 S. 218 und BFH, 7. 12. 1977 – II R 164/72, BStBl. 1978 II S. 323, BB 1978 S. 540) und die Gesellschaftsteuer (BFH, 12. 3. 1980 – II R 28/77, BStBl. 1980 II S. 463), dagegen nicht für die Ertragsteuern (BFH, 11. 7. 1961 – I 226/60 U, BStBl. 1961 III S. 463, BB 1961 S. 1000; 11. 6. 1963 – I 46/60, HFR 1963 S. 440).

Der gemeine Wert wird durch den Preis bestimmt, der im gewöhnlichen Geschäftsverkehr bei einer Veräußerung der Anteile zu erzielen wäre (§ 9 Abs. 2 BewG). Das Handeln der am Geschäftsverkehr beteiligten Kreise wird durch vielfältige Motive bestimmt. Jede Bewertung ist jedoch zweckgebunden. Dies läßt die betriebswirtschaftliche Aussage verständlich erscheinen, daß es einen Wert des Unternehmens und damit auch der Anteile an diesem Unternehmen an sich nicht gibt. Das Bewertungsgesetz stellt jedoch auf einen objektivierten Anteilswert ab. Deshalb müssen neben den zu beachtenden Motiven des Handelns der Wirtschaftssubjekte auch die im Bewertungsgesetz zum Ausdruck kommenden Grundsätze der Bewertung beachtet werden (BFH, 20. 10. 1978).

2 Die Gleichmäßigkeit der Besteuerung wäre nicht mehr gewährleistet, wenn sich das Finanzamt bei der Bewertung von GmbH-Anteilen generell oder im Einzelfall nach Gutachten und Auskünften von Banken und Finanzmaklern richten würde, zumal die Betriebswirtschaft zur Ermittlung des Werts von GmbH-Anteilen unterschiedliche Methoden entwickelt hat (BFH, 22. 5. 1970). Es besteht aber auch für das Finanzamt dann keine Selbstbindung an das Verfahren, wenn sich im Einzelfall eine ebenfalls einfache, dabei aber genauere Bewertung der Anteile anbietet (BFH, 25. 8. 1972) oder wenn das Schätzungsverfahren nach Abschnitt 77 ff. VStR ausnahmsweise in besonders gelagerten Fällen zu nicht tragbaren, d. h. offensichtlich unrichtigen Ergebnissen führt (BFH, 17. 5. 1974; 24. 1. 1975; 12. 12. 1975; 14. 11. 1980).

Im Interesse einer möglichst gleichmäßigen und praktikablen Schätzung verfährt die Finanzverwaltung nach dem Stuttgarter Verfahren. Es ist ein geeignetes Schätzungsverfahren, das dem Gesetz entspricht und ein wertvolles Hilfsmittel darstellt, um die Einheitlichkeit der Bewertung zu gewährleisten (BFH, 2. 10. 1981; 8. 12. 1982; 17. 12. 1982; 4. 5. 1984; 9. 5. 1985). Es unterliegt keinem verfassungsmäßigen Bedenken (BFH, 12. 3. 1979; 2. 10. 1981; BVerfG, 5. 7. 1983). Es handelt sich bei diesem Verfahren um ein System von Bestimmungen, die im einzelnen aufeinander bezogen und voneinander abhängig sind und in ihrer Gesamtheit ein einheitliches Berechnungsverfahren bilden. Dieser Zusammenhang läßt es nicht zu, einzelne Bestimmungen einer zu einem späteren Stichtag wesentlich geänderten Regelung auf frühere Stichtage anzuwenden (BFH, 7. 12. 1979).

Im Hinblick darauf, daß jede Schätzung mit mehr oder weniger großen 3 Fehlern behaftet ist, wird der sogenannten „Typengerechtigkeit" der Vorrang vor einer individuellen Gerechtigkeit eingeräumt, weil befürchtet werden müßte, daß diese mangels Praktikabilität in ihr Gegenteil verkehrt würde (BFH, 20. 10. 1972). Dabei ist zu berücksichtigen, daß auch über die betriebswirtschaftlichen Maßstäbe einer Anteilsbewertung keine einheitliche Meinung besteht (BFH, 24. 1. 1975). Um aus den Börsenkursen für die Aktien einer Branche Merkmale für die Bewertung der GmbH-Anteile derselben Branche herleiten zu können, wäre eine Strukturanalyse sämtlicher dazugehöriger Gesellschaften notwendig. Dies wäre aber im Rahmen der Anteilsbewertung unmöglich und stünde auch im Widerspruch zu § 11 Abs. 2 BewG (BFH, 12. 12. 1975).

Das sog. Stuttgarter Verfahren entspricht dem Gesetz und ist ein brauchba- 4 res und wertvolles Hilfsmittel für die Bewertung des gemeinen Wertes von nichtnotierten Aktien und von GmbH-Anteilen (BFH, 7. 12. 1977; 14. 11. 1980; 4. 5. 1984; 9. 5. 1985 u. a. mehr). Das bedeutet jedoch nicht, daß die Gerichte an die Ergebnisse des Stuttgarter Verfahrens wie an ein Gesetz gebunden wären. Es besteht weder eine Selbstbindung für das Gericht noch für das Finanzamt (BFH, 25. 8. 1972). Bedienen sie sich aber, wie dies regelmäßig der Fall ist, des Stuttgarter Verfahrens als eines Hilfsmittels der Bewertung, so muß man sich darüber im klaren sein, welches seine methodischen Grundlagen sind. Dies gilt um so mehr, als auch das Stuttgarter Verfahren selbst gewissen Veränderungen unterworfen ist. Nur so kann man zu dem Schluß kommen, daß der danach geschätzte Wert auch der in § 9 Abs. 2 BewG vorgeschriebene gemeine Wert sei. Es ist deshalb notwendig, daß der Gang der Schätzung offengelegt wird. Dabei ist der gemeine Wert der Anteile stets unter Berücksichtigung des Vermögens und der

*II. Ermittlung des gemeinen Wertes von nichtnotierten Aktien und GmbH-Anteilen*

Ertragsaussichten der Gesellschaft zu ermitteln (BFH, 7. 12. 1977). Zwar ist ein Abweichen vom Stuttgarter Verfahren in besonders gelagerten Ausnahmefällen möglich. Aber auch dies kann nicht dazu führen, entgegen dem Wortlaut des Gesetzes allein oder überwiegend auf die Ertragsaussichten abzustellen (BFH, 28. 2. 1975).

## 3. Ergänzende Anmerkungen zu Abschnitt 76 VStR

*a) Allgemeines*

5  Das nach Abschnitt 77 ff. VStR anzuwendende Verfahren dient im Prinzip einer Unternehmensbewertung. Ein Unternehmenswert läßt sich bekanntlich immer nur im Wege einer Schätzung ermitteln. Für diese Schätzung bietet sich eine ganze Reihe von unterschiedlichen Methoden an. Sie können aber alle zu unterschiedlichen Ergebnissen führen. Bei keiner Methode ist jedoch das Ergebnis auf seine Richtigkeit nachprüfbar. Das gilt auch für das Stuttgarter Verfahren, das auf der sog. Übergewinnmethode aufbaut. Hierzu vgl. Abschnitt 79 Rz. 13 ff. Unter diesem Vorbehalt hat auch die BFH-Rechtsprechung die Anwendung des Verfahrens bestätigt. Hierzu vgl. Abschnitt 76 Rz. 1 ff. Das Stuttgarter Verfahren, das für die Vermögensteuer bei einer Vielzahl von Gesellschaftern von Bedeutung sein kann, hat jedoch eine Reihe wesentlicher Vorteile:

a) Es ist einigermaßen praktikabel. Die Kompliziertheit, die sich dadurch ergibt, daß sofort alles in Prozenten und bezogen auf die Anteile umgerechnet wird, ist nur eine scheinbare. Man kann genausogut auch erst den Unternehmenswert in absoluten Zahlen ermitteln und diesen dann auf die Anteile verteilen.

b) Die Gewichtung der einzelnen Wertkomponenten ist überschaubar. So wirkt sich das Vermögen mit rd. zwei Dritteln und der Ertrag mit rd. einem Drittel auf das Endergebnis aus. Dies bedeutet, daß sich bei einer GmbH mit hohem Kapitaleinsatz und geringer Ertragskraft ein relativ hoher, bei einer GmbH mit geringem Kapitaleinsatz und hoher Ertragskraft ein relativ geringer Anteilswert ergibt, was nicht gerade im Einklang mit betriebswirtschaftlichen Grundsätzen steht. Zu einem gewissen Ausgleich kommt es vielleicht dadurch, daß der Grundbesitz der GmbH mit Werten in die Berechnungen eingeht, die meist unter dem Verkehrswert liegen. Insgesamt läßt sich feststellen, daß das Stuttgarter Verfahren zu relativ niedrigen Werten führt. Mindestens gilt dies im Regelfall und trotz der in Abschnitt 79 VStR 1989 erfolgten Senkung des Vergleichszinssatzes von 10 auf 8 v. H.

Ob das Stuttgarter Verfahren auch für eine Unternehmensbewertung zu außersteuerlichen Zwecken geeignet ist, braucht hier nicht weiter erörtert zu werden. Hierzu vgl. Randenbourgh in BB 1986 S. 75.

*b) Bewertung nach Abschnitt 76 ff. VStR*

Es hatte zunächst den Anschein, als ob die Rechtsprechung die Verwaltungsanweisungen in den Abschnitten 76 ff. VStR wie eine Rechtsverordnung behandelt, der dann auch die allgemeine Verbindlichkeit einer solchen zukommt. Hierzu vgl. Abschnitt 76 Rz. 4. Mehrere BFH-Urteile aus den letzten Jahren weisen allerdings auf die Grenzen dieser Verwaltungsanweisungen hin, lassen gleichzeitig aber auch erkennen, daß es wohl kaum Erfolg haben dürfte, das Schätzungsverfahren nach den Abschnitten 76 ff. VStR in seinen Grundzügen in Zweifel zu ziehen; denn auch andere Bewertungsmethoden, wie sie von der Betriebswirtschaftslehre entwickelt worden sind, dürften genauso problematisch sein. Hierzu vgl. auch Abschnitt 79 Rz 13.

**6**

Eine Diskussion über die Grundzüge des Verfahrens, über die sich der Anwender an sich im klaren sein sollte (BFH, 7. 12. 1977), wird deshalb nicht viel weiterführen, weil § 11 Abs. 2 BewG bindend festlegt, daß der Anteilswert sowohl unter Berücksichtigung des Vermögens als auch unter Beachtung der Ertragsaussichten der GmbH zu ermitteln ist. Insoweit sollte man sich kostspielige Bewertungsgutachten, in denen ein Anteilswert nach anderen Grundsätzen ermittelt wird, ersparen. Im Einzelfall kann nur empfohlen werden, die zahlreichen Korrekturmöglichkeiten auszunutzen, die in den Abschnitten 77 ff. VStR geboten werden, oder aber, wenn eine dieser Detailregelungen zweifelhaft erscheint, diese überprüfen zu lassen. Auf diesem Weg ist eher ein wirtschaftlich vertretbarer Anteilswert – auf den es letztlich ja allein ankommt – zu erreichen als über eine Grundsatzdiskussion. Das gilt auch, wenn von der Rechtsprechung (BFH, 25. 8. 1972, 7. 12. 1977) die methodischen Grundlagen des Verfahrens gelegentlich zur Disposition gestellt worden sind. Tatsächlich war nämlich auch in dem entschiedenen Fall nur eine Detailfrage umstritten.

*c) Bindung an das Stuttgarter Verfahren*

Eine Selbstbindung der Gerichte und demgemäß auch eine Selbstbindung der Finanzverwaltung an die Anweisungen in den Abschnitten 76 ff. VStR soll dann nicht bestehen, wenn sich im Einzelfall eine ebenfalls einfache, dabei aber genauere Bewertung der Aktien anbietet (BFH, 25. 8. 1972). Man könne dann auch jede andere Wertermittlungsmethode anwenden.

**7**

*II. Ermittlung des gemeinen Wertes von nichtnotierten Aktien und GmbH-Anteilen*

Vielleicht werden diese Feststellungen in dem genannten BFH-Urteil (s. o.) vor dem Hintergrund verständlich, daß damals der BFH in der Literatur deshalb stark angegriffen worden war, weil von ihm die Anweisungen in den Abschnitten 76 ff. VStR wie Gesetzesvorschriften behandelt worden sind, was zweifelsohne bei Verwaltungsvorschriften nicht der Fall zu sein braucht. Vielleicht wollte er mit seinen Ausführungen diesem Eindruck entgegenwirken; denn zur Begründung der Ergebnisse in dem zitierten BFH-Urteil wären sie nicht unbedingt notwendig gewesen.

Die Bindung des Finanzamts an Verwaltungsanweisungen wird immer wieder bestätigt (BFH, 8. 8. 1986, BStBl. 1986 II S. 824; BFH, 8. 8. 1986, BStBl. 1987 II S. 78; BFH, 24. 10. 1986, BStBl. 1987 II S. 138). Verwaltungsanweisungen sind danach schon aus Gründen der Gleichbehandlung zu beachten, sofern sie nicht offensichtlich zu ganz falschen Ergebnissen führen (BFH, 27. 10. 1978).

Man kann sogar die Auffassung vertreten, daß diese Bindung heute, jedenfalls bei der vermögensteuerlichen Bewertung, selbst dann gilt, wenn die Anweisungen zu offensichtlich falschen Ergebnissen führen. Hierzu braucht nur auf die in letzter Zeit besonders aktuelle Einheitsbewertung von Ein- und Zweifamilienhäusern im Ertrags- oder Sachwertverfahren hingewiesen zu werden (§ 76 Abs. 1 und 3 BewG und die einschlägigen Verwaltungsanweisungen in Abschnitt 16 ff. BewRGr.). Durch die unterschiedlichen, in diesen Anweisungen geregelten Bewertungsverfahren können sich so krasse Wertunterschiede ergeben, daß sie „wirtschaftlich gesehen" überhaupt nicht mehr zu vertreten sind. Trotzdem hat das Finanzamt keine Möglichkeit, aus diesem Grund von den bestehenden Verwaltungsanweisungen abzuweichen, obwohl die zuständigen Finanzbeamten durchaus Wertermittlungsmethoden kennen, die einfach sind und trotzdem zu wirtschaftlich vertretbaren, d. h. richtigen Einheitswerten führen würden. Dieser Zustand wurde sogar vom BVerfG ausdrücklich bestätigt (BVerfG, 10. 2. 1987 – 1 BvL 18/81 und 20/82, BStBl. 1987 II S. 240, BB 1987 S. 396).

### d) *Bedeutung des Börsenkurses für die Anteilsbewertung*

**8** Auf den Börsenkurs wirken sich nicht nur die Verhältnisse der Gesellschaft aus, deren Aktien umgesetzt werden, sondern auch allgemeinpolitische und wirtschaftspolitische Entwicklungen, Tendenzen und Erwartungen sowie das Spekulationsmoment. Diese Umstände sind aber für den Börsenhandel typisch und können deshalb nicht als ungewöhnlich ausgeschieden werden (BFH, 12. 12. 1975; 6. 5. 1977. Hierzu vgl. Abschnitt 74 Rz. 1 ff.). Bei der Anteilsbewertung sind dagegen nur objektiv feststellbare Umstände zu berücksichtigen, nicht aber allgemeine, auf Unwägbarkeiten beruhende Erwartungen. So können sich z. B. politische Trends zwar auf den Börsenkurs, nicht aber bei der Bewertung nichtnotierter Anteile auswirken (BFH, 23. 2. 1977). Der grundsätzliche Unterschied besteht also darin, daß in den Börsenkursen auch die Auswirkungen der Spekulation zum Ausdruck kommen. Dagegen hat „die Bewertung nichtnotierter Aktien und GmbH-Anteile im Gegensatz zu der – Haussen und Baissen unterliegenden – Börsenkursentwicklung nach Gleichmäßigkeit und Stetigkeit zu streben" (BFH, 19. 12. 1960; 23. 2. 1977, s. o.).

Im allgemeinen dürfte der nach dem Stuttgarter Verfahren ermittelte Anteilswert mehr oder weniger unter dem entsprechenden Börsenkurs liegen, in einzelnen Branchen bis zu 50 v. H. Hierzu vgl. Schoenfeldt in WP 1984 S. 425 ff.

*e) Nichtnotierte Anteile an ausländischen Kapitalgesellschaften*

Läßt sich der gemeine Wert von ausländischen Aktien und Anteilen nicht aus Kaufpreisen ableiten (Abschnitt 74 Abs. 3), soll er ebenfalls nach den Grundsätzen der Abschnitte 76 ff. VStR ermittelt werden. Dies ist jedoch aus den verschiedensten Gründen nur ausnahmsweise möglich. Meist fehlen für eine genauere Berechnung, wie sie danach gefordert wird, die wesentlichen Unterlagen. Ein Gesellschafter, der nicht wesentlich beteiligt ist, kennt meist nur die Handelsbilanz und die Gewinn- und Verlustrechnung der Gesellschaft. Daraus lassen sich aber weder das tatsächliche Gesellschaftsvermögen noch die Ertragsergebnisse mit einiger Sicherheit entnehmen. Es fehlen ihm weiter Angaben über die stillen Reserven, den Wert der immateriellen Wirtschaftsgüter u. a. mehr für die Ermittlung des Vermögenswerts, Angaben über verdeckte Gewinnausschüttungen und verdeckte Gewinnverlagerungen u. a. mehr für die Ermittlung der Ertragsaussichten. Das Stuttgarter Verfahren läßt sich aber nur anwenden, soweit Vermögen und Ertrag der ausländischen Gesellschaft halbwegs zutreffend ermittelt werden können. Nach Auffassung der Finanzverwaltung soll dies z. B. bei Kapitalgesellschaften in Österreich und in der Schweiz (OFD Frankfurt, 12. 5. 1981, Inf. 1981 S. 397) sowie in den meisten Staaten der EG möglich sein. Dabei könnten dann auch die Anweisungen berücksichtigt werden, die nach Abschnitt 77 VStR bei der Ermittlung des Vermögenswerts und nach Abschnitt 78 VStR bei der Ermittlung des Ertragshundertsatzes vorgesehen sind. Da diese Anweisungen aber auf innerdeutsche Verhältnisse abstellen, wird man sich meist auch hier mit einer stark vereinfachten Wertermittlung begnügen können. Hierzu vgl. Abschnitt 79

9

## II. Ermittlung des gemeinen Wertes von nichtnotierten Aktien und GmbH-Anteilen

noch 9 Rz. 13 ff. Ist auch dies nicht möglich, so bieten sich als weitere Schätzungsmöglichkeiten die für die Anteile aufgewendeten Anschaffungskosten an, der zuletzt festgestellte Anteilswert, ein in der Steuerbilanz ausgewiesener Teilwert der Anteile, letztlich auch der Nennwert derselben u. a. mehr, dem dann jeweils mindestens eine angemessene Verzinsung des bis zum Stichtag eingesetzten Kapitals zugerechnet werden müßte. Dabei wäre von einer Verzinsung auszugehen, die dem branchen- und landesüblichen Prozentsatz des Reingewinns entspricht. Notfalls genügt auch ein auf Grund des ausgeschütteten und auf den Anteil entfallenden Gewinns ermittelter Ertragswert. Auch hier wäre vom Durchschnitt des Gewinns der letzten 3 Jahre auszugehen und dieser auf Grund des jeweiligen landesüblichen Kapitalisierungszinssatzes hochzurechnen, auch wenn dieser über 8 v. H. (vgl. Abschnitt 79 Abs. 1 VStR) liegt.

Ob bei einer so groben Schätzung noch Korrekturen und Abschläge vom ermittelten Anteilswert möglich sind, kann fraglich sein. Ein Abschlag wegen der ausländischen Quellensteuer ist jedenfalls nicht möglich, denn diese ist mit der deutschen Kapitalertragsteuer zu vergleichen. Es ist deshalb von den ungekürzten Ausschüttungen bzw. Ergebnisabführungen auszugehen. Umstritten war schon immer die Frage, ob nicht ein Abschlag wegen der Schwierigkeiten im Fall der Transferierung des Erlöses aus einem Verkauf der Anteile, wegen gewisser Beschränkungen in der Geschäftsführung oder wegen anderer Risiken, die mit einer ausländischen Beteiligung verbunden sind, d. h. ein Abschlag wegen eines besonderen Auslandsrisikos nach Abschnitt 79 Abs. 3 VStR gemacht werden kann. Die Finanzverwaltung vertritt dazu die Auffassung, daß nach den Erfahrungen der Praxis kein allgemeines Auslandsrisiko bestehe. In den meisten westlichen Industriestaaten seien das Risiko und die Zugriffsmöglichkeit nicht anders einzuschätzen als in der Bundesrepublik. Nur dort, wo ein echtes Risiko vorhanden oder die Realisierung erschwert ist, könne ein Abschlag in Frage kommen. Verkäufe hätten aber gezeigt, daß selbst in diesen Fällen mindestens die Anschaffungskosten bezahlt werden. Aus denselben Gründen erscheine auch der Ansatz einer höheren Kapitalverzinsung nicht gerechtfertigt (OFD Frankfurt, 13. 5. 1981, Wirtschaftsprüfung 1981 S. 444). Dies mag zwar für die Wertermittlung bei Anteilen an Kapitalgesellschaften mit Sitz in der EG, in Österreich, in der Schweiz, in den USA und Kanada gelten. Bei Kapitalgesellschaften in anderen Staaten wird dies jeweils auf die Umstände des Einzelfalles ankommen.

Es ist einzuräumen, daß dem Verfasser die Erfahrungen fehlen, um zur Wertermittlung bei ausländischen Aktien und Anteilen weitere Ausführungen zu machen, zumal die Umstände in den einzelnen ausländischen

Staaten viel zu oft voneinander abweichen. Es empfiehlt sich hier, einen Sachverständigen zu engagieren, der auf die wirtschaftlichen und steuerlichen Gegebenheiten in dem jeweiligen Land spezialisiert ist.

## III. Ermittlung des Vermögenswertes

### 1. Wortlaut des Abschnitts 77 VStR

*(1) Zur Ermittlung des Vermögenswertes ist zunächst das gesamte Vermögen der Gesellschaft zu berechnen. Dabei ist vom Einheitswert des Betriebsvermögens auszugehen. Dies gilt auch dann, wenn der Einheitswert auf einen vom 31. Dezember abweichenden Abschlußzeitpunkt ermittelt worden ist. Sind zwischen Abschlußzeitpunkt und 31. Dezember wesentliche Änderungen des Vermögens der Kapitalgesellschaft eingetreten, so ist der nach den Verhältnissen vom Abschlußzeitpunkt ermittelte Einheitswert des Betriebsvermögens zu erhöhen oder zu ermäßigen. Eine zwischen Abschluß- und Feststellungszeitpunkt eingetretene Änderung des Betriebsvermögens kann mit dem zeitanteiligen Steuerbilanzgewinn/-verlust angesetzt werden (BFH, 12. 12. 1980, BStBl. 1981 II S. 557). Dem Einheitswert des Betriebsvermögens sind die Wirtschaftsgüter hinzuzurechnen, die bei der Einheitsbewertung außer Betracht geblieben sind, weil sie nach den §§ 101 Nr. 1 bis 3 und 102 BewG nicht zum Betriebsvermögen gehören. Der Geschäfts- oder Firmenwert sowie die Werte von firmenwertähnlichen Wirtschaftsgütern – z. B. der Wert einer entgeltlich erworbenen Güterfernverkehrsgenehmigung, die im Einheitswert des Betriebsvermögens enthalten ist; vgl. BFH, 8. 5. 1985, BStBl. II S. 608 – sind nicht in die Ermittlung des Vermögenswerts einzubeziehen. Wirtschaftsgüter, die nur mit einem prozentualen Teil ihres Wertes oder unter Berücksichtigung eines prozentualen Abschlags im Einheitswert enthalten sind, werden mit dem vollen Wert angesetzt. Andererseits sind die Schulden abzuziehen, die mit diesen Wirtschaftsgütern in wirtschaftlichem Zusammenhang stehen und deshalb ebenfalls bei der Ermittlung des Einheitswertes nicht berücksichtigt worden sind. Rücklagen nach § 7 Abs. 2 des Entwicklungsländer-Steuergesetzes sind dem Einheitswert zuzurechnen (vgl. Abschnitte 28 Abs. 4 VStR). Rückstellungen, die den Einheitswert nicht gemindert haben, aber nach ertragsteuerlichen Grundsätzen anzuerkennen sind, können bei der Ermittlung des Vermögenswertes abgezogen werden (BFH, 27. 2. 1981, BStBl. 1981 II S. 562). Grundsätzlich sind die Steuerbilanzwerte ohne weitere Prüfung zu übernehmen; Ausnahmen bestehen dann, wenn Rückstellungen durch wertaufhellende Tatsachen beeinflußt sind, die zwar am Bewertungsstichtag vorgelegen haben, jedoch erst nach dem auf den Feststellungszeitpunkt folgenden Bewertungsstichtag bekannt geworden sind (BFH, 13. 8. 1986, BStBl. 1987 II S. 48). Anwartschaften auf Leistungen*

*einer Unterstützungskasse können bei der Ermittlung des Vermögenswerts für die Schätzung des gemeinen Werts der Anteile an dem Trägerunternehmen nicht wertmindernd berücksichtigt werden (BFH, 24. 2.'1988, BStBl. II S. 478).*

*(2) Der nach Absatz 1 ermittelte Wert entspricht häufig nicht dem tatsächlichen Wert des Gesellschaftsvermögens, auf das es für die Bewertung der Anteile ankommt. Dies gilt vor allem dann, wenn die Wertansätze einzelner Wirtschaftsgüter in der Vermögensaufstellung in erheblichem Umfang von den tatsächlichen Werten abweichen. Eine solche Abweichung kann auch bei Beteiligungen an einer Personengesellschaft vorliegen, zu deren Betriebsvermögen Grundbesitz gehört (vgl. Absatz 3). In den Fällen der Sätze 1 bis 3 sind die Wertansätze zu korrigieren, wenn zu erwarten ist, daß sich die Korrekturen auf den Anteilswert nicht nur unwesentlich auswirken. Dies ist insbesondere dann der Fall, wenn die Korrekturen, einschließlich der Korrekturen nach Absatz 3, insgesamt mehr als 10 v. H. des sich nach Absatz 1 ergebenden Vermögens ausmachen.*

*(3) Grundbesitz ist mit dem gemeinen Wert (Verkehrswert) anzusetzen (BFH, 12. 12. 1975, BStBl. 1976 II S. 238). Wird bei der Ermittlung des gemeinen Werts der Betriebsgrundstücke vom Einheitswert ausgegangen, ist regelmäßig ein Zuschlag zu machen (BFH, 22. 5. 1970, BStBl. II S. 610). Sofern nicht andere Anhaltspunkte für den Verkehrswert vorliegen, sind Betriebsgrundstücke mit 280 v. H. des am jeweiligen Stichtag maßgeblichen Einheitswerts – ohne Zuschlag nach § 121 a BewG –, mindestens aber mit dem in der Steuerbilanz ausgewiesenen Wert anzusetzen, jedoch ohne Kürzung um den nach § 6 b EStG oder nach Abschnitt 35 EStR übertragenen Gewinn sowie ohne Berücksichtigung der durch Sonderabschreibungen, erhöhte Absetzungen, ausgenommen nach § 7 b EStG und § 15 Abs. 1 BerlinFG, und die AfA nach § 7 Abs. 5 Nr. 1 EStG gegenüber den normalen Absetzungen für Abnutzung eingetretenen Wertminderung.*

*(4) Künftige ertragsteuerliche Belastungen der stillen Reserven sind nicht zu berücksichtigen (BFH, 2. 10. 1981, BStBl. 1982 II S. 8).*

*(5) Das Vermögen oder einzelne Teile des Vermögens der Gesellschaft haben mitunter für den Anteilseigner nicht denselben Wert wie für das Unternehmen selbst. Da eine zahlenmäßige Wertung dieser Umstände außergewöhnliche Schwierigkeiten verursachen würde, ist zur Abgeltung aller möglichen Wertminderungen das nach den Absätzen 1 bis 4 ermittelte Vermögen noch um 15 v. H. zu kürzen.*

*III. Ermittlung des Vermögenswertes*

*(6) Das um den Abschlag gekürzte Vermögen ist mit dem Nennkapital (Grund- oder Stammkapital) der Gesellschaft zu vergleichen. Ein bei der Gründung der Gesellschaft gezahltes Aufgeld bleibt dabei außer Betracht (RFH, 25. 2. 1943, RStBl. S. 404). Der sich ergebende Hundertsatz, der als Vermögenswert bezeichnet wird, ist für die weiteren Berechnungen maßgebend. Wegen der Ermittlung des Vermögensanteils bei Kuxen vgl. Abschnitt 88 VStR. Beispiel: ...*

## 2. Rechtsprechung zu Abschnitt 77 VStR

BFH, 6. 4. 1962 – III 261/59 U (BStBl. 1962 III S. 253, BB 1962 S. 253)
BFH, 29. 3. 1963 – III 352/59 U (BStBl. 1963 III S. 324, BB 1963 S. 887)
BFH, 17. 4. 1964 –III 340/61 U (BStBl. 1964 III S. 380, BB 1964 S. 1205)
BFH, 15. 10. 1964 – III 359/61 (HFR 1965 S. 153, BB 1965 S. 277)
BFH, 5. 2. 1965 – III 127/62 U (BStBl. 1965 III S. 308)
BFH, 15. 10. 1965 – III 245/61 (HFR 1966 S. 169)
BFH, 9. 9. 1966 – III 263/63 (BStBl. 1967 III S. 43, BB 1967 S. 951)
BFH, 18. 12. 1968 – III R 135/67 (BStBl. 1969 II S. 370, BB 1969 S. 708)
BFH, 20. 12. 1968 – III R 122/67 (BStBl. 1969 II S. 373, BB 1969 S. 708)
BFH, 22. 5. 1970 – III R 80/67 (BStBl. 1970 II S. 610)
BFH, 30. 4. 1971 – III R 121/69 (BStBl. 1971 II S. 667)
BFH, 4. 2. 1972 – III R 98/71 (BStBl. 1972 II S. 515, BB 1972 S. 698)
BFH, 17. 5. 1974 – III R 156/72 (BStBl. 1974 II S. 626, BB 1974 S. 1110)
BFH, 4. 10. 1974 – III R 157/72 (BStBl. 1975 II S. 222, BB 1975 S. 411)
BFH, 28. 2. 1975 – III R 19/74 (BStBl. 1975 II S. 654, BB 1975 S. 1287)
BFH, 12. 12. 1975 – III R 30/74 (BStBl. 1976 II S. 238, BB 1976 S. 403)
BFH, 20. 10. 1978 – III R 31/76 (BStBl. 1979 II S. 34, BB 1979 S. 253)
BFH, 12. 12. 1980 – III R 1/80 (BStBl. 1981 II S. 557, BB 1981 S. 1320)
BFH, 27. 2. 1981 – III R 97/78 (BStBl. 1981 II S. 562, BB 1981 S. 1507)
BFH, 2. 10. 1981 – III R 27/77 (BStBl. 1982 II S. 8, BB 1981 S. 2123)
BFH, 8. 5. 1985 – II R 184/80 (BStBl. 1985 II S. 608, BB 1985 S. 608)
BFH, 13. 8. 1986 – II R 213/82 (BStBl. 1987 II S. 48, BB 1987 S. 321)
BFH, 24. 2. 1988 – II B 93/87 (BStBl. 1988 II S. 478, BB 1988 S. 824)
BFH, 28. 9. 1988 – I R 31/86 (BStBl. 1989 II S. 85, BB 1989, S. 61)

## Zu Abschnitt 77 Abs. 1 und 2 VStR

*a) Übernahme der Ergebnisse der Einheitsbewertung*

**1**  Bei der Ermittlung des gemeinen Werts ist nach § 11 Abs. 2 BewG das Vermögen der Gesellschaft zu berücksichtigen. Durch das Wort „Berücksichtigung" macht das Gesetz deutlich, daß nicht das in der Vermögensaufstellung festgestellte Vermögen schlechthin der Schätzung zugrunde zu legen ist, sondern lediglich als Schätzungsgrundlage zu beachten und zu würdigen ist. Die Verwaltungsanordnungen gehen hier mangels anderer hinreichend sicherer Unterlagen von den Werten aus, die der Einheitsbewertung des Betriebsvermögens zugrunde lagen. Zuschläge zu den bei der Einheitsbewertung angesetzten Werten sind ein Hilfsmittel, um für die Zwecke der Anteilsbewertung möglichst den tatsächlichen Wert des GmbH-Vermögens zu finden. Wenn damit in gewisser Hinsicht auch an die steuerlichen Bewertungsunterlagen der GmbH, jedoch ohne Bindung an diese, angeknüpft wird, so sind hierfür rein praktische Gesichtspunkte maßgebend; denn es handelt sich nicht um eine rein vermögensteuerrechtliche Bewertung des Betriebsvermögens, sondern um eine mehr wirtschaftliche Schätzung des Werts der nichtnotierten Anteile an einer GmbH (BFH, 9. 9. 1966). Es sind deshalb auch nicht die Steuerwerte, sondern die wirtschaftlichen Werte vom Stichtag anzusetzen (BFH, 12. 12. 1975). Der Bescheid mit dem Einheitswert des Betriebsvermögens ist demzufolge auch kein Grundlagenbescheid für die Anteilsbewertung. Auch die Vorschriften über den Schuldenabzug bei der Einheitsbewertung sind nicht verbindlich (BFH, 13. 8. 1986). Nur aus Praktikabilitätsgründen wird vom Einheitswert ausgegangen. Dieser ist zur Ermittlung des tatsächlichen Wertes nach wirtschaftlichen Gesichtspunkten zu korrigieren (BFH, 12. 12. 1980).

Das Bewertungsgesetz stellt auf einen objektivierten Anteilswert ab. Es müssen deshalb neben den Motiven des Handelns der Wirtschaftssubjekte in erster Linie die im Bewertungsgesetz zum Ausdruck kommenden Grundsätze der Bewertung beachtet werden. Sie müssen nicht notwendig in jeder Hinsicht mit betriebswirtschaftlichen Zielsetzungen übereinstimmen. Dies erfordert, daß auch die Grundsätze des Bewertungsgesetzes beachtet werden müssen, die vom Stichtagsprinzip geprägt sind (BFH, 20. 10. 1978). Daraus folgt, daß auch hier das bewertungsrechtliche Stichtagsprinzip zu beachten ist (BFH, 13. 8. 1986). Schulden, die am Stichtag noch nicht entstanden sind und auch nicht als entstanden angenommen werden können, deren Entstehung erst in der Zukunft möglich sein wird, können deshalb nicht berücksichtigt werden (BFH, 27. 2. 1981). So sind z. B. passive Rechnungsabgrenzungsposten, die in der Steuerbilanz für vereinnahmte Kreditgebühren gebildet worden sind, nicht abzugsfähig (BFH, 13. 8. 1986).

Zu beachten ist weiter der bewertungsrechtliche Grundsatz der Einzelbewertung der Wirtschaftsgüter des Betriebsvermögens (§ 2 Abs. 3 und § 98 a BewG) und der Grundsatz, daß Schwebezustände mit ihrem Stand am Bewertungsstichtag (§§ 4 bis 8 BewG) und nicht mit dem Stand nach

*III. Ermittlung des Vermögenswertes*

ihrer voraussichtlichen Auflösung berücksichtigt werden (BFH, 20. 10. 1978).

3   Der Wert des GmbH-Vermögens ist selbständig zu berechnen, denn der Vermögenswert ist nicht an den Ertragswert gekoppelt. Es ist deshalb bei der Ermittlung des Vermögenswerts auch ein Brennrecht anzusetzen, ohne daß es darauf ankommt, daß dieses nur als eine Gewinnmöglichkeit angesehen wird (BFH, 4. 10. 1974).

4   Die Wertansätze der im Einheitswert erfaßten Wirtschaftsgüter sind nur dann zu korrigieren, wenn sie offensichtlich in erheblichem Umfang von dem Verkehrswert der Wirtschaftsgüter abweichen. Das bedeutet, daß im Interesse der Gleichmäßigkeit der Besteuerung und der Vereinfachung des Schätzungsverfahrens die Ergebnisse der Einheitsbewertung übernommen werden, wenn die tatsächlichen Werte von Wirtschaftsgütern mit denen der Einheitsbewertung in etwa übereinstimmen (BFH, 20. 12. 1968; 30. 4. 1971).

5   Wenn die Gewinne der Vorjahre nicht entnommen wurden, führt dies zu einem Anwachsen des Betriebskapitals. Die von diesem Betriebskapital ausgehende Bewertung der GmbH-Anteile bedeutet aber gleichwohl eine unzulässige Besteuerung der Arbeitsleistung des Gesellschaftergeschäftsführers, denn nicht diese, sondern das der GmbH zur Verfügung stehende Betriebskapital ist Berechnungsfaktor (BFH, 6. 4. 1962).

6   Ist auf Grund einer Außenprüfung der Einheitswert des Betriebsvermögens durch Berichtigungsbescheid geändert worden, so würde es falsch sein, hier von dem noch nicht berichtigten Einheitswert auszugehen, sofern Außenprüfung und Berichtigung des Einheitswerts noch während des Rechtsmittelverfahrens gegen die Höhe des Anteilswertes erfolgt ist (BFH, 28. 2. 1975). Andererseits sollen wertaufhellende Tatsachen, die erst ein Jahr nach dem Stichtag bekannt werden, nicht mehr rückwirkend berücksichtigt werden können (BFH, 13. 8. 1986).

*b) Einheitswert bei abweichendem Wirtschaftsjahr*

7   Der Einheitswert bildet auch dann die Grundlage für die Ermittlung des Vermögenswertes, wenn er auf einen vom 31. Dezember abweichenden Abschlußzeitpunkt ermittelt worden ist. Sind zwischen dem Abschlußzeitpunkt und dem 31. Dezember wesentliche Änderungen eingetreten, so sind diese durch eine Erhöhung oder Ermäßigung des Einheitswerts zu berücksichtigen. Aus Praktikabilitätsgründen kann der zeitanteilige Steuerbilanzgewinn oder -verlust des am 31. Dezember auslaufenden Wirt-

schaftsjahres angesetzt werden; denn ein Erwerber würde zum 31. Dezember in Rechnung stellen, daß die Anteile auch den in der Zwischenzeit erwirtschafteten Gewinn umfassen (BFH, 12. 12. 1980).

*c) Erfassung von Wirtschaftsgütern*

Ein Geschäftswert braucht bei der Ermittlung des Vermögenssatzes nicht angesetzt zu werden; denn er steht für die Ertragskraft des Unternehmens und ist damit Ausdruck der gegenüber der Einheitsbewertung anderen Methode der Schätzung des Aktivwerts. Es kommt also nicht darauf an, ob und wie der Geschäftswert bei der Einheitsbewertung behandelt worden ist (BFH, 8. 5. 1985).

8

Die entgeltlich erworbene Güterfernverkehrsgenehmigung, die im Einheitswert enthalten ist, wird nicht in die Ermittlung des Vermögenswerts einbezogen. Es gilt dasselbe wie für den Geschäfts- oder Firmenwert, der nur zusammen mit dem Unternehmen veräußert werden kann. Die Güterfernverkehrsgenehmigung bedeutet nur eine Chance, auf einem beschränkten Markt Gewinne zu machen. Diese kommen aber in den Ertragsaussichten zum Ausdruck (BFH, 8. 5. 1985). Brennrechte sind damit jedoch nicht vergleichbar; denn sie sind einzeln und unabhängig von dem Unternehmen veräußerbar (BFH, 9. 12. 1983). Sie sind deshalb anzusetzen, ohne daß es darauf ankommt, daß sie ebenfalls nur als eine Gewinnmöglichkeit angesehen werden (BFH, 4. 10. 1974). Es bleibt aber offen, ob aus der allgemeinen Bewertungsfähigkeit des Brennrechts zwingend auch auf den Ansatz bei der Ermittlung des Vermögenswerts zu schließen ist (BFH, 9. 5. 1985). Die bei der Einheitsbewertung als immaterielle Wirtschaftsgüter angesetzten Positionen sind daraufhin zu überprüfen, ob sie als Konkretisierung der Ertragsaussichten anzusehen sind. Ist dies zu bejahen, sind sie nicht hier, sondern bei der Ermittlung des Ertragshundertsatzes anzusetzen. Dies führt zu einheitlichen Ergebnissen, ohne Rücksicht darauf, ob im Einzelfall ein Wirtschaftsgut i. S. des § 95 BewG vorliegt (BFH, 8. 5. 1985).

*d) Berücksichtigung von Schulden*

Schulden, die mit dem Betriebsvermögen der GmbH in wirtschaftlichem Zusammenhang stehen und bei dessen Einheitsbewertung nicht berücksichtigt wurden, sind noch vom Einheitswert abzuziehen. Das gilt auch für Schulden, die bei der Ermittlung des Einheitswertes des Betriebsvermögens rechtsirrtümlich nicht abgezogen wurden; denn der Feststellungsbescheid über den Einheitswert des Betriebsvermögens der GmbH ist nicht

9

*III. Ermittlung des Vermögenswertes*

Grundlagenbescheid im Sinne des § 182 Abs. 1 AO für die Anteilsbewertung. Soweit sich aus dem BFH-Urteil vom 19. 12. 1960 – III 396/58 S (BStBl. 1961 III S. 92, BB 1961 S. 320) etwas anderes ergab, wird daran nicht mehr festgehalten. Danach wäre der Einheitswertbescheid gleichzeitig auch Grundlagenbescheid im Sinne des § 182 Abs. 1 AO für die Anteilsbewertung gewesen (BFH, 4. 2. 1972).

Auch Rückstellungen können berücksichtigt werden, die nicht in der Vermögensaufstellung, wohl aber in der Steuerbilanz ausgewiesen sind. Voraussetzung dafür ist, daß am Stichtag bereits eine Inanspruchnahme deutlich erkennbar ist und ernsthaft droht; denn damit ist dann auch die Leistungspflicht hinreichend konkretisiert (BFH, 27. 2. 1981). Das ist z. B. der Fall bei einer Rückstellung, die für ein Teilzahlungsoblige gebildet worden ist (BFH, 13. 8. 1986). Der Wert einer solchen Rückstellung muß nach Maßgabe der tatsächlichen Verhältnisse vom Stichtag geschätzt werden. Grundsätzlich kann dafür zwar der Steuerbilanzwert übernommen werden. Es besteht aber auch insoweit keine Bindung. In der Steuerbilanz ist nämlich nicht der Erkenntnisstand des Kaufmanns vom Bilanzstichtag maßgebend, sondern der vom Zeitpunkt der Bilanzaufstellung, d. h. der Erkenntnisstand unter Berücksichtigung der bis dahin vorliegenden sogenannten wertaufhellenden Tatsachen. Soweit diese erst ein Jahr nach dem Stichtag bekannt werden, müssen sie außer Betracht bleiben (BFH, 13. 8. 1986). Ein passiver Rechnungsabgrenzungsposten, der in der Steuerbilanz für vereinnahmte Kreditgebühren gebildet worden ist, kann nicht übernommen werden (BFH, 13. 8. 1986).

10  Nachdem im Interesse der Gleichmäßigkeit der Besteuerung und der Vereinfachung des Schätzungsverfahrens die Ergebnisse der Einheitsbewertung übernommen werden, wenn sie mit den tatsächlichen Wertansätzen in etwa übereinstimmen, sind ähnliche Erwägungen auch für den Abzug von Pensionsanwartschaften maßgebend. Der nach § 104 BewG ermittelte Wert der Pensionsverpflichtungen ist deshalb auch bei der Anteilsbewertung zu übernehmen (BFH, 30. 4. 1971). Bei Ruhegehaltszusagen an die Gesellschafter-Geschäftsführer ist auch hier eine ernsthafte Verpflichtung zur Zahlung einer Rente grundsätzlich in gleicher Weise wie bei den Ertragssteuern anzuerkennen (BFH, 4. 2. 1972). Anwartschaften, mit denen eine Unterstützungskasse belastet ist, können allerdings auch mit dem durch das Kassenvermögen nicht gedeckten Kapitalwert bei der Ermittlung des Vermögenswertes der Anteile an dem Trägerunternehmen nicht berücksichtigt werden. Es fehlt an einer gegenwärtigen Schuld des Trägerunternehmens (BFH, 24. 2. 1988). Zu dieser Frage soll allerdings eine Verfassungsbeschwerde anhängig sein.

## Zu Abschnitt 77 Abs. 3 VStR

*e) Betriebsgrundstücke*

Da der Einheitswert für das Grundvermögen in der Regel ganz erheblich unter dem Verkehrswert liegt, soll der Einheitswert in der Regel um prozentuale Zuschläge erhöht werden. Es soll allerdings nur dann eine Korrektur erfolgen, wenn der Verkehrswert der Grundstücke offensichtlich und in erheblichem Umfang höher ist als der im Betriebsvermögen der GmbH enthaltene Einheitswert der Grundstücke. Dies ist der Fall, wenn der Verkehrswert vom Einheitswert mindestens um die relativen oder absoluten Wertgrenzen des § 22 BewG abweicht (BFH, 15. 10. 1964). Der Zuschlag entspricht dann dem Differenzbetrag zwischen den Anschaffungskosten des Grund und Bodens und den um eine jährliche AfA von 1 v. H. geminderten Herstellungskosten des Gebäudes einerseits und dem Einheitswert des Grundstücks andererseits. Der Zuschlag kann allerdings im Einzelfall auch höher bemessen werden (BFH, 15. 10. 1964). Es ist jeweils der tatsächliche Verkehrswert des Grundstücks zu ermitteln und der Bewertung zugrunde zu legen, wenn die GmbH die Angemessenheit der Zuschläge bestreitet (BFH, 20. 12. 1968; 22. 5. 1970). Heute ist diese BFH-Rechtsprechung allerdings überholt, denn sie konnte nur für die Zeit vor 1964 gelten. Hierzu vgl. auch Abschnitt 77 Rz. 46 ff. **11**

Ein Abschreibungssatz in Höhe von 1 v. H. ist in der Regel ausreichend. Das Finanzamt ist deshalb nicht verpflichtet, den der Körperschaftsteuerveranlagung zugrundeliegenden Abschreibungssatz von 2 v. H. bzw. 2,5 v. H. zu übernehmen. Bei der Einheitsbewertung ist allein auf die technische Nutzungsdauer abzustellen. Der ertragsteuerlichen AfA dagegen liegt der Gedanke der wirtschaftlichen Gleichverteilung des Aufwandes zugrunde. Sie wird von der wirtschaftlichen Abnutzung beeinflußt (BFH, 22. 5. 1970). **12**

Es ist zwar vom Einheitswert des Betriebsvermögens auszugehen. Um zu einem wirtschaftlichen Wert zu kommen, sind jedoch eine Reihe von Korrekturen vorzunehmen. Danach sind die Wertansätze für Wirtschaftsgüter, die im Einheitswert des Betriebsvermögens unterbewertet wurden, entsprechend zu erhöhen. Das gilt insbesondere beim Grundbesitz. Die Höhe des Zuschlags ergibt sich aus dem Unterschied zwischen dem Einheitswert und dem Verkehrswert des Grundstücks (BFH, 20. 12. 1968; 12. 12. 1975). Der in Abschnitt 77 Abs. 3 VStR vorgesehene Zuschlag ist lediglich ein allgemeiner Orientierungsrahmen, der nur dann anzuwenden ist, wenn andere Erkenntnisquellen, die zu einem zutreffenderen Ergebnis führen könnten, fehlen (BFH, 12. 12. 1975). **13**

*III. Ermittlung des Vermögenswertes*

**14** Die einzelnen Wirtschaftsgüter können auch mit einem Wert angesetzt werden, der im Ertragswertverfahren ermittelt worden ist (BFH, 17. 5. 1974; 4. 10. 1974). Der Teilwert eines Gebäudes, das mit öffentlichen Mitteln gefördert worden ist, liegt nur dann unter den Herstellungskosten abzüglich der Abschreibungen, wenn seine Errichtung erwiesenermaßen eine Fehlmaßnahme war. Es kommt darauf an, ob die GmbH das Grundstück zu dem angegebenen Teilwert veräußern würde (BFH, 17. 5. 1974). Grundbesitz ist allerdings nicht mit dem Teilwert, sondern mit dem gemeinen Wert anzusetzen. Führt der Ansatz des gemeinen Werts jedoch dazu, daß einem nachhaltig unverhältnismäßig geringen Ertrag ein großes Vermögen gegenübersteht, so kann ein Abschlag nach Abschnitt 79 Abs. 3 VStR gemacht werden (BFH, 12. 12. 1975).

**15** Es verstößt nicht gegen Artikel 3 Abs. 1 GG, daß der Gesellschafter einer GmbH seinen Anteil mit einem nach dem Verkehrswert der Betriebsgrundstücke ermittelten Wert der Vermögensteuer unterwerfen muß, während der Kommanditist seinen Anteil an der KG mit einem Wert versteuert, dem lediglich der Einheitswert der Betriebsgrundstücke zugrunde liegt; denn es verstößt auch nicht gegen das Grundgesetz, wenn Wertpapiere mit ihrem Börsenkurs, Grundstücke dagegen mit ihrem Einheitswert der Vermögensteuer zugrunde liegen (BFH, 22. 5. 1970, mit Hinweis auf BFH, 1. 12. 1967 – III 160/64, BStBl. 1968 II S. 293).

## Zu Abschnitt 77 Abs. 4 VStR

*f) Kein Abzug latenter Steuerlasten*

**16** Bei Erfassung der über den Buchwerten liegenden tatsächlichen Werte ist auf den laufenden Betrieb, d. h. auf die Fortführung des Betriebs unter den gegenwärtigen Umständen, nicht aber auf dessen ganze oder teilweise Auflösung abzustellen. Es ist deshalb für eine etwaige künftige Belastung mit Ertragsteuern im Falle einer Auflösung verdeckter Werte kein Raum, da sich dem Grundsatz nach nicht übersehen läßt, ob, wann und in welcher Höhe derartige steuerliche Belastungen Realität werden. Solange dies nicht ersichtlich ist, ist es auch nicht gerechtfertigt, das GmbH-Vermögen zu mindern (BFH, 15. 10. 1965). Auch bei wirtschaftlicher Betrachtung ist die Belastung der GmbH mit einer tatsächlichen und zeitlich ungewissen Auflösung der stillen Reserven am Stichtag nur fiktiv. Schließlich steht die spätere Auflösung dieser Werte mehr oder weniger im Belieben der GmbH. Sie braucht sie entweder überhaupt nicht eintreten zu lassen oder kann sie zu einem ihr genehmen Zeitpunkt in möglichst neutraler Form vornehmen. Somit sind grundsätzlich für die Zwecke der

Anteilsbewertung keine Abschläge für etwaige künftige steuerliche Belastungen der GmbH bei Auflösung der stillen Reserven vorzunehmen. Das gilt auch, wenn bei Betriebsgrundstücken ein Zuschlag zum Einheitswert gemacht wurde (BFH, 9. 9. 1966; 20. 12. 1968; 22. 5. 1970). Auch bei einer Anteilsbewertung für Zwecke der Börsenumsatzsteuer kann die auf den stillen Reserven beruhende latente Ertragssteuerbelastung nicht berücksichtigt werden (BFH, 28. 9. 1988).

Es können nur entstandene Schulden oder wenigstens ausreichend begründete Verhältnisse für ein Leistungsgebot berücksichtigt werden, die sich bis zum Stichtag auch hinreichend konkretisiert haben; denn auch die Anteilsbewertung ist vom Stichtagsprinzip geprägt. Hierunter fällt aber nicht die latente Ertragsteuerbelastung, wenn das Unternehmen der GmbH fortgeführt wird und am Stichtag auch nicht abzusehen ist, ob, wann und in welcher Höhe es zu einer Realisierung der stillen Reserven kommt. Ihre Berücksichtigung würde in diesem Fall auf die Ermittlung eines Zerschlagungswertes hinauslaufen. Dieser ist aber keine Grundlage für die Ermittlung des Vermögenswertes bei einem Unternehmen, das fortgeführt werden soll (BFH, 2. 10. 1981). **17**

Auch die latente Ertragsteuerbelastung aufgrund einer gesetzlich befristeten Preissteigerungsrücklage (§ 74 EStDV) kann bei der Ermittlung des Vermögenswertes nicht berücksichtigt werden (BFH, 20. 10. 1978). Hierzu vgl. allerdings auch Abschnitt 78 Rz. 4.

Die etwaige Belastung des alleinigen Gesellschafters mit Einkommensteuer und Kirchensteuer bei der Veräußerung wesentlicher Beteiligungen (§ 17 EStG) beeinflußt nicht den gemeinen Wert der Anteile. Eine dadurch bedingte schwere Verkäuflichkeit würde auch nach Abschnitt 79 Abs. 3 VStR nicht ohne weiteres einen Abschlag begründen (BFH, 6. 4. 1962). **18**

## Zu Abschnitt 77 Abs. 5 VStR

*g) Kürzung des ermittelten Betriebsvermögens*

Das ermittelte Vermögen ist um 15 v. H. zu kürzen. Die Zusammenfassung aller Anteile in der Hand eines Gesellschafters kann die Unterlassung dieses ausdrücklich für alle Fälle vorgesehenen Kürzungsabschlags nicht rechtfertigen. Wenn ein bestimmtes Verwaltungsverfahren angewendet wird, muß es im Interesse der Gleichmäßigkeit der Besteuerung, soweit irgend möglich, in vollem Umfang Anwendung finden. Eine Unterlassung der Kürzung um 15 v. H. kann deshalb keinesfalls ohne weiteres zugelassen werden (BFH, 29. 3. 1963). **19**

*III. Ermittlung des Vermögenswertes*

Das Stuttgarter Verfahren legt den Wert des Unternehmens der Kapitalgesellschaft auf die Anteile an der Gesellschaft um. Der Umstand, daß das Vermögen der Gesellschaft mitunter „für den Anteilseigner nicht denselben Wert wie für das Unternehmen selbst" hat, wird durch den Abschlag von 15 v. H. berücksichtigt (Abschn. 77 Abs. 5 VStR). Ob dieser Abschlag betriebswirtschaftlich gerechtfertigt ist, kann dahingestellt bleiben. Entscheidend ist vielmehr, daß er ganz allgemein einer Überbewertung bzw. dem Ansatz eines überhöhten Substanzwerts entgegenwirkt. Das Stuttgarter Verfahren kann damit auch nicht als fiskalisch orientiertes Verfahren angesehen werden (BFH, 20. 10. 1978).

## 3. Ergänzende Anmerkungen zu Abschnitt 77 VStR

Zu Abschnitt 77 Abs. 1 VStR

20   Bei einer unterstellten Normalrendite von 8 v. H. schlägt sich ein Vermögenswert von 100 v. H. mit rd. 70 v. H. im Anteilswert nieder. Hierzu vgl. Abschnitt 79 Abs. 1 VStR. Seine Auswirkungen gegenüber dem Ertragshundertsatz betragen somit mehr als das Doppelte. Es versteht sich deshalb von selbst, daß der Ermittlung des Vermögenswertes nach Abschnitt 77 VStR besondere Bedeutung zukommt.

*a) Verbindlichkeit des Einheitswerts des GmbH-Vermögens*

21   Die Frage, welcher Wert dem GmbH-Anteil im wirtschaftlichen Verkehr zukommt, läßt sich nicht allein anhand steuerlicher Bewertungsvorschriften beantworten. Demgemäß hat auch die Rechtsprechung ihre frühere Auffassung, daß der für das GmbH-Vermögen festgestellte Einheitswert für die Ermittlung des Vermögenswerts als Grundlagenbescheid (§ 182 Abs. 1 AO) gilt, aufgegeben. Es steht heute außer jedem Zweifel, daß der Einheitswert nur eine von mehreren möglichen Grundlagen für eine Schätzung des Anteilswerts darstellt und nur deshalb übernommen wird, weil er für die Vermögensteuer-Veranlagung der GmbH sowieso von dem auch für die Anteilsbewertung zuständigen Sachbearbeiter am Finanzamt ermittelt werden muß und damit ohne weiteres zur Verfügung steht. Wenn auf der Grundlage dieses Einheitswertes ein wirtschaftlich vertretbarer Anteilswert ermittelt werden soll, sind deshalb an diesem noch Korrekturen nach wirtschaftlichen Gesichtspunkten erforderlich.

*Anmerkungen*

Da kein gesetzlicher Zwang zur Übernahme des Einheitswerts besteht, hätte man genauso gut auch von dem GmbH-Vermögen ausgehen können, wie es in der Steuerbilanz oder in der Handelsbilanz ausgewiesen wird. Aber auch in diesem Fall würden Korrekturen notwendig sein.

Seit 1974 ist in der Vermögensaufstellung bei einer Reihe von Wertansätzen eine Übernahme der oder wenigstens eine Annäherung an die Wertansätze in der Steuerbilanz erfolgt, z. B. für Kapitalforderungen und für bestimmte Rückstellungen (§ 109 Abs. 4 BewG), für bewegliches Anlage- und Umlaufvermögen (Abschnitte 51 ff. VStR). Es würde sich deshalb auch die Verwendung der Steuerbilanz als Grundlage für die Ermittlung des Vermögenswertes anbieten. Aber auch hier würden sich Korrekturen als notwendig erweisen, vor allem beim Grundbesitz, bei Beteiligungen, Aktien und GmbH-Anteilen, bei OHG- und KG-Anteilen, also gerade bei den Posten, die auch bei der Übernahme des Einheitswerts des Gesellschaftsvermögens noch besonderer Korrekturen bedürfen.

Ob der für das Gesellschaftvermögen festgestellte Einheitswert rechtskräftig ist oder nicht, bleibt hier ohne Bedeutung, denn der Einheitswert hat hier nicht die Bedeutung eines Grundlagenbescheides (BFH, 13. 8. 1986). Die Außenprüfung bei einer GmbH erstreckt sich allerdings regelmäßig auch auf die Anteilsbewertung. Dabei können dann auch die Änderungen überprüft werden, die sich beim Einheitswert für das Betriebsvermögen der GmbH ergeben haben. Hierzu vgl. auch Abschnitt 77 Rz. 6 und Abschnitt 90 Rz. 7 ff. Ebenso können auch Korrekturen vorgenommen werden, die schon bei einer unterbliebenen Wertfortschreibung des Einheitswerts hätten berücksichtigt werden können (FG München, 28. 9. 1987, EFG 1988 S. 61).

Im Zusammenhang damit ergibt sich auch die Frage, inwieweit im Einzelfall solche Erkenntnisse berücksichtigt werden dürfen, die zwischen dem Stichtag der Anteilsbewertung und ihrer Durchführung gewonnen werden konnten. Auch hier sollte der allgemeine Bilanzierungsgrundsatz gelten, daß die Verhältnisse vom Stichtag so treffend wie möglich zu erfassen sind und hierzu auch alle bei Durchführung der Bewertung verfügbaren Erkenntnisquellen herangezogen werden können. Dabei können dann auch sog. wertaufhellende Umstände mitberücksichtigt werden, die zwar erst in der Zeit zwischen dem Bewertungsstichtag und der Durchführung der Anteilsbewertung eingetreten sind, jedoch einen Rückschluß auf die Wertverhältnisse vom Stichtag zulassen. Die BFH-Rechtsprechung ist hier allerdings etwas widersprüchlich. Danach können die Steuerbilanzwerte deshalb nicht generell übernommen werden, weil insoweit ein Unterschied

*III. Ermittlung des Vermögenswertes*

zum Einheitswert bestehe, als für die Steuerbilanz nicht der Erkenntnisstand des Kaufmanns vom Stichtag, sondern der vom Zeitpunkt der Bilanzerstellung maßgebend sei, d. h. weil in der Steuerbilanz auch solche werterhellenden Tatsachen zu berücksichtigen sind, die bis dahin bekanntgeworden sind (BFH, 13. 8. 1986). Andererseits wurde aber auch wieder festgestellt, daß die Ergebnisse einer späteren Außenprüfung mitzubeachten seien (BFH, 28. 2. 1975), die aber ebenfalls in aller Regel solche nachträglichen Erkenntnisse mitverwertet.

### b) *Einheitswert bei abweichendem Wirtschaftsjahr*

**22** Für die Anteilsbewertung ist jeweils vom Einheitswert auszugehen, der zum 1. Januar des Kalenderjahres ermittelt worden ist. Dieser Einheitswert beruht auf den Verhältnissen vom letzten Abschlußzeitpunkt (§ 106 Abs. 2 BewG). Solange dies der 31. Dezember des vorangegangenen Kalenderjahres ist, ist er dann auch mit dem Stichtag der Anteilsbewertung identisch (§ 112 BewG). Wenn jedoch die GmbH ein abweichendes Wirtschaftsjahr hat, beruht der Einheitswert im Regelfall auf den Verhältnissen vom Abschlußzeitpunkt dieses Wirtschaftsjahrs (§ 106 Abs. 3 BewG). Da es jedoch für die Anteilsbewertung auch in diesem Fall auf die wirtschaftlichen Verhältnisse der GmbH vom 31. Dezember ankommen würde, muß hier geprüft werden, inwieweit an diesem Einheitswert noch Korrekturen wegen der betrieblichen Entwicklung in der Zeit zwischen dem Abschlußzeitpunkt und dem 31. Dezember gemacht werden müssen. Als Grundsatz sollte gelten, daß in diesen Fällen eine Korrektur nur dann zu erfolgen braucht, wenn sich in dieser Zwischenzeit wesentliche Veränderungen am Gesellschaftsvermögen ergeben haben und diese auch unabhängig von der Bagatellgrenze von 10 v. H. (Abschnitt 77 Abs. 1 VStR) ins Gewicht fallen (FinMin NW, 17. 2. 1982, Betrieb 1982 S. 515). Aber auch dann braucht der Einheitswert nur korrigiert zu werden, soweit diese Vermögensverschiebungen nicht schon nach § 107 BewG bei seiner Ermittlung berücksichtigt wurden. Danach ist z. B. bei einer Veräußerung von Betriebsgrundstücken der Gegenwert bereits dem Einheitswert vom Abschlußzeitpunkt zuzurechnen und beim Erwerb von Betriebsgrundstücken der Gegenwert vom Einheitswert abzuziehen (§ 107 Nr. 1 BewG). Dasselbe gilt auch bei Mineralgewinnungsrechten. Dabei kann der dem Betrieb entnommene Gegenwert einen Anhalt für die Ermittlung des Verkehrswerts des neuerworbenen Betriebsgrundstücks usw. bieten. Auch die in der Zwischenzeit gebildeten Rückstellungen und entstandenen Schulden sind zu berücksichtigen (FinMin NW, 17. 2. 1982 s. o.).

*Anmerkungen*

Ist die GmbH an einem Unternehmen mit abweichendem Wirtschaftsjahr 23 beteiligt, z. B. an einer OHG, die ihr Wirtschaftsjahr zum 30. Juni beendet hat, so wäre bei der zur Ermittlung des Vermögenswertes erforderlichen Bewertung des OHG-Anteils entsprechend zu verfahren. Hierzu vgl. Abschnitt 77 Rz. 7. Gehört dagegen der Anteil an einer GmbH zum Gesellschaftsvermögen, die ihrerseits einen abweichenden Abschlußzeitpunkt hat, so ist dies im vorliegenden Zusammenhang ohne Bedeutung; denn der gemeine Wert dieser Anteile, der hier übernommen werden muß, wird ebenfalls auf den 31. Dezember ermittelt und müßte deshalb bereits die entsprechenden Korrekturen berücksichtigen. Ebenso kommt es auf den Börsenkurs vom 31. Dezember an, wenn die Aktiengesellschaft, an der die Beteiligung besteht, ein abweichendes Wirtschaftsjahr hat (§ 11 Abs. 1 und § 106 Abs. 5 Nr. 1 BewG).

Unabhängig von einer Prüfung der Korrekturen nach § 107 BewG besteht 24 auch die Möglichkeit, daß das GmbH-Vermögen wegen seiner weiteren Bestands- und Wertentwicklung in der Zeit nach dem Abschlußzeitpunkt korrigiert werden muß. So würde z. B. ein Zuschlag zum Vermögen vom Abschlußzeitpunkt zu machen sein, wenn der Gewinn des folgenden Wirtschaftsjahrs den Gewinn des vorangegangenen Wirtschaftsjahres erheblich übersteigt, oder umgekehrt ein Abschlag, wenn der Gewinn darunterliegt oder gar ein Verlust eingetreten ist; denn in beiden Fällen entspricht das Vermögen vom 31. Dezember nicht mehr dem Vermögen vom Abschlußzeitpunkt. Anstelle einer eigenen Vermögensermittlung zum 31. Dezember tritt dann eine Korrektur durch einen entsprechenden Zuschlag oder Abschlag. Lassen sich Gewinn oder Verlust für die Zeit vom Abschlußzeitpunkt bis Jahresende nicht ohne weiteres feststellen, so sollte es genügen, wenn der Gewinn oder Verlust des am 31. Dezember laufenden Wirtschaftsjahres zeitanteilig aufgeteilt wird. Aus Praktikabilitätsgründen ist diese Übernahme des zeitanteiligen Steuerbilanzgewinns oder -verlustes von der Rechtsprechung gebilligt worden (BFH, 12. 12. 1980), auch wenn damit nicht unbedingt der tatsächlichen Vermögensentwicklung entsprochen wird. Dies gilt insbesondere, wenn sich der Gewinn oder Verlust nicht gleichmäßig auf das Wirtschaftsjahr verteilt. Hier müßte dann möglicherweise auch eine den wirtschaftlichen Verhältnissen entsprechende individuelle Aufteilung erfolgen. Das gilt z. B. bei saisonabhängigen Unternehmen, wobei z. B. das Verhältnis der monatlichen Umsätze einen Aufteilungsmaßstab bilden könnte. Ähnlich ist auch bei der Bewertung für Zwecke der Gesellschaftsteuer verfahren worden. Bei einer Bewertung auf einen Zeitpunkt, der vom letzten Stichtag abweicht, ist zu dem nach Abschnitt 77 Abs. 1 bis 3 VStR auf diesen Stichtag ermittelten Vermö-

*III. Ermittlung des Vermögenswertes*

genswert der seitdem erzielte Gewinn hinzuzurechnen. Zwischenzeitliche Entnahmen sind abzusetzen. Hinzuzurechnen ist in der Regel der zeitanteilige Steuerbilanzgewinn (BFH, 2. 3. 1988 – I R 396/83, BStBl. 1988 II S. 620, BB 1988 S. 1319, 1447).

**25** Wird für die Ermittlung des Gewinns oder Verlusts von der Steuerbilanz ausgegangen, so sollten jedenfalls bei einer Bewertung für Vermögensteuerzwecke dabei auch alle Korrekturen vorgenommen werden, die nach Abschnitt 78 VStR für die Ermittlung des Ertragshundertsatzes gelten. Einmalige Gewinne oder Verluste, die in der Zeit bis zum 31. Dezember angefallen sind, dürfen jedoch anders als bei der Ermittlung des Ertragshundertsatzes (vgl. Abschnitt 78 Rz. 12 ff.) hier nicht eliminiert werden.

**26** Auch eine Korrektur wegen der zwischenzeitlichen Gewinn- oder Verlustentwicklung sollte nur erfolgen, wenn sie von einiger Bedeutung ist. Auch diese Korrekturen sollten möglichst den Rahmen der Bagatellgrenze von 10 v. H. (s. o.) übersteigen. Hierzu vgl. auch Abschnitt 77 Rz. 43. So weitgehende Korrekturen, wie sie von der Rechtsprechung hinsichtlich einzelner Positionen, z. B. der Steuerschulden, vorgenommen worden sind (BFH, 12. 12. 1980), würde man sich dann meist ersparen können. Es wird deshalb darauf verzichtet, hier noch näher auf die sich dabei ergebenden Schwierigkeiten einzugehen.

*c) Negativer Einheitswert und fehlender Einheitswert*

**27** Der Einheitswert für das Gesellschafts-Vermögen kann auch negativ sein. Das negative Betriebsvermögen dürfte in der Regel durch eine zu niedrige steuerliche Bewertung des Aktivvermögens bedingt sein. Durch die erforderlichen weiteren Korrekturen wird sich zwar meist ein positives Vermögen ergeben, denn eine GmbH, die überschuldet ist, müßte liquidiert werden. Bleibt aber das Betriebsvermögen auch nach den Korrekturen noch negativ, so muß es den weiteren Berechnungen mit dem Minuswert zugrunde gelegt werden. Kommt es auch unter Berücksichtigung des Ertragshundertsatzes nicht zu einem positiven gemeinen Wert, dann ist der Anteilswert mit 0 v. H. anzusetzen. Vgl. hierzu auch Abschnitt 79 Rz. 14.

Braucht ein Einheitswert nicht festgestellt zu werden (§ 19 Abs. 4 BewG), weil das Vermögen der GmbH in vollem Umfang steuerfrei ist (§ 101 und 102 BewG) oder weil es den Freibetrag bei der Vermögensteuer von 125 000 DM (§ 117 a Abs. 1 BewG) und den Freibetrag bei der Gewerbekapitalsteuer von 120 000 DM (§ 13 Abs. 1 GewStG) nicht überstiegen hat, müßte im Rahmen der Anteilsbewertung eine eigene Wertermittlung erfolgen. Eines besonderen formellen Feststellungsverfahrens bedarf es dazu allerdings nicht.

### d) Korrekturen am Einheitswert

Am Einheitswert des Betriebsvermögens müssen noch Korrekturen vorgenommen werden. Nichterfaßte Wirtschaftsgüter sind zuzurechnen, nichtberücksichtigte Schulden und Lasten sind abzuziehen, die Wertansätze einzelner Wirtschaftsgüter sind zu berichtigen u. a. mehr. Im einzelnen ist dabei nach dem folgenden Schema zu verfahren: **28**

1. Einheitswert . . . .
   + steuerfreie Schachtelbeteiligungen . . . .
   + steuerfreie andere Wirtschaftsgüter . . . .
   ∕. nichtberücksichtigte Schulden
       und Lasten . . . .
2. Zu- und Abrechnungen insgesamt   . . . .    . . . .
3. Einheitswert (Ziff. 1) nach Zu- und Abrechnungen . . . .
   + (∕.) Korrekturen an einzelnen Wirtschaftsgütern (soweit insgesamt mehr als
       10 v. H. von Ziff. 3) . . . .
4. Korrigiertes Gesellschaftsvermögen
   ∕. Abschlag (15 v. H. von Ziff. 4) . . . .
5. Anzusetzendes Gesellschaftsvermögen . . . .

6. Vermögenswert = $\dfrac{\text{Vermögen (Ziff. 5)} \times 100}{\text{Nennkapital}}$   . . . .

### e) Zurechnungen zum Einheitswert

Wirtschaftsgüter, die zum Betriebsvermögen einer GmbH gehören, jedoch im Einheitswert nicht enthalten sind, müssen diesem zugerechnet werden. Dafür kommen insbesondere in Betracht Schachtelbeteiligungen, die nach § 102 BewG steuerfrei sind, Auslandsvermögen, das nach § 101 BewG in Verbindung mit einem Doppelbesteuerungsabkommen außer Ansatz bleibt, Grundstücke und sonstige Wirtschaftsgüter, die wegen ihrer Bedeutung für den Denkmalschutz usw. nach § 109 Abs. 2 i. V. mit § 115 **29**

*III. Ermittlung des Vermögenswertes*

BewG steuerfrei bleiben oder nur mit 40 v. H. ihres Werts angesetzt zu werden brauchen, Erfindungen und Urheberrechte, die nach § 101 Nr. 2 BewG außer Ansatz bleiben u. a. mehr. Für Betriebsvermögen, das im Einheitswert ausgewiesen ist und erst bei der Ermittlung des Gesamtvermögens ganz oder teilweise außer Ansatz bleibt, bedarf es im vorliegenden Zusammenhang keiner Korrektur. Das gilt z. B. für Krankenanstalten (§ 116 BewG) sowie für Verkehrsunternehmen (§ 117 BewG).

aa) Schachtelbeteiligungen

30  Soweit es sich bei der Schachtelbeteiligung um notierte Aktien handelt, ist im Regelfall der Börsenkurs anzusetzen, der am Stichtag notiert worden ist (§ 11 Abs. 1 BewG). Die Börsenkurse ergeben sich aus der vom Bundesminister der Finanzen zusammengestellten und im BStBl. Teil I veröffentlichten Kursliste für diesen Stichtag. Hierzu vgl. Abschnitt 74 Rz 14. Soweit es sich um nichtnotierte Aktien oder um GmbH-Anteile handelt, ist der dafür maßgebliche gemeine Wert vom Stichtag anzusetzen (§ 11 Abs. 2 BewG). Der Einheitswert ist insoweit zu korrigieren. Dabei können auch die Wertansätze, die sich nach den zuvor genannten Vorschriften für die Schachtelbeteiligung ergeben, ebenfalls noch nach Abschnitt 77 Abs. 2 VStR zu korrigieren sein.

31  Ob bei Aktien, die eine Beteiligung bilden, ein Paketzuschlag zu machen ist, hängt von den Umständen des Einzelfalls ab. Es muß auch hier im Einzelfall jeweils erst noch geprüft werden, ob der nach dem Börsenkurs und dem evtl. Paketzuschlag errechnete Wert der Beteiligung auch deren gemeinen Wert repräsentiert. Ein Vergleich mit dem gemeinen Wert, der sich nach Abschnitt 77 ff. VStR für die Schachtelbeteiligung ergeben würde, liegt deshalb nahe. Hierzu vgl. auch Abschnitt 74 Rz. 26 ff.

32  Eine besondere Wertermittlung ist hier aber nur dann erforderlich, wenn eine formelle Anteilsbewertung nicht schon aus anderen Gründen durchgeführt wurde, z. B. weil an der GmbH, an der die Schachtelbeteiligung besteht, auch andere vermögensteuerpflichtige Gesellschafter beteiligt sind. Wird dagegen der Wert der Schachtelbeteiligung nur für die Bewertung der Anteile an einer Obergesellschaft benötigt, z. B. weil diese Alleingesellschafter der GmbH ist, so bedarf es dazu keines eigenen formellen Feststellungsverfahrens. In einem solchen Fall kann die Wertermittlung auch im Rahmen des Feststellungsverfahrens für die Anteile an der Obergesellschaft erfolgen, zu deren Betriebsvermögen die Schachtelbeteiligung gehört. Ob dabei anstelle einer Wertermittlung nach Abschnitt 77 ff. VStR auch eine mehr oder weniger grobe Schätzung bzw.

überschlägige Berechnung ausreichen kann, hängt von den Umständen des Einzelfalles ab.

bb) Auslandsvermögen

Für Auslandsvermögen, das im Einheitswert der deutschen GmbH deshalb nicht enthalten ist, weil es nach einem Doppelbesteuerungsabkommen steuerfrei bleibt, ist ebenfalls ein besonderer Wert zu ermitteln und anzusetzen. Es handelt sich dabei insbesondere um ausländischen Grundbesitz und ausländisches Betriebsvermögen. Soweit keine Anhaltspunkte für eine genauere Wertermittlung gegeben sind, sollte der Wert aus der Steuerbilanz oder Handelsbilanz übernommen werden. Die Anweisungen in Abschnitt 77 Abs. 3 VStR mit der Zuschlagsregelung sind jedenfalls bei ausländischem Grundbesitz ohne Bedeutung. Wird bei der Bewertung des ausländischen Anlage- und Umlaufvermögens von den Anschaffungs- oder Herstellungskosten ausgegangen, so kann wegen zwischenzeitlicher Preissteigerungen, wegen Änderungen in den Umrechnungskursen u. a. mehr im Einzelfall noch eine Korrektur des Wertansatzes erforderlich sein. Abschläge sind z. B. auch denkbar wegen der Unsicherheit, mit der solches ausländisches Vermögen hinsichtlich seiner Verwertung und Realisierung belastet sein kann. **33**

Abweichend von der Bewertung des inländischen Betriebsvermögens ist ausländisches Betriebsvermögen mit dem Gesamtwert anzusetzen (§ 2 Abs. 1 und § 31 Abs. 1 BewG). Dazu ist der Wert desselben im ganzen zu ermitteln. Die gesetzlichen Vorschriften lassen offen, ob dies in einem Sachwert- oder Ertragswertverfahren zu geschehen hat. Bei Anwendung eines Ertragswertverfahrens würde in dem ermittelten Wert auch schon die Ertragslage ihren Niederschlag gefunden haben. Zwar ist bei der Ermittlung des Vermögenswerts der Ansatz eines Wirtschaftsgutes mit dem Ertragswert nicht ausgeschlossen (hierzu vgl. Abschnitt 77 Rz. 3). Dies läßt sich aber nur so lange vertreten, wie das Wirtschaftsgut bei der Anteilsbewertung nicht besonders ins Gewicht fällt. Würde das ausländische Betriebsvermögen aber umfangreich sein, so müßte bei der Ermittlung des Vermögenswertes der auf das Auslandsvermögen entfallende Ertrag außer Betracht bleiben, er würde sich nämlich sonst, wenn er sich auch im Ertragshundertsatz niederschlägt, doppelt auswirken. Dasselbe würde entsprechend auch für einen Verlust gelten. Hierzu vgl. auch Abschnitt 81 Rz. 7. In aller Regel wird jedoch der Wert des ausländischen Betriebsvermögens für steuerliche Zwecke heute als reiner Substanzwert ermittelt. **34**

*III. Ermittlung des Vermögenswertes*

cc) Firmenwert und firmenwertähnliche immaterielle Wirtschaftsgüter

35 Nach Abschnitt 77 Abs. 1 VStR braucht der Firmenwert bei der Ermittlung des Vermögenswerts nicht angesetzt zu werden. Der Firmenwert ist der Mehrwert, den ein gewerbliches Unternehmen über die Summe des Werts der einzelnen dazugehörenden materiellen und immateriellen, positiven und negativen Wirtschaftsgüter hinaus hat. Er ist der Ausdruck der Gewinnchancen des Unternehmens (BFH, 12. 8. 1982 – IV R 43/79, BStBl. 1982 III S. 625, BB 1982 S. 1773). Diese Gewinnchancen schlagen sich aber bei der Anteilsbewertung bereits im Ertragshundertsatz nieder. Eine doppelte Berücksichtigung soll jedoch vermieden werden (BFH, 8. 5. 1985). Der Firmenwert bleibt deshalb unberücksichtigt, gleichgültig ob er derivativ erworben und deshalb in der Steuerbilanz (§ 5 Abs. 2 EStG) und in der Vermögensaufstellung angesetzt worden ist (§ 109 Abs. 4 BewG), oder ob er originär im Unternehmen geschaffen worden ist und deshalb nicht erfaßt zu werden braucht (§ 101 Nr. 4 BewG).

Dasselbe gilt nach Abschnitt 77 Abs. 1 VStR auch für firmenwertähnliche immaterielle Wirtschaftsgüter (BFH, 8. 5. 1985). Sie bleiben außer Ansatz, während andere immateriellen Wirtschaftsgüter zu erfassen sind. Die Abgrenzung dürfte im Einzelfall nicht immer einfach sein. Firmenwertähnlich sind im wesentlichen die immateriellen Wirtschaftsgüter, die in der Steuerbilanz als „geschäftswertbildende Faktoren" bezeichnet werden (BFH, 7. 11. 1985 – IV R 7/83, BStBl. 1986 II S. 176, BB 1986 S. 434). Firmenwertähnlich sind demgemäß Wirtschaftsgüter, die in der Regel nur zusammen mit dem Unternehmen, jedenfalls nicht selbständig veräußert werden können, z. B. die Betriebsorganisation, der Kundenstamm, der Ruf, schwebende Geschäfte, der Auftragsbestand, das Vorhandensein von Fachleuten u. a. mehr (BFH, 7. 11. 1985), u. a. auch die Güterfernverkehrsgenehmigung (BFH, 8. 5. 1985). Anzusetzen sind dagegen immaterielle Wirtschaftsgüter, die nach der Verkehrsauffassung auch unabhängig vom Unternehmen veräußert und deshalb auch als selbständige Wirtschaftsgüter bewertet werden können. Dazu gehören Erfindungen, Urheberrechte, Verlagsrechte (im Gegensatz zum Verlagswert, der den Geschäftswert eines Verlags repräsentiert), Tonträgerrechte, Software u. a. mehr. Hierzu vgl. Abschnitt 53 Abs. 1 VStR. Auch das Know-how gehört dazu (BFH, 23. 11. 1988 – II R 209/82, BStBl. 1989 II S. 82, BB 1989 S. 276). Daß diese Wirtschaftsgüter in der Regel ebenfalls in einem Ertragswertverfahren bewertet werden, ist für die Abgrenzung ohne Bedeutung. Im einzelnen vgl. hierzu Halacinski in BB 1986 S. 848).

Erfindungen usw., die nach § 101 Abs. 2 BewG nicht in der Vermögensaufstellung der GmbH enthalten sind, müßten deshalb bei der Ermittlung des Vermögenswerts besonders bewertet werden. Zur Bewertung von Erfindungen vgl. Abschnitt 64 Abs. 2 VStR. Geht man dabei ebenso wie in Abschnitt 79 VStR davon aus, welche Erträge für 5 Jahre zu erwarten sind, würde nach Abschnitt 64 Abs. 2 VStR als Wert das 3,6fache des Jahresgewinns anzusetzen sein, was sich im allgemeinen, sofern keine anderen Anhaltspunkte für eine zutreffende Bewertung zur Verfügung stehen, in einem vertretbaren Rahmen halten dürfte. Bei einer Reihe von immateriellen Wirtschaftsgütern war allerdings die Finanzverwaltung bis heute noch nicht in der Lage, entsprechende Bewertungsrichtlinien aufzustellen, obwohl ihr von der BFH-Rechtsprechung schon vor Jahren eine solche Auflage gemacht worden war. Hierzu vgl. Halacinski a.a.O.

*f) Abrechnungen vom Einheitswert*

Bei der Ermittlung des Vermögenswertes können auch Schulden und Lasten abzuziehen sein, die in der Vermögensaufstellung der GmbH nicht berücksichtigt werden durften. **36**

aa) Schulden und Lasten

Abzuziehen sind alle Schulden und Lasten im Zusammenhang mit Wirtschaftsgütern, die im Einheitswert nicht enthalten sind und diesem deshalb hier zugerechnet wurden; denn solche Schulden und Lasten konnten bei der Ermittlung des Einheitswerts des GmbH-Vermögens nicht abgezogen werden (Abschnitt 26 Abs. 3 VStR). Ein besonderer Abzug kommt jedoch nicht in Betracht, soweit er sich schon im Wert der zugerechneten Wirtschaftsgüter ausgewirkt hat, z. B. bei ausländischem Vermögen, wenn dieses mit dem Nettowert angesetzt worden ist. **37**

Bestimmte Rückstellungen sind bei der Ermittlung des Einheitswerts abgezogen worden, so z. B. Rückstellungen für Preisnachlässe und Rückstellungen für Wechselhaftung (§ 103 a BewG). Sie wirken sich damit auch im Vermögenswert aus. Umstritten war in diesem Zusammenhang früher die Übernahme der Rückstellungen für Pensionsverpflichtungen. Diese Frage hat sich aber dadurch erledigt, daß heute auch bei der Ermittlung des Einheitswerts der sich nach § 6 a EStG ergebende Teilwert übernommen werden kann (§ 104 Abs. 3 BewG), auch wenn in der Steuerbilanz nicht der danach höchstzulässige Wert angesetzt worden ist. Dasselbe gilt dann auch für die Ermittlung des Vermögenswertes. Bei anderen Rückstellungen ist die Rechtslage nicht immer eindeutig. Da jedoch die **38**

*III. Ermittlung des Vermögenswertes*

Behandlung der Rückstellungen in der Steuerbilanz wesentlich mehr den wirtschaftlichen Gegebenheiten entspricht als ihre Behandlung in der Vermögensaufstellung, bestehen bei der Anteilsbewertung keine Bedenken, die in der Steuerbilanz anerkannten Rückstellungen mit ihren Bilanzansätzen zu übernehmen (FinMin NW, 17. 2. 1982, Betrieb 1982 S. 515 mit Hinweis auf BFH, 27. 2 1981). Die Steuerbilanzwerte, die übernommen werden sollen, brauchen nur dann überprüft zu werden, wenn sie durch wertaufhellende Tatsachen nachträglich noch beeinflußt wurden (BFH, 13. 6. 1986). Hierzu vgl. Abschnitt 77 Abs. 1 VStR.

**39** Rücklagen sind dagegen keine echten Schulden, können deshalb auch hier nicht berücksichtigt werden. Soweit sie ausnahmsweise aus steuerlichen Gründen bei der Ermittlung des Einheitswerts abgezogen werden durften, müssen sie wieder hinzugerechnet werden (Abschnitt 77 Abs. 1 VStR). Die danach in Betracht kommenden Rücklagen, so z. B. nach § 7 Abs. 2 des Entwicklungsländer-Steuergesetzes u. a. mehr, dürften allerdings heute keine allzu große Bedeutung mehr haben.

Sollte umgekehrt durch gesetzliche Vorschriften der Abzug von Schulden und Rückstellungen in der Steuerbilanz oder in der Vermögensaufstellung ausgeschlossen sein, so z. B. bei Geldstrafen und Bußgeldern (§ 10 Nr. 3 KStG), bei bestimmten Rückstellungen für Jubiläumszuwendungen (§ 103 a BewG) u. a. mehr, so wäre dies hier ohne Bedeutung. Sie könnten gleichwohl abgezogen werden.

bb) Gewinnabführungsverpflichtung

**40** Im Einheitswert wird ein Schuldposten für den auszuschüttenden Gewinn am Stichtag nur dann berücksichtigt, wenn die Gesellschafterversammlung dessen Ausschüttung bis dahin bereits beschlossen hat oder wenn seine Abführung am Stichtag dem Grunde nach bereits feststeht. Demgemäß ist z. B. bei einer Organgesellschaft der abzuführende Gewinn im Einheitswert bereits als Schuld berücksichtigt worden, bei einer anderen GmbH ist er dagegen noch nicht abgezogen, wenn über die Gewinnausschüttung erst nach Ablauf des Wirtschaftsjahrs entschieden wird (BFH, 25. 3. 1983 – III R 13/81, BStBl. 83 II S. 444, BB 1983 S. 1333), wie dies in aller Regel der Fall ist (Abschnitt 31 Abs. 1 VStR). Diese unterschiedliche Behandlung mag zwar im vorliegenden Zusammenhang nicht recht befriedigen. Eine einheitliche Behandlung ist aber deshalb nicht möglich, weil im ersten Fall die Gesellschafter bereits den vollen Gewinnanspruch ansetzen müssen, im zweiten Fall jedoch, in dem bei der GmbH ein Abzug noch ausgeschlossen ist, bei ihnen auch kein Ansatz zu erfolgen braucht (Abschnitt

57 Abs. 1 VStR). Dabei ist nicht zu übersehen, daß infolge des Abzugs je nach der Höhe des Gewinns der gemeine Wert der Anteile u. U. wesentlich niedriger sein würde als der, der sich ohne den Abzug ergibt. Gleichwohl ist eine Korrektur weder durch einen Zuschlag möglich, wenn der Jahresgewinn schon vor dem Stichtag ausgeschüttet worden ist, noch durch einen Abschlag, wenn der Jahresgewinn erst nach dem Stichtag ausgeschüttet wird. Dasselbe gilt auch für verdeckte Gewinnausschüttungen, ohne daß es auf deren ertragsteuerliche Behandlung ankommt (BFH, 13. 4. 1973 – III R 69/72, BStBl. 1973 II S. 622, BB 1973 S. 1059).

Sind Dividendenvorschüsse oder Vorwegdividenden ausgezahlt worden, so besteht bis zur endgültigen Ausschüttung für das Wirtschaftsjahr ein aufschiebend bedingter Rückzahlungsanspruch. Aber auch wegen dieses Anspruchs ist eine Korrektur nicht erforderlich.

## Zu Abschnitt 77 Abs. 2 und 3 VStR

### g) Korrekturen an einzelnen Wertansätzen

Bei der Anteilsbewertung soll ein wirtschaftlich vertretbarer Wert ermittelt werden. Das setzt voraus, daß auch bei der Ermittlung des Vermögenswerts die einzelnen zum GmbH-Vermögen gehörenden Wirtschaftsgüter mit einem wirtschaftlich vertretbaren Wert angesetzt werden (BFH, 12. 12. 1975). Bei einer Reihe von Wirtschaftsgütern entsprechen jedoch die Wertansätze in der Vermögensaufstellung nicht den tatsächlichen und wirtschaftlichen Verhältnissen. In diesen Fällen ist dann der Wertansatz aus der Vermögensaufstellung entsprechend zu berichtigen. Das gilt sowohl für Wertansätze auf der Aktivseite als auch für Wertansätze auf der Passivseite der Vermögensaufstellung. Bei unterbewerteten Wirtschaftsgütern sind sie nach oben, bei überbewerteten Wirtschaftsgütern nach unten zu korrigieren. Die Gründe hierfür liegen meist in den steuerlichen Bewertungsvorschriften, in Vereinfachungsregelungen u. a. mehr. Korrekturen kommen insbesondere in Betracht beim Grundbesitz, bei Mineralgewinnungsrechten, bei OHG- und KG-Anteilen u. a. mehr. Solche Korrekturen können aber auch erforderlich werden bei den Wertansätzen für Wirtschaftsgüter, die noch nicht in der Vermögensaufstellung enthalten waren und erst bei der Ermittlung des Vermögenswerts diesem zugerechnet worden sind. 41

Die Rechtsprechung hatte sich zwar eingehend mit der in Abschnitt 77 Abs. 3 VStR vorgesehenen Korrektur von Wertansätzen nach oben befaßt (BFH, 22. 5. 1970; 12. 12. 1975). Sie hat auch den Abzug von Schulden 42

*III. Ermittlung des Vermögenswertes*

und Rückstellungen zugelassen, die in der Vermögensaufstellung nicht ausgewiesen waren (BFH, 27. 2. 1981). Mit dem Fall, daß ein Wirtschaftsgut in der Vermögensaufstellung mit einem zu hohen Steuerwert ausgewiesen ist, so daß eine Korrektur des Wertansatzes auf den gemeinen Wert nach unten erfolgen müßte, brauchte sie sich bisher jedoch nicht zu beschäftigen. Im Prinzip müssen hierfür aber dieselben Möglichkeiten bestehen wie für die Korrektur eines Wertansatzes nach oben. Dieser Fall würde z. B. gegeben sein, wenn eine Beteiligung in der Vermögensaufstellung mit dem Börsenkurs der Aktien angesetzt wurde, dieser jedoch über dem gemeinen Wert derselben liegt. Hier würde deshalb entweder ein Abschlag vom Börsenkurs zu machen sein, der dem Unterschied zwischen dem Börsenkurs und dem niedrigeren gemeinen Wert entspricht, oder es müßte auch für die Bewertung der Beteiligung unmittelbar schon zur Anwendung des Stuttgarter Verfahrens kommen. Hierzu vgl. Abschnitt 74 Rz. 29.

**43** Die Korrekturen an den Wertansätzen sollen auf Fälle beschränkt bleiben, die von Gewicht sind. Es ist deshalb in Abschnitt 77 Abs. 2 VStR für diese Korrekturen eine Grenze von 10 v. H. des nach Abschnitt 77 Abs. 1 VStR ermittelten Werts vorgesehen. Die Grenze von 10 v. H. richtet sich damit weder nach dem Einheitswert noch nach dem Vermögenswert, sondern nach der bis dahin berechneten Vorstufe des Vermögenswerts, d. h. nach dem Einheitswert einschließlich der nach Abschnitt 77 Abs. 1 VStR zugerechneten Wirtschaftsgüter und abgezogenen Schulden.

Die Korrekturen an den Wertansätzen sollen nur gemacht werden, wenn bereits eine überschlägige Betrachtung erkennen läßt, daß sie die 10 v. H.-Grenze erreichen. Diese Grenze hat aber keineswegs die Verbindlichkeit der Fortschreibungsgrenzen in § 22 Abs. 1 BewG. Sie soll nur einen Anhalt für die Überlegung bieten, ob eine Korrektur sich auch auf den Anteilswert auswirkt. Es ist jedoch nicht gewollt, daß jeweils genau nachgeprüft wird, ob sie genau erreicht oder nicht erreicht wird. Dies würde bei der hier angewandten, sowieso schon sehr groben Schätzungsmethode kaum sinnvoll sein. Deshalb kann sich auch niemand darauf berufen, daß die angegebene Grenze von 10 v. H. nicht erreicht wird und eine Korrektur nicht erfolgen dürfe, wie auch umgekehrt, daß sie erreicht wird und deshalb eine Korrektur erfolgen muß. Diese Rechtslage ist insbesondere von Bedeutung für eine GmbH mit größerem Vermögen, bei der u. U. auch eine Korrektur, die weit weniger als 10 v. H. ausmacht, steuerlich noch von erheblichen Auswirkungen sein kann. Es wurde deshalb auch überlegt, neben der Grenze von 10 v. H. noch eine absolute Grenze von 1 Mio. DM einzuführen. Davon wurde jedoch abgesehen, weil sonst die

*Anmerkungen*

Regelung noch mehr der in § 22 Abs. 1 BewG (s. o.) angeglichen worden und demgemäß dann auch Anlaß für eine ziffernmäßige genaue Überprüfung gewesen wäre, auf die es aber gerade nicht ankommen soll. Im praktischen Ergebnis bedeutet dies, daß weder Korrekturen nach oben noch Korrekturen nach unten ausgeschlossen sind, wenn sie im Hinblick auf das Endergebnis für notwendig gehalten werden.

Bei der Grenze von 10 v. H. kommt es auf die Korrekturen bei den Wirtschaftsgütern insgesamt an. Vielfach werden Korrekturen auf der Aktivseite auch mit solchen auf der Passivseite saldiert werden können und sich damit gegenseitig wieder aufheben. Darauf hinzuweisen bleibt, daß auch die nachfolgend behandelten Korrekturen am Einheitswert des Grundbesitzes nur im Rahmen dieser insgesamt geltenden Grenze von 10 v. H. mitzuberücksichtigen sind. 44

aa) Grundbesitz

Im Einheitswert des GmbH-Vermögens sind die Betriebsgrundstücke mit ihrem zum 1. 1. 1964 festgestellten oder seit 1974 bis heute fortgeschriebenen oder nachfestgestellten Einheitswert angesetzt. Daß dort zu diesem Einheitswert noch ein Zuschlag von 40 v. H. gemacht werden muß (§ 121 a BewG), ist im vorliegenden Zusammenhang ohne Bedeutung; denn hier kommt es grundsätzlich auf den Verkehrswert an. Der Einheitswert müßte deshalb so korrigiert werden, daß er dem Verkehrswert wenigstens nahekommt. Bei den meisten Betriebsgrundstücken würde eine solche Korrektur notwendig sein; denn die Einheitswerte von 1964 und die Verkehrswerte von heute weichen ganz erheblich voneinander ab. Die Gründe dafür liegen in den Bewertungsvorschriften, die für die Durchführung der Einheitsbewertung gelten, z. B. in der Erstarrung der Wertverhältnisse von 1964 (§ 27 BewG), in den Fortschreibungsgrenzen, die auch bei beachtlichen Änderungen eine Fortschreibung u. U. ausschließen (§ 22 Abs. 1 BewG), in Abschlägen, die z. T. auch aus steuerpolitischen Gründen zugelassen worden sind (§ 122 BewG, § 4 der VO zu § 90 BewG), u. a. mehr. Im groben Durchschnitt machen die Einheitswerte 10 bis 20 v. H. der heutigen Verkehrswerte des Grundstücks aus, die Einheitswerte der Betriebe der Land- und Forstwirtschaft allenfalls noch 5 bis 10 v. H. der heutigen Verkehrswerte. 45

Da es bei der Anteilsbewertung auf den Verkehrswert der Grundstücke ankommt, können die dazu erforderlichen Korrekturen nicht von irgendwelchen Einschränkungen abhängig gemacht werden. Die Auffassung, daß es hier auf die Wertgrenzen des § 22 Abs. 1 BewG ankommen soll (BFH,

*III. Ermittlung des Vermögenswertes*

15. 10. 1964), läßt sich unter diesen Umständen nicht mehr halten. Es ist deshalb auch vermieden worden, insoweit in Abschnitt 77 Abs. 3 VStR noch einen Hinweis auf diese Rechtsprechung aufzunehmen.

**46** Bei der Ermittlung des Anteilswertes soll jedoch in beiden Fällen der Einheitswert mit 280 v. H. angesetzt werden (Abschnitt 77 Abs. 3 VStR). Grob gerechnet ist dies das Dreifache des Einheitswertes, so daß der sich danach ergebende endgültige Wertansatz höchstens bei ca. 50 v. H. des heutigen Verkehrswertes liegt. Dieser niedrige Wertansatz für den Grundbesitz wirkt sich entsprechend auch auf die Höhe des gemeinen Wertes des GmbH-Anteils aus.

Gegen einen Zuschlag in der vorgesehenen Höhe wurde vorgebracht, er verstoße gegen das Gesetz, weil in § 121 a BewG nur ein Zuschlag von 40 v. H. zum Einheitswert zugelassen sei. Dem steht jedoch entgegen, daß in § 121 a BewG gleichzeitig auch festgelegt ist, für welche steuerlichen Zwecke die dortige Regelung gilt. Die Anteilsbewertung gehört aber nicht dazu. Im übrigen ist nochmals darauf hinzuweisen, daß nicht ein Zuschlag von 280 v. H. zum Einheitswert zu machen, vielmehr der Einheitswert mit 280 v. H. anzusetzen ist. Dies entspricht einem Zuschlag von 180 v. H., und wenn der Grundbesitz beim Betriebsvermögen bereits nach § 121 a BewG mit 140 v. H. ausgewiesen wurde, einem Zuschlag von 100 v. H.

Weitere Korrekturen am Einheitswert des Grundbesitzes sind nicht vorgesehen. Andererseits hat aber der Einheitswertbescheid hier keineswegs die Bedeutung eines in jeder Hinsicht verbindlichen Grundlagenbescheides. Eine nachträgliche Änderung desselben braucht deshalb nicht nach § 175 Abs. 1 Nr. 1 AO automatisch auch zu einer Berichtigung des nach dem Einheitswert vor seiner Änderung ermittelten Anteilswertes zu führen. Die Übernahme des Einheitswertes mit 280 v. H. ist für alle Beteiligten die einfachste und wahrscheinlich auch steuerlich günstigste Lösung.

**47** Mindestens ist der Grundbesitz mit seinem in der Steuerbilanz der GmbH ausgewiesenen Wert, d. h. mit dem Steuerbilanzwert, anzusetzen (Abschnitt 77 Abs. 3 VStR). Soweit er unter dem mit 280 v. H. angesetzten Einheitswert liegt, bleibt er unbeachtlich. Erst wenn er darüber hinausgeht, würde es auf ihn ankommen. Bei den vielen Umbauten, Renovierungen und anderen Baumaßnahmen, die in den letzten Jahren durchgeführt worden sind, wird trotz aller Abschreibungen von den Herstellungskosten der Steuerbilanzwert heute in den meisten Fällen über dem Einheitswert liegen, auch wenn dieser mit rd. dem Dreifachen angesetzt wird. Dasselbe wird für die Anschaffungskosten bei den zahlreichen neu erworbenen Grundstücken gelten. Im Gegensatz zur Übernahme des Einheitswerts sollen jedoch nach dem neu gefaßten Abschnitt 77 Abs. 3 VStR bei der Übernahme des Steuerbilanzwerts an diesem noch Korrekturen vorgenommen werden können. Das soll für die Kürzungen nach § 6 b EStG sowie für die Wertminderung durch Sonderabschreibungen, degressive Abschreibungen u. a. mehr gelten. Es sollen praktisch nur die normalen Abschreibungen gelten. Diese Anweisungen dürften, obwohl sie mehr oder weniger nur die BFH-Rechtsprechung übernehmen (BFH, 22. 5. 1970), als kleinlich zu bezeichnen sein. Auch hier sollte aber, ebenso wie sonst, mindestens die Bagatellgrenze von 10 v. H. (hierzu vgl. Abschnitt 77 Rz. 44) beachtet werden können, so daß sich in vielen Fällen aus diesem Grund eine Korrektur erübrigt. Das gilt vor allem, wenn der Grundbesitz nur einen geringen Teil des GmbH-Vermögens ausmacht. Teilwertabschreibungen (§ 6 b Abs. 1 EStG) und Abschreibungen wegen außergewöhnlicher Abnutzung (§ 7 Abs. 1 letzter Satz EStG) brauchen allerdings auch nach Abschnitt 77 Abs. 3 VStR nicht korrigiert zu werden. Man wird sich unter den gegebenen Umständen fragen müssen, ob der Steuerbilanzwert nicht auch dann gelten müßte, wenn er unter dem Ansatz von 280 v. H. des Einheitswerts liegt.

Ist allerdings der Verkehrswert des Grundstücks vom Stichtag bekannt, so **48** wäre dieser zu übernehmen. Eine eigene Verkehrswertermittlung nur für die Zwecke der Anteilsbewertung braucht jedoch nicht durchgeführt zu werden. Eine Hochrechnung nach den Anschaffungs- oder Herstellungskosten des Gebäudes abzüglich der Abschreibung, d. h. des Steuerbilanzwertes unter Beachtung des Baukostenindex für den Gebäudesachwert, ist allerdings nicht ausgeschlossen. So beträgt z. B. für Wohngebäude der Baukostenindex nach den Veröffentlichungen des Statistischen Bundesamtes

| beim Baujahr | Index 1913 = 100 v. H. | Index 1980 = 100 v. H. |
|---|---|---|
| 1913 | 100 | 20 |
| 1924 | 139 | 10 |
| 1930 | 170 | 13 |
| 1935 | 131 | 10 |
| 1940 | 140 | 10 |
| 1948 | 283 | 21 |
| 1950 | 250 | 19 |
| 1955 | 318 | 24 |
| 1960 | 394 | 30 |
| 1962 | 457 | 35 |

*III. Ermittlung des Vermögenswertes*

| beim Baujahr | Index 1913 = 100 v. H. | Index 1980 = 100 v. H. |
|---|---|---|
| 1964 | 505 | 38 |
| 1970 | 678 | 52 |
| 1974 | 909 | 70 |
| 1975 | 944 | 72 |
| 1976 | 977 | 75 |
| 1977 | 1025 | 78 |
| 1978 | 1086 | 83 |
| 1979 | 1195 | 90 |
| 1980 | 1310 | 100 |
| 1981 | 1387 | 106 |
| 1982 | 1430 | 109 |
| 1983 | 1456 | 111 |
| 1984 | 1492 | 114 |
| 1985 | 1499 | 115 |
| 1986 | 1519 | 116 |
| 1987 | 1552 | 119 |
| 1988 | 1555 | 122 |

Bei Geschäftsgrundstücken dürfte der Baukostenindex sich in ähnlichen Größenordnungen bewegen. Für den Grund und Boden können allerdings kaum irgendwelche brauchbare Indexzahlen angegeben werden.

49 Der in Abschnitt 77 Abs. 3 VStR vorgesehene einheitliche Ansatz von 280 v. H. des Einheitswerts kann im Einzelfall durchaus problematisch sein. Er wird deshalb vor allem dann in Betracht kommen, wenn es sich darum handelt, ohne jede weitere Differenzierung die Summe der Einheitswerte sämtlicher zum GmbH-Vermögen gehörender Grundstücke als wirtschaftlich vertretbaren Wert zu übernehmen.

Nach Abschnitt 77 Abs. 3 VStR ist es aber nicht ausgeschlossen, daß für das eine zum Gesellschaftsvermögen gehörende Grundstück ein dafür bekannter Verkehrswert übernommen, für ein anderes Grundstück dagegen der Einheitswert mit 280 v. H. und für ein drittes Grundstück der Steuerbilanzwert angesetzt wird. Es ist jedenfalls nirgends vorgesehen, daß für den gesamten Grundbesitz der GmbH der Wert stets nur nach einer einheitlichen Methode geschätzt werden muß.

Es sollte möglich sein, die bereits für frühere Anteilsbewertungen vorliegenden Wertermittlungen auch als Grundlage für eine neue Berechnung zu verwerten. Dies setzt aber voraus, daß sich in der Zwischenzeit keine

*Anmerkungen*

baulichen oder sonstigen Veränderungen ergeben haben, die wertmäßig besonders ins Gewicht fallen. Daß der Verkehrswert noch unter dem Einheitswert liegt, wäre theoretisch denkbar, dürfte aber bei der Höhe der Einheitswerte und bei der Entwicklung am Grundstücksmarkt seit 1964 kaum bzw. nur ganz ausnahmsweise vorkommen. In einem solchen Fall kann der Verkehrswert nicht vom Einheitswert abgeleitet, sondern muß anderweitig nachgewiesen werden.

Grundbesitz im Ausland soll bereits bei der Ermittlung des Einheitswertes 50 für das GmbH-Vermögen mit dem Verkehrswert angesetzt werden (§ 109 Abs. 1 i. V. m. § 31 Abs. 1 BewG); denn ein Einheitswert wird für diesen Grundbesitz nicht festgestellt (§ 19 Abs. 1 BewG). Soweit ausländischer Grundbesitz zu erfassen ist, wird sein Verkehrswert im Zweifelsfall aus dem Wertansatz in der Steuerbilanz oder Handelsbilanz abgeleitet.

bb) Erbbaurecht

Beim Erbbaurecht wird in der Vermögensaufstellung auch der Teil des 51 Einheitswerts, der auf den Grund und Boden entfällt, voll dem Erbbauberechtigten zugerechnet, wenn die Laufzeit noch mehr als 50 Jahre beträgt (§ 92 Abs. 1 BewG). Beträgt die Restlaufzeit weniger, so wird ihm immer noch ein entsprechender Teil des Einheitswerts zugerechnet. Dafür wird beim Erbbauberechtigten der Kapitalwert des jährlich zu zahlenden Erbbauzinses abgezogen und beim Erbbauverpflichteten angesetzt. Diese Konstruktion wäre theoretisch begründet, wenn die Erbbauzinsen als Kaufpreisraten angesehen werden könnten, und wirtschaftlich wäre sie vertretbar, wenn der Erbbauzins in einer vernünftigen Relation zum Einheitswert des belasteten Grundstückes stehen würde. Beides trifft aber nicht zu. Bei den Ertragsteuern gehört der Erbbauzins beim Erbbauverpflichteten zu den Einnahmen aus Vermietung und Verpachtung bzw. beim Erbbauberechtigten zu den Betriebsausgaben bzw. Werbungskosten. Die Erbbauzinsen finden also auf beiden Seiten ihren Niederschlag im Ertragshundertsatz. Infolgedessen kann auch der Kapitalwert, mit dem in der Vermögensaufstellung jeweils Erbbauzinsanspruch und -last ausgewiesen sind (§ 92 Abs. 5 BewG), nicht übernommen werden. Beim Verpflichteten ist vielmehr der Wert des Grund und Bodens und beim Berechtigten der Gebäudewert anzusetzen. Beide ergeben sich aus dem Einheitswertbescheid für das Erbbaugrundstück. Wird der Verkehrswert für das Erbbaurecht allerdings aus dem Einheitswert abgeleitet, so gelten auch insoweit die Ausführungen in Abschnitt 77 Rz. 46 ff.

*III. Ermittlung des Vermögenswertes*

cc) Mineralgewinnungsrechte

52 Für Mineralgewinnungsrechte (Abbaurechte, Mineralvorkommen usw.) wird ähnlich wie für Grundbesitz ein besonderer Einheitswert festgestellt und bei der steuerlichen Bewertung in das GmbH-Vermögen übernommen. Stichtag für die letzte Hauptfeststellung dieser Einheitswerte war der 1. 1. 1983. Stichtag für eine neue Hauptfeststellung ist der 1. 1. 1989 (Abschnitt 2 Abs. 1 VStR). Sollte bis zur Durchführung der Anteilsbewertung der neue Einheitswert für das Mineralgewinnungsrecht noch nicht vorliegen, könnte auch noch von dem letzten Einheitswert ausgegangen werden. Inwieweit dann allerdings Korrekturen an diesem Einheitswert wegen einer zwischenzeitlichen Änderung im Umfang oder im Wert des Mineralgewinnungsrechts erforderlich sind, hängt von den Umständen des Einzelfalls ab.

dd) OHG- und KG-Anteile

53 OHG- und KG-Anteile sind mit dem Anteil am Einheitswert des Gesellschaftsvermögens der Personengesellschaft anzusetzen. Hierzu vgl. Abschnitte 15 ff. VStR. Sie erscheinen mit dem Wert dieses Anteils auch im Einheitswert für das Vermögen einer GmbH, der die OHG-Anteile gehören. Der Wert dieser Anteile wird aber allein nach vermögensteuerlichen Grundsätzen ermittelt und ist damit in aller Regel kaum ein wirtschaftlich vertretbarer Verkehrswert, wie er bei der Ermittlung des Vermögenswertes benötigt würde. Eine Ermittlung des Verkehrswerts würde deshalb eine entsprechende Bewertung des Gesamtvermögens der OHG oder KG voraussetzen. Diese wird aber schon deshalb nicht möglich sein, weil der dazu erforderliche Arbeitsaufwand u. U. gar nicht vertretbar ist. Dies gilt insbesondere, wenn beim GmbH-Vermögen der OHG- oder KG-Anteil nur von geringer Bedeutung ist oder wenn die GmbH nur mit einem ganz geringen Bruchteil an dem OHG- oder KG-Vermögen beteiligt ist.

In Abschnitt 77 Abs. 2 VStR wird darauf hingewiesen, daß zwar vom Anteil am Einheitswert der OHG oder KG auszugehen ist, daß u. U. aber an den Wertansätzen der zum Betriebsvermögen gehörenden OHG- und KG-Anteile Korrekturen notwendig sein können. Es soll deshalb nachfolgend ganz kurz auch ein Überblick über die Ermittlung des Wertes von OHG- und KG-Anteilen für vermögensteuerliche Zwecke gebracht werden.

54 Das Betriebsvermögen einer Personengesellschaft bildet eine wirtschaftliche Einheit, für die ein besonderer Einheitswert festgestelltt wird (§ 2

Abs. 1, § 19 Abs. 1 und § 97 Abs. 1 Nr. 4 BewG). Zu dieser wirtschaftlichen Einheit gehören alle Wirtschaftsgüter, die im Eigentum sämtlicher Gesellschafter der Personengesellschaft stehen (§ 3 BewG). Es gilt dies aber auch, wenn die Wirtschaftsgüter, die im Rahmen der wirtschaftlichen Einheit genutzt werden, nur einem der Beteiligten, z. B. der GmbH als Gesellschafter, gehören (§ 97 Abs. 1 Nr. 5 letzter Satz BewG). Es handelt sich um das sog. Sonderbetriebsvermögen. Sonderbetriebsvermögen der GmbH ist somit nicht im Einheitswert der GmbH, sondern im Einheitswert für die Personengesellschaft ausgewiesen. Es wird allerdings der GmbH bei der Aufteilung vorweg zugerechnet.

Wenn bei einer GmbH & Co. KG die Kommanditisten gleichzeitig auch die Gesellschafter der GmbH sind, sollen auch deren GmbH-Anteile dem Sonderbetriebsvermögen der KG zugerechnet werden (BFH, 6. 2. 1976 – III R 93/74, BStBl. 76 II S. 412). Hier ergeben sich Schwierigkeiten bei der Wertermittlung, denn die Steuerwerte der Anteile an der KG und die Steuerwerte der Anteile an der GmbH hängen in ihrer jeweiligen Höhe wechselseitig voneinander ab. Es ist deshalb wie folgt zu verfahren:

1. Vorläufige Feststellung des Einheitswerts des KG-Vermögens ohne Zurechnung der GmbH-Anteile.

2. Feststellung des Einheitswerts des GmbH-Vermögens unter Beachtung der Anteile der GmbH am KG-Vermögen (Ziff. 1).

3. Festellung des Steuerwerts der GmbH-Anteile auf der Grundlage des GmbH-Vermögens (Ziff. 2).

4. Festellung des Einheitswerts des KG-Vermögens unter Hinzurechnung der Steuerwerte der GmbH-Anteile der Kommanditisten (Ziff. 3).

5. Aufteilung des korrigierten Einheitswerts des KG-Vermögens auf die Gesellschafter, wobei die GmbH-Anteile jeweils vorweg zugerechnet werden.

Forderungen und Schulden zwischen der OHG und ihren Gesellschaftern werden nicht berücksichtigt (Abschnitt 16 Abs. 1 VStR). Dies setzt die Unterstellung voraus, daß sie sich auf den Kapitalkonten der Gesellschafter auswirken und später bei der Aufteilung des Steuerwerts des OHG-Vermögens berücksichtigt werden. Gegebenenfalls wäre das Kapitalkonto noch entsprechend zu berichtigen.

Für das Betriebsvermögen der OHG muß ein Einheitswert festgestellt und dieser dann auf die einzelnen Gesellschafter aufgeteilt werden. Stichtag für diese Einheitswertfeststellung ist jeweils der 1. Januar (§ 21 Abs. 2

*III. Ermittlung des Vermögenswertes*

BewG). Bei einem vom Kalenderjahr abweichenden Wirtschaftsjahr ist das Betriebsvermögen vom Abschlußzeitpunkt als Einheitswert zu übernehmen (§ 106 Abs. 3 BewG). Für die Beteiligungsverhältnisse kommt es allerdings auch in diesem Fall auf den 1. Januar an (§ 106 Abs. 5 Nr. 3 BewG). Dies ist so lange unproblematisch, wie sich die Beteiligungsverhältnisse in der Zeit zwischen dem Abschlußzeitpunkt und dem 1. Januar nicht geändert haben. Wäre dies aber der Fall, so könnten sich Schwierigkeiten ergeben. Mindestens wäre die Rechtslage nicht eindeutig.

Zwar wird für das Gesellschaftsvermögen ein besonderer Einheitswert festgestellt (§ 97 Abs. 1 Nr. 5 BewG), dieser wird dann jedoch auf die einzelnen Gesellschafter aufgeteilt. Für diese Aufteilung gelten zwar die Vorschriften des § 3 BewG in Verbindung mit § 39 Abs. 2 AO. Der anzuwendende Aufteilungsmaßstab ergibt sich aber weder aus der einen noch aus der anderen Vorschrift. In Abschnitt 18 Abs. 3 VStR wird deshalb den Gesellschaftern die Möglichkeit eingeräumt, gemeinsam einen Aufteilungsmaßstab vorzuschlagen. Dieser soll aber nur dann vom Finanzamt übernommen werden, wenn er auch wirtschaftlich vertretbar ist. Damit werden den Gesellschaftern bei der Wahl des Aufteilungsmaßstabes durchaus auch gewisse Dispositionsmöglichkeiten eingeräumt, die bei dem einen oder anderen Gesellschafter zu vermögensteuerlichen Vorteilen führen können. Man geht dabei davon aus, daß insgesamt immer nur das OHG-Vermögen erfaßt wird und sich deshalb die Verschiebung in der Steuerbelastung der einzelnen Gesellschafter mehr oder weniger wieder ausgleicht. Ist an der Personengesellschaft auch eine GmbH beteiligt, so kann für diesen Aufteilungsvorschlag auch zu beachten sein, daß das GmbH-Vermögen immer noch einer doppelten Vermögensteuerbelastung unterliegt und deshalb ihr Anteil in einem wirtschaftlich vertretbaren Rahmen möglichst niedrig angesetzt wird.

Bevor es zur Aufteilung des Einheitswertes kommt, ist zunächst der Verkehrswert des Unternehmens der OHG zu ermitteln und der Unterschied zwischen diesem Verkehrswert und dem Handelsbilanzwert aufzuteilen. Danach ist das prozentuale Verhältnis der so korrigierten Kapitalkonten festzustellen, und erst nach diesem Verhältnis ist dann der Einheitswert aufzuteilen (BFH, 24. 6. 1981 – III R 49/78, BStBl. 1982 II S. 2, BB 1981 S. 1992). Für die so korrigierten Kapitalkonten ist das prozentuale Verhältnis zu ermitteln und erst nach diesem Verhältnis dann der Einheitswert des Gesellschaftsvermögens aufzuteilen.

57 Der Verkehrswert des Unternehmens der Personengesellschaft soll unter Berücksichtigung ihres Vermögens- und Ertragswertes ermittelt werden.

Da dieser Verkehrswert aber nur deshalb benötigt wird, um den Maßstab festzulegen, der bei der Aufteilung des Einheitswertes anzuwenden ist, kann man sich durchaus auch mit einer groben Schätzung des Unternehmenswertes begnügen. Davon geht auch Abschnitt 18 Abs. 4 VStR aus. Danach soll für die Ermittlung des Vermögenswerts nach den Anweisungen in Abschnitt 77 VStR verfahren werden. Auf den Abschlag von 15 % nach Abschnitt 77 Abs. 5 VStR soll allerdings verzichtet werden, denn er bleibt hier sowieso ohne Auswirkungen. Für den Regelfall sollte es genügen, wenn die Korrekturen, wie es auch in Abschnitt 18 Abs. 4 VStR vorgesehen ist, auf eine entsprechende Anhebung der Einheitswerte des Grundbesitzes auf 280 v. H. beschränkt bleiben.

Auch die Beteiligung der einzelnen Gesellschafter am Firmenwert soll hier berücksichtigt werden (BFH, 24. 6. 1981 s. o.). Dazu wären dann auch die Ertragsaussichten der OHG zu schätzen, denn hiervon hängt die Höhe des Firmenwerts ab. Diese Schätzung soll in Anlehnung an die Anweisungen in Abschnitt 78 Abs. 1 VStR erfolgen.

Die Frage, welche Methode zur Ermittlung des Verkehrswerts angewendet werden soll, ist mehr oder weniger offen. Es soll hier wie bei den Ertragsteuern verfahren werden (BFH, 24. 6. 1981). Hierzu wird auf BFH, 25. 1. 1979 – IV R 56/75 (BStBl. 1979 II S. 302, BB 1979 S. 559) verwiesen, der zur Ermittlung des Geschäftswerts auf die Mittelwertmethode abstellt. Wegen der bei der Ermittlung des Unternehmenswerts nach der Mittelwertmethode anzuwendenden Formel vgl. Abschnitt 79 Rz. 13.

Es ist nicht zu verkennen, daß die Ermittlung des Unternehmenswerts einerseits einen zusätzlichen Rechenaufwand erfordert, andererseits aber so lange zu keiner besonderen Abweichung vom Vermögenswert führt, als die Rendite des OHG-Vermögens nicht wesentlich von 8 v. H. abweicht. Auch aus diesem Grunde sollte es für den Regelfall genügen, daß der Vermögenswert als Unternehmenswert übernommen wird und ein Ertragswert nur dann berücksichtigt wird, wenn die Rendite erheblich von 8 v. H. abweicht, was sich normalerweise schon von vornherein absehen läßt.

**58** Nach Abschnitt 18 Abs. 4 VStR soll der Einheitswert entsprechend den Anteilen am Unternehmenswert aufgeteilt werden.

B e i s p i e l :

Gesellschafter einer OHG sind A, B und eine GmbH. Ihre Kapitalkonten haben eine Höhe von 40, 30 und 10. Die Summe der Kapitalkonten beträgt somit

*III. Ermittlung des Vermögenswertes*

80, der Unternehmenswert 200 und der Einheitswert 30. Die angebebenen Zahlen gelten jeweils in Tausend DM. Gewinn und Verlust werden zu gleichen Teilen aufgeteilt.

|      | Kapitalkonten | Anteil an der Differenz | Anteil am Unternehmenswert | Aufteilungs-maßstab | Anteil am Einheitswert |
|------|---|---|---|---|---|
| A    | 40  | + 40  | 80  | 8/20 von 30 | 12,0 |
| B    | 30  | + 40  | 70  | 7/20 von 30 | 10,5 |
| GmbH | 10  | + 40  | 50  | 5/20 von 30 | 7,5  |
|      | 80  | + 120 | 200 |             | 30,0 |

Bei einer KG besteht die Besonderheit, daß der Kommanditist zwar ein negatives Kapitalkonto haben kann, daß damit aber, sofern er seine Einlage voll erbracht hat, für ihn weder eine Verbindlichkeit gegenüber den Gläubigern der KG noch gegenüber den anderen Gesellschaftern der KG begründet wird. Wenn auch sein Anteil am Unternehmenswert noch negativ bleibt, soll deshalb nach Abschnitt 19 VStR für ihn von einem Anteil von Null ausgegangen werden. Der Einheitswert der KG soll allein auf den Komplementär und die übrigen Kommanditisten mit positiven Anteilen zu verteilen sein. Das gilt sowohl bei positivem wie auch bei negativem Einheitswert.

Beispiel:

Gesellschafter einer KG sind A und B als Komplementäre und C als Kommanditist. Ihre Kapitalkonten betragen 70, 60 und ./. 50, die Summe der Kapitalkonten beträgt somit 80, der Unternehmenswert 200 und der Einheitswert 30. Die angegebenen Zahlen gelten jeweils in Tausend DM. Die Gewinn- und Verlustverteilung erfolgt zu gleichen Teilen.

|   | Kapital-konten | Anteil an der Differenz | Anteil am Unternehmenswert | Anteil am Einheitswert |
|---|---|---|---|---|
| A | 70     | 40  | 110       | 11/21 von 30 = 15,714 |
| B | 60     | 40  | 100       | 10/21 von 30 = 14,286 |
| C | ./.50  | 40  | ./. 10    | 0 |
|   | 80     | 120 | 200 (210) | 30,000 |

Bei einem negativen Einheitswert führt dies aber u. U. zu unbefriedigenden Ergebnissen. Es sollte durchaus möglich sein, den Kommanditisten auch an dem negativen Einheitswert zu beteiligen. Da hier der Unternehmenswert nur für die Ermittlung des Aufteilungsverhältnisses benötigt wird, ohne in seiner absoluten Höhe unbedingt auch steuerliche Auswirkungen zu haben, sollte man ihn möglichst so hoch ansetzen, daß auch beim Kommanditisten kein negativer Anteil mehr verbleibt.

Der Anteil an der Personengesellschaft und an dem dafür festgestellten Einheitswert, der in den Vermögenswert übernommen werden soll, bedarf allerdings noch verschiedener Korrekturen. Dabei soll Abschnitt 77 Abs. 3 VStR entsprechend anzuwenden sein, d. h. es wären zunächst einmal die dort vorgesehenen Korrekturen beim Grundbesitz der OHG oder KG vorzunehmen. Von diesem wohl wichtigsten Fall abgesehen, könnten aber auch Korrekturen erforderlich werden, wenn zum OHG- oder KG-Vermögen steuerfreie Wirtschaftsgüter gehören, der Abzug von Schulden und Lasten nicht in vollem Umfang berücksichtigt wurde, die OHG oder KG ein abweichendes Wirtschaftsjahr hat u. a. mehr. Erleichtert werden diese Korrekturen allerdings dadurch, daß diese z. T. schon bei der Ermittlung des Verkehrswertes des Gesellschaftsvermögens der OHG oder KG für die Zwecke der Aufteilung des festgestellten Einheitswertes durchgeführt worden sind. Das gilt insbesondere hinsichtlich des Wertansatzes für den Grundbesitz. Sie können dann ohne weiteres auch hier übernommen werden. Weitere Korrekturen sind dort aber nicht vorgesehen, müßten hier also selbständig vorgenommen werden. Sie brauchen aber stets nur in einem dem Anteil der GmbH entsprechenden Umfang zu erfolgen. **59**

Ist, wie in Abschnitt 18 Abs. 4 VStR vorgesehen, der Verkehrswert des Unternehmens der OHG oder KG unter Beachtung des Geschäftswertes ermittelt worden, so würde es auch genügen, wenn der Anteil der GmbH an diesem Unternehmenswert übernommen wird. Dies müßte sich dann aber entweder auf den Anteil der GmbH am Vermögen der Gesellschaft beschränken, oder der Ertrag dieses Anteils müßte bei der Ermittlung des Ertragshundertsatzes außer Betracht bleiben. Dies ist deshalb begründet, weil die Erträge des Anteils sich im Ertrag der GmbH und damit auch im Ertragshundertsatz niederschlagen, eine doppelte Erfassung des Ertrags im Rahmen der Anteilsbewertung aber vermieden werden soll. Hierzu vgl. Abschnitt 81 Rz. 7.

Auch hier wäre zu beachten, daß die angeführten Korrekturen nur im Rahmen der Gesamtgrenze von 10 v. H. gemacht zu werden brauchen. Sie richtet sich aber nicht nach dem zu korrigierenden OHG- oder KG-Vermögen, sondern nach dem Betriebsvermögen der GmbH, zu welchem die OHG- oder KG-Anteile gehören. Hierzu vgl. Abschnitt 77 Rz. 43 und 44.

*III. Ermittlung des Vermögenswertes*

ee) Beteiligungen

**60** Gehören zum Vermögen der GmbH Aktien und andere Wertpapiere, die einen Kurswert haben, so ist dafür der Kurswert nach § 11 Abs. 1 BewG anzusetzen. Im einzelnen vgl. hierzu Abschnitt 74 Rz. 14. Für eine Beteiligung, d. h. bei einem Besitz von 20 v. H. (handelsrechtlich nach § 271 HGB) bzw. 25 v. H. (einkommensteuerlich nach § 17 Abs. 1 EStG) bzw. 10 v. H. (körperschaftsteuerlich nach § 26 Abs. 2 KStG und bewertungsrechtlich nach § 102 Abs. 1 BewG), im vorliegenden Zusammenhang jedoch bei einem Besitz von mehr als 25 v. H. (Abschnitt 74 Abs. 4 VStR) kommt es dagegen, wie sich auch aus § 11 Abs. 3 BewG ergibt, auf den gemeinen Wert an. Dieser kann über oder auch unter der Summe der Kurswerte für die einzelnen zur Beteiligung gehörenden Aktien liegen. Liegt er darüber, so kann deshalb ein Zuschlag zum Börsenkurs (§ 11 Abs. 3 BewG) gemacht werden. Liegt er darunter, soll zwar kein Paketabschlag vom Börsenkurs gemacht werden können (BFH, 25. 8. 1972). Im einzelnen vgl. Abschnitt 74 Rz 29. Die Bewertung der Beteiligung muß dann aber im Regelfall im Stuttgarter Verfahren erfolgen. Wegen der Besonderheiten bei der Bewertung einer Beteiligung vgl. auch Abschnitt 81 Rz. 7 ff.

ff) Bewegliches Anlagevermögen

**61** Die Anweisungen in den Abschnitten 51 ff. VStR zur Ermittlung des Teilwerts des beweglichen Anlagevermögens führen dazu, daß in die Vermögensaufstellung weitgehend die Steuerbilanzwerte übernommen werden. Der Steuerbilanzwert ist aber nicht unbedingt mit dem Verkehrswert dieses Wirtschaftsgutes identisch. Soweit man in der Vermögensaufstellung z. T. aus Vereinfachungsgründen auf eine Korrektur der Steuerbilanzwerte trotz zwischenzeitlicher Preissteigerungen verzichtet (Abschnitt 52 Abs. 2 VStR), sollte man dies auch im Rahmen der Anteilsbewertung tun.

Zuschüsse der öffentlichen Hand, die zur Anschaffung oder Herstellung bestimmter Wirtschaftsgüter gewährt worden sind, mindern den Teilwert dieser Wirtschaftsgüter (BFH, 8. 5. 1981, III R 109/76, BStBl. 1981 II S. 700 ff.). Es sei nämlich davon auszugehen, daß „kein gedachter Erwerber des Betriebs bereit wäre, für ein dazugehörendes gebrauchtes Wirtschaftsgut möglicherweise mehr zu bezahlen als für dasselbe, jedoch neue Wirtschaftsgut, für das er ebenfalls einen Zuschuß erhalten könnte". Hierzu vgl. den koordiniertenLändererlaß vom 6. 2. 1984 (BStBl. 1984 I, S. 139), der eine Reihe von Einschränkungen enthält, die mehr oder minder aus Praktikabilitätsgründen notwendig waren. Da es aber bei der

*Anmerkungen*

Ermittlung des Vermögenswerts allein auf eine wirtschaftliche Beurteilung ankommt, erscheint es mindestens zweifelhaft, ob diese Einschränkungen auch hier gelten können. Die Möglichkeit, einen öffentlichen Zuschuß in Anspruch nehmen zu können, müßte demgemäß nicht nur bei den tatsächlich bezuschußten Wirtschaftsgütern, sondern auch dann berücksichtigt werden, wenn Wirtschaftsgüter einer GmbH zu bewerten sind, für die sie den Zuschuß nicht beantragt hat, obwohl sie die Voraussetzungen dafür erfüllt hätte. Entsprechende Korrekturen wären infolgedessen auch an dem in der Vermögensaufstellung ausgewiesenen Teilwert notwendig. Dies würde auch dann gelten, wenn beim Grundbesitz nicht von dem mit 280 v. H. angesetzten Einheitswert, sondern vom höheren Steuerbilanzwert oder vom tatsächlichen Verkehrswert ausgegangen wird, sofern für den Erwerb oder die Anschaffung dieses Grundbesitzes ein öffentlicher Zuschuß in Anspruch genommen worden ist oder hätte in Anspruch genommen werden können. So würde also ein Abschlag in Höhe des Zuschusses gemacht werden können.

In diesem Zusammenhang ist auf Abschnitt 51 Abs. 2 VStR hinzuweisen, 62
wonach Wirtschaftsgüter des beweglichen Anlagevermögens, die wegen Betriebseinschränkung, wegen Kurzarbeit oder aus ähnlichen Gründen der Unrentabilität nur eingeschränkt genutzt werden, auch nur mit einem niedrigeren Teilwert angesetzt zu werden brauchen. Hat eine GmbH von dieser Möglichkeit Gebrauch gemacht, so müßte dieser Wertansatz bei der Anteilsbewertung wieder korrigiert werden; denn im Ergebnis berührt dieser Abschlag nicht unmittelbar die Wiederbeschaffungskosten und den Veräußerungspreis, d. h. den Verkehrswert dieser Wirtschaftsgüter, sondern ihren Teilwert, d. h. ihren anteiligen Wert im Rahmen des gesamten Unternehmenswerts (§ 10 BewG). Hierzu vgl. „Institut Finanzen und Steuern" Nr. 122 in Betrieb 1984 S. 1013. Dieser niedrigere Teilwert, der die Folge einer schlechten Ertragslage ist, tritt aber, nachdem ein „negativer Firmenwert" bei der Einheitsbewertung nicht berücksichtigt werden kann, mehr oder weniger nur ersatzweise an dessen Stelle. Bei der Anteilsbewertung wirkt sich aber die schlechte Ertragslage bereits im Ertragshundertsatz aus, braucht deshalb nicht noch ein zweites Mal durch eine entsprechend niedrigere Bewertung einzelner Wirtschaftsgüter beim Vermögenswert berücksichtigt zu werden. Es gelten insoweit dieselben Grundsätze wie für die Berücksichtigung eines „positiven Firmenwerts", der ebenfalls nicht angesetzt werden darf. Hierzu vgl. Abschnitt 77 Rz. 35.

Wenn bei der Ermittlung des Vermögenswerts die Ertragslage der GmbH unberücksichtigt bleiben muß, so gilt dies auch bei der Bewertung einzelner Wirtschaftsgüter. Entsprechende Abschläge oder Teilwertabschreibun-

*III. Ermittlung des Vermögenswertes*

gen, die wegen einer schlechten Ertragslage gemacht worden sind, müßten deshalb wieder korrigiert werden. Das gilt auch dann, wenn bei der vermögensteuerlichen Teilwertermittlung die schlechte Ertragslage deshalb berücksichtigt werden konnte, weil die GmbH nachhaltig mit Verlusten arbeitet und deshalb schon objektiv nachprüfbare Maßnahmen getroffen hat, um den Betrieb so bald wie möglich stillzulegen oder zu liquidieren (BFH, 20. 7. 1973 – III R 100 und 101/72, BStBl. II 1973 S. 794, BB 1973 S. 1346).

gg) Renten und Nutzungen

**63** Renten und andere wiederkehrende Leistungen sind jeweils mit dem Kapitalwert anzusetzen. Dasselbe gilt sowohl für entsprechende Ansprüche als auch Lasten, soweit sie beim Betriebsvermögen der GmbH zu berücksichtigen sind. Der Kapitalwert ist ein reiner Ertragswert. Er ist nach §§ 13 ff. BewG zu ermitteln. Sind allerdings Umstände gegeben, die eine abweichende Bewertung z. B. hinsichtlich der Laufzeit, der Lebenserwartung des Berechtigten, des vereinbarten Zinssatzes u. a. mehr rechtfertigen, so wäre hier, anders als bei der vermögensteuerlichen Bewertung, eine Korrektur keineswegs ausgeschlossen. Die Vorschriften des § 13 Abs. 3 und § 14 Abs. 4 BewG, die eine Korrektur des Kapitalwerts nur in ganz engen Grenzen zulassen, können dies nicht ausschließen, denn im Rahmen der Anteilsbewertung kommt es auch bei Renten usw. auf deren Verkehrswert an. Demgemäß kann bei Leibrentenverpflichtungen auch der versicherungsmathematische Barwert vom Stichtag übernommen werden. Sind für die Ermittlung des Kapitalwerts einer Leibrente in der Vermögensaufstellung die Faktoren zu § 14 Abs. 1 BewG angewendet worden, sollte nicht übersehen werden, daß diese noch auf den statistischen Erhebungen der Jahre 1960/62 beruhen. In der Zwischenzeit hat sich aber die mittlere Lebenserwartung nicht unwesentlich erhöht (BMF, 19. 3. 1984, Betrieb 1984 S. 695), z. T. bis zu 10 v. H. Eine entsprechende Korrektur des Kapitalwerts in diesem Umfang könnte deshalb auch hier angebracht sein.

Bei Nutzungen ist in der Vermögensaufstellung bei der Ermittlung des Kapitalwertes der Jahreswert höchstens mit einem Achtzehntel des steuerlichen Werts des belasteten Wirtschaftsguts anzusetzen (§ 16 BewG). Im Rahmen der Anteilsbewertung kommt es auf diese Begrenzung jedoch nicht an. Insoweit ist deshalb auch eine Korrektur des Wertansatzes sowohl bei einem Nutzungsrecht als auch bei einer Nutzungslast zulässig. Danach erfolgt die Ermittlung des Kapitalwerts wie im Regelfall, d. h. nach dem vollen Jahreswert. Aus der Höhe des Jahreswerts der Nutzungen können u. U. auch Rückschlüsse auf den Verkehrswert des damit belasteten Wirtschaftsguts, z. B. des mit dem Nießbrauch belasteten Grundbesitzes gezogen werden.

hh) Kapitalforderungen

Kapitalforderungen sind mit den nach Steuerbilanzgrundsätzen ermittelten Werten anzusetzen (§ 109 Abs. 4 BewG). In der Regel ist dies der Nennwert. Nach Steuerbilanzgrundsätzen kann allerdings die einmal abgeschriebene Kapitalforderung u. U. auch nur mit einem Erinnerungsposten von 1 DM anzusetzen sein, obwohl ihr am Bewertungsstichtag tatsächlich wieder ein wesentlich höherer Wert zukommt (§ 6 Abs. 1 Nr. 2 EStG). Hier ist dann eine Korrektur, d. h. der Ansatz des Verkehrswerts vom Bewertungsstichtag, notwendig. **64**

Aufschiebend bedingte Ansprüche sind im Einheitswert nicht erfaßt (§ 4 BewG). Bei der Anteilsbewertung braucht deshalb aber eine Erfassung noch nicht ausgeschlossen zu sein. Dies gilt aber nur, wenn am Stichtag auf Grund konkreter Anhaltspunkte bereits eine große Wahrscheinlichkeit für den Eintritt der Bedingung bestanden hat; denn dies würde auch ein Erwerber bei der Gestaltung des Kaufpreises berücksichtigen. Entsprechend braucht andererseits aber auch der Resteinzahlungsanspruch, den die GmbH noch gegenüber ihren Gesellschaftern hat, nicht erfaßt zu werden, wenn nach den Verhältnissen vom Stichtag nicht mit der Einforderung zu rechnen ist. Dies gilt auch, wenn der Anspruch in der Handels- und Steuerbilanz als sog. Haftungskapital ausgewiesen sein sollte. Hierzu vgl. auch Abschnitt 85 Rz. 3.

Ansprüche, die auf eine Sachleistung gerichtet sind, werden mit dem Steuerwert des zu leistenden Gegenstandes angesetzt (Abschnitt 44 Abs. 6 VStR). Weicht dieser Steuerwert vom Verkehrswert erheblich ab (z. B. beim Grundbesitz), so ist der Wertansatz für den Anspruch so zu korrigieren, wie auch der Wertansatz für den Gegenstand selbst korrigiert werden müßte.

Wie Kapitalforderungen und sonstige Ansprüche sind auch die Wertansätze für Kapitalschulden sowie sonstige Schulden und Lasten zu behandeln.

*III. Ermittlung des Vermögenswertes*

### Zu Abschnitt 77 Abs. 4 VStR

*h) Abzug von Steuerschulden*

**65** Im Einheitswert des GmbH-Vermögens sind bereits abgezogen die Körperschaftsteuerschuld sowie alle anderen inländischen und ausländischen Steuerschulden, die bis zum Stichtag zwar entstanden, bis dahin aber noch nicht entrichtet worden sind. Darauf, ob die Steuer am Stichtag schon fällig war (§ 105 Abs. 1 Nr. 1 BewG) oder für einen Zeitraum erhoben wird, der bis zum Stichtag geendet hat (§ 105 Abs. 1 Nr. 2 BewG), dürfte es hier jedoch nicht ankommen. Abzuziehen sind die Steuerschulden in der Höhe, die sich nach den Verhältnissen vom Stichtag ergibt (BFH, 24. 4. 1985 – II R 231/84, BStBl. 1985 II S. 361). Im Ergebnis bedeutet dies, daß alle Ereignisse außer Betracht bleiben, die erst nach dem Stichtag eintreten und rückwirkend zu einer Herabsetzung der Steuerschuld führen, z. B. Anträge in der Steuererklärung, ein Verlustvortrag, ein Rechtsmittelverfahren u. a. mehr. Es müßte deshalb mindestens eine überschlägige Berechnung der Steuerschuld vom Stichtag ohne solche Korrekturen erfolgen.

Für den Abzug einer Körperschaftsteuerschuld in der Vermögensaufstellung ist es gleichgültig, ob der Gewinn, für den sie erhoben wird, noch im Einheitswert enthalten ist oder schon als Schuldposten abgezogen werden konnte. Korrekturen an dem Wertansatz für Steuerschulden wären jedoch bei einem abweichenden Wirtschaftsjahr erforderlich. Es wäre dann nämlich jeweils die volle Jahressteuerschuld abzuziehen, d. h. die Aufteilung derselben nach § 105 Abs. 1 Nr. 2 und Abs. 2 BewG in Verbindung mit Abschnitt 37 Abs. 6 VStR wäre wieder rückgängig zu machen. Im einzelnen vgl. hierzu allerdings auch Abschnitt 77 Rz. 22 ff.

Ausländische Steuerschulden sind abzuziehen. Das gilt insbesondere für Steuerschulden im Zusammenhang mit steuerfreiem Auslandsvermögen, das dem Einheitswert hinzugerechnet worden ist, sofern sie nicht bereits den Wert des Auslandsvermögens gemindert haben.

Problematisch war bei der Anteilsbewertung stets die Berücksichtigung künftiger Steuerbelastungen, soweit sie auf stille Reserven des GmbH-Vermögens entfallen. Grundsätzlich können solche Steuerbelastungen bei der Ermittlung des Vermögenswertes nicht abgezogen werden. Hierzu vgl. Abschnitt 77 Abs. 4 VStR mit Hinweis auf BFH, 2. 10. 1981. Demgemäß sind auch bei einem Lebensversicherungsunternehmen mit Überschußbeteiligung die stillen Reserven in voller Höhe einzusetzen (FG Hamburg, 3. 8. 1988, EFG 1989 S. 8).

Auch die Rechtsprechung zur Unternehmensbewertung kommt zu einem ähnlichen Ergebnis (BGH, 26. 4. 1972 – IV ZR 114/70, BB 1972 S. 826). Danach ist die Ertragsteuerbelastung des Veräußerungsgewinns nur zu berücksichtigen, wenn die Veräußerung sachlich und zeitlich in engem Zusammenhang mit einem Erbfall erfolgt, auf dessen Stichtag die Bewertung erforderlich wird. Übertragen auf den vorliegenden Sachverhalt bedeutet dies, daß die Ertragsteuerbelastung nur dann berücksichtigt werden kann, wenn sie am Stichtag schon feststeht und in einer gewissen zeitlichen Nähe dazu erfolgt, z. B. im Laufe des folgenden halben Jahres. Dies könnte z. B. bei der sog. Liquidationsgesellschaft der Fall sein. Hierzu vgl. auch Abschnitt 81 VStR. Gelegentlich wird allerdings auch der Abzug der Steuerbelastung vom Substanzwert zugelassen (BGH, 13. 3. 1978 – II ZR 142/76, BB 1978 S. 776).

Es dürften kaum Zweifel daran bestehen, daß die künftige Steuerbelastung **66** der stillen Reserven auf den Wert des einzelnen Wirtschaftsguts oder auf den Anteilswert nicht ganz ohne Auswirkung ist. Daß § 105 Abs. 1 BewG deren Abzug in der Vermögensaufstellung ausschließt, wird nicht zuletzt auch damit begründet, daß ihre Höhe am Stichtag noch nicht genau feststeht. Wenn aber, wie es heute in der Regel der Fall ist, die Anteilsbewertung erst Monate oder gar Jahre nach dem Stichtag durchgeführt wird und bis dahin die Höhe der Steuerlasten feststeht, sollte es auch möglich sein, entsprechende Rückstellungen zu übernehmen. Es dürfte hier kaum ein Unterschied bestehen zu anderen aufschiebend bedingten Schulden, für die eine in der Steuerbilanz gebildete Rückstellung ebenfalls übernommen werden kann. Hierzu vgl. Abschnitt 77 Abs. 1 VStR. Die BFH-Rechtsprechung, die den Abzug der latenten Steuerbelastung generell ablehnt, vermag deshalb nicht immer zu befriedigen. Hierzu vgl. Abschnitt 77 Rz. 16. Es ist jedoch zu beachten, daß einer der wesentlichen Gründe für den Abschlag nach Abschnitt 77 Abs. 5 VStR gerade die Nichtabzugsfähigkeit dieser Steuerbelastung war. Hierzu vgl. Abschnitt 77 Rz. 71.

Die Körperschaftsteuer der GmbH wirkt sich infolge der Anrechnungsmög- **67** lichkeit (§ 36 ff. EStG) wie eine Vorauszahlung auf die Einkommensteuerschuld des Gesellschafters aus. Hierzu vgl. Abschnitt 78 Rz. 21. Man könnte deshalb die Auffassung vertreten, daß in Höhe der gezahlten ebenso wie in Höhe der noch offenen Körperschaftsteuer der GmbH eine bereits zum Anteil gehörende Forderung gegenüber dem Finanzamt bestehen würde und man diese eigentlich bei der Ermittlung des Vermögenswertes dem Gesellschaftsvermögen wieder hinzurechnen müßte. Die GmbH kann jedoch am Stichtag ihre Körperschaftsteuerschuld abziehen, ohne daß beim Gesellschafter auch schon ein entsprechender Anrechnungsanspruch

*III. Ermittlung des Vermögenswertes*

berücksichtigt zu werden braucht. Auf eine Korrektur bei der Ermittlung des Vermögenswertes ist verzichtet worden.

**68** In diesem Zusammenhang sollte auch nicht übersehen werden, daß GmbH-Anteile selbst bei gleichem Gesellschaftsvermögen im Hinblick auf die „Vorbelastung" mit Körperschaftsteuer unterschiedliche Werte haben können.

Beispiel:

|  | Fall a) DM | Fall b) DM |
|---|---|---|
| Stammkapital | 20 000 | 20 000 |
| Rücklagen EK 56 | 480 000 | – |
| Rücklagen EK 01 bis 03 | – | 480 000 |
| Gesellschaftsvermögen | 500 000 | 500 000 |
| + KSt-Minderung (5/11 von 480 000) | 218 182 | – |
| ./. KSt-Erhöhung (9/25 von 480 000) | – | 172 800 |
| Mögliche Ausschüttung (ohne Stammkapital) | 698 182 | 307 200 |
| Zu vergütende KSt (9/16) | 392 727 | 172 800 |
| Dem Gesellschafter stehen zu | 1 090 909 | 480 000 |

Bei Auflösung der Rücklage würden die Gesellschafter im Fall a) wesentlich mehr erhalten als im Fall b). Der Erwerber eines Anteils würde dies bei der Gestaltung des Kaufpreises sicher mehr oder weniger berücksichtigen. Ob und wann aber die Auflösung der Rücklage erfolgt, steht zunächst noch nicht fest. Es kann deshalb bei der Ermittlung des Vermögenswertes im Hinblick auf diesen künftig möglichen Wertunterschied ebensowenig wie bei der latenten Ertragsteuerbelastung eine Korrektur am Gesellschaftsvermögen vorgenommen werden. Wenn jedoch die alsbaldige Auflösung der Rücklage feststeht, dürfte auch ein Zuschlag wegen des höheren Wertes nicht ausgeschlossen sein.

**69** Daß die Steuerbelastung, die sich u. U. bei einer Veräußerung des Anteils für den Gesellschafter selbst ergeben kann, nicht beachtet werden darf, versteht sich von selbst; schließlich wird auch bei anderen Wirtschaftsgütern die künftige Ertragsteuerbelastung der darin enthaltenen stillen Reserven nicht wertmindernd berücksichtigt.

Ebenso wie eine Steuerschuld nur abgezogen werden kann, wenn sie bis **70** zum Stichtag entstanden und noch nicht getilgt ist, braucht auch ein Steuererstattungsanspruch nur angesetzt zu werden, wenn er bis dahin bereits entstanden ist (Abschnitt 47 Abs. 1 VStR) und am Stichtag schon ernsthaft mit seiner Realisierung gerechnet werden konnte. Daran würde es aber fehlen, wenn er sich erst nach Jahren bei einer Außenprüfung ergibt. Die Möglichkeit, daß bei einem an sich sonst wertlosen GmbH-Mantel noch die Möglichkeit eines Verlustvortrags nach § 8 Abs. 1 KStG i. V. mit § 10 d EStG vorhanden ist, der unter bestimmten Voraussetzungen auch nach dem Stichtag noch zu Steuervorteilen führen kann, rechtfertigt zwar in der Vermögensaufstellung der GmbH keinen besonderen Wertansatz, im Wirtschaftsleben wird jedoch dem Anteil an einem solchen GmbH-Mantel möglicherweise auch noch ein Wert zugemessen. Demzufolge wäre auch eine Bewertung erforderlich. In der Regel wäre der GmbH-Mantel mit dem dafür gezahlten Kaufpreis anzusetzen.

Zur Behandlung von Steuerschulden bei der Ermittlung des Vermögenswertes vgl. auch Scharf in Betrieb 1986 S. 355 und Christoffel in Betrieb 1986 S. 1358.

## Zu Abschnitt 77 Abs. 5 VStR

*i) Genereller Abschlag vom Vermögenswert*

Von dem unter Berücksichtigung der Zu- und Abrechnung und sonstigen **71** Korrekturen ermittelten Betrag ist generell ein Abschlag von 15 v. H. zu machen. In den Fällen des Abschnitts 80 VStR soll er allerdings 25 v. H betragen. Hiervon abgesehen ist ein höherer Abschlag weder in Abschnitt 77 VStR vorgesehen, noch ließe sich dafür auch sonst eine überzeugende Begründung finden. Auch die Auffassung, er sei deshalb zu niedrig, weil der Vermögenswert bei Anwendung des Stuttgarter Verfahrens überbetont wird, trifft nicht zu; denn es ist nicht Aufgabe des Abschlags, das Verhältnis zwischen Vermögenswert und Ertragshundertsatz zu korrigieren. Es könnte sogar fraglich sein, ob der Abschlag heute überhaupt noch gerechtfertigt ist. Mit der Anrechnungsmöglichkeit (§ 36 ff. EStG) hat nämlich die für den Abschlag ursprünglich gegebene Begründung, daß das Gesellschaftsvermögen für den Gesellschafter mitunter nicht denselben Wert hat wie für die GmbH, mindestens zum Teil ihre Berechtigung verloren. Gleichwohl wurde der Abschlag unverändert beibehalten. Er dient einer vorsichtigen Bewertung. Hierzu vgl. Abschnitt 77 Rz. 19.

Der Abschlag ist auch zu machen, wenn das ermittelte Vermögen einen Minuswert hat (OFD-Düsseldorf, 25. 1. 1979, Betrieb 1979 S. 526). Der

*III. Ermittlung des Vermögenswertes*

Minuswert ist demgemäß um 15 v. H. anzuheben, wenn z. B. das ermittelte Vermögen ./. 100 v. H. beträgt. Es würde sich ein Vermögenswert von ./. (100 v. H. + 15 v. H.) = ./. 115 v. H. ergeben.

Ein höherer Abschlag kommt auch nicht in Betracht, wenn eine GmbH, die den öffentlichen Nahverkehr betreibt, staatliche Investitionszuschüsse erhält (FG Rheinl.-Pfalz, 25. 8. 1982, EFG 1983 S. 221).

## Zu Abschnitt 77 Abs. 6 VStR

*k) Rechnerische Ermittlung des Vermögenswertes*

72 Das unter Berücksichtigung des Abschlags ermittelte Gesellschaftsvermögen ist auf die einzelnen Anteile zu zerlegen. Der Vermögenswert wird dabei in einem Prozentsatz ausgedrückt, der sich auf einen GmbH-Anteil im Nennwert von 100 DM bezieht.

Beispiel:

Eine GmbH hat ein Stammkapital von 400 000 DM. Der Einheitswert beträgt 600 000 DM, aufgrund der Korrekturen ist diesem noch ein Betrag von insgesamt 100 000 DM hinzuzurechnen. Das sich so ergebende Vermögen von 700 000 DM ist um 15 v. H. zu kürzen. Der verbleibende Betrag von 595 000 DM macht 148,75 v. H. des Stammkapitals aus. Der Vermögenswert ist mit 148,75 v. H. anzusetzen.

Dagegen, daß der Vermögenswert auf ganze Zahlen abgerundet wird, sollten keine Bedenken bestehen, auch wenn die Abrundung sonst erst bei der Ermittlung des gemeinen Werts geschieht. Für Aktien im Nennwert von 50 DM müßte der ermittelte Prozentsatz noch entsprechend umgerechnet werden.

# IV. Ermittlung des Ertragshundertsatzes

## 1. Wortlaut des Abschnitts 78 VStR

*(1) Bei der Anteilsbewertung kommt es auf den voraussichtlichen künftigen Jahresertrag an. Für die Schätzung dieses Jahresertrags bietet der bisherige tatsächlich erzielte Durchschnittsertrag eine wichtige Beurteilungsgrundlage. Er ist deshalb möglichst aus den Betriebsergebnissen der letzten drei Jahre vor dem Stichtag herzuleiten. Auszugehen ist dabei vom jeweiligen zu versteuernden Einkommen nach §§ 7 und 8 KStG. Das sich ergebende Einkommen ist noch wie folgt zu korrigieren:*

*1. Hinzuzurechnen sind*

*a) Sonderabschreibungen oder erhöhte Absetzungen, Bewertungsabschläge, Zuführungen zu steuerfreien Rücklagen sowie Teilwertabschreibungen. Es sind nur die normalen Absetzungen für Abnutzung zu berücksichtigen. Diese sind nach den Anschaffungs- oder Herstellungskosten und der gesamten Nutzungsdauer zu bemessen. Das gilt auch, wenn für die Absetzungen in der Steuerbilanz vom Restwert auszugehen ist, der nach Inanspruchnahme der Sonderabschreibungen oder erhöhten Absetzungen verblieben ist;*

*b) ein Verlustabzug (Verlustrücktrag oder Verlustvortrag), auch wenn er in einem Jahr außerhalb des für die Ermittlung des Durchschnittsertrags maßgebenden Zeitraums entstanden ist;*

*c) einmalige Veräußerungsverluste;*

*d) steuerfreie Vermögensmehrungen;*

*e) Investitionszulagen, soweit in Zukunft mit weiteren zulagebegünstigten Investitionen im gleichen Umfang gerechnet werden kann;*

*f) einmalige Zuführungen zu den Jubiläumsrückstellungen, soweit sie Jahre außerhalb des für die Ermittlung des Durchschnittsertrags maßgebenden Zeitraums betreffen.*

*2. Abzuziehen sind*

*a) einmalige Veräußerungsgewinne sowie gewinnerhöhende Auflösungsbeträge steuerfreier Rücklagen, einschließlich der Beträge aus der Auflösung von Jubiläumsrückstellungen;*

IV. Ermittlung des Ertragshundertsatzes

b) die Vermögensteuer mit dem veranlagten Jahresbetrag;

c) die übrigen nicht abziehbaren Ausgaben mit Ausnahme der Körperschaftsteuer. Aufsichtsratsvergütungen sind nur zur Hälfte abzuziehen.

d) die Tarifbelastung auf die nicht abziehbaren Aufwendungen im Sinne der Buchst. b) und c) in Höhe von 100 v. H.

Der Jahresertrag ist für jeden Veranlagungszeitraum gesondert zu berechnen.

*(2) Vom Jahresertrag nach Absatz 1 kann ein Abschlag bis zu 30 v. H. bei Kapitalgesellschaften gemacht werden, bei denen ohne Einsatz eines größeren Betriebskapitals (BFH, 6. 4. 1962, BStBl. 1962 III S. 253) der Ertrag ausschließlich und unmittelbar von der persönlichen Tätigkeit der Gesellschafter-Geschäftsführer abhängig ist, ohne daß dies bereits durch ein entsprechendes Entgelt abgegolten wird. In Betracht kommen die Gesellschaften von Angehörigen freier Berufe (z. B. Steuerberater und Wirtschaftsprüfer) sowie bestimmter selbständiger Gewerbetreibende (z. B. Handelsvertreter, Makler oder Unternehmensberater).*

*(3) Zur Abgeltung aller Unwägbarkeiten ist von dem errechneten Durchschnittsertrag noch ein Abschlag von 30 v. H. zu machen.*

*(4) Der verbleibende Jahresertrag ist wie bei der Dividendenberechnung mit dem Nennkapital der Gesellschaft zu vergleichen. Der sich ergebende Hundertsatz ist der Ertragshundertsatz, der für die weiteren Berechnungen maßgebend ist.*

*Beispiel: ...*

*Ergibt sich als Jahresertrag ein Verlust, so ist von 0 v. H. als Ertragshundertsatz auszugehen.*

## 2. Rechtsprechung zu Abschnitt 78 VStR

BFH, 19. 12. 1960 – III 396/58 S (BStBl. 1961 III S. 92, BB 1961 S. 320)
BFH, 6. 4. 1962 – III 261/59 U (BStBl. 1962 III S. 253, BB 1962 S. 253)
BFH, 29. 3. 1963 – III 352/59 U (BStBl. 1963 III S. 324, BB 1963 S. 887)
BFH, 15. 10. 1965 – III 245/61 (HFR 1966 S. 169)
BFH, 22. 11. 1968 – III 115/65 (BStBl. 1969 II S. 225, BB 1969 S. 435)
BFH, 22. 5. 1970 – III R 80/67 (BStBl. 1970 II S. 610)
BFH, 5. 10. 1973 – III R 8/72 (BStBl. 1974 II S. 77, BB 1974 S. 171)
BFH, 4. 10. 1974 – III R 157/72 (BStBl. 1975 II S. 222, BB 1975 S. 411)
BFH, 28. 2. 1975 – III R 19/74 (BStBl. 1975 II S. 654, BB 1975 S. 1287)
BFH, 20. 10. 1978 – III R 31/76 (BStBl. 1979 II S. 34, BB 1979 S. 253)

BFH, 12. 3. 1980 – III R 28/77 (BStBl. 1980 II S. 405, BB 1980 S. 1028)
BFH, 12. 3. 1980 – III R 143/76 (BStBl. 1980 II S. 463, BB 1980 S. 1735)
BFH, 14. 11. 1980 – III R 81/79 (BStBl. 1981 II S. 351)
BFH, 2. 10. 1981 – III R 27/77 (BStBl. 1982 II S. 8, BB 1981 S. 2113)
BFH, 3. 12. 1982 – III R 191/80 (BStBl. 1983 II S. 190, BB 1983 S. 190)
BFH, 17. 12. 1982 – III R 92/80 (BStBl. 1983 II S. 192, BB 1983 S. 490)
BFH, 4. 5. 1984 – III R 61/83 (BStBl. 1984 II S. 657)
BFH, 6. 11. 1985 – II R 220/82 (BStBl. 1986 II S. 281, BB 1986 S. 452)
BFH, 23. 4. 1986 – II R 215/83 (BStBl. 1986 II S. 594, BB 1986 S. 1286)

## Zu Abschnitt 78 Abs. 1 VStR

*a) Künftiger Ertrag*

Die Ertragsaussichten richten sich nach dem künftigen ausschüttungsfähigen Ertrag, d. h. nach dem Teil der künftigen Gewinne, der voraussichtlich für eine Ausschüttung zur Verfügung steht (BFH, 19. 12. 1960). Dieser Betrag ist nach dem Gewinn der letzten drei Jahre vor dem Stichtag zu ermitteln. Die Einbeziehung des Gewinns des Jahres nach dem Stichtag soll zwar dem Stichtagsprinzip widersprechen. Wenn jedoch der auf außergewöhnlichen Verhältnissen beruhende Gewinn früherer Jahre zu einer falschen Beurteilung der künftigen Ertragsaussichten führen würde, ist der künftige Ertrag zu schätzen (BFH, 22. 11. 1968 und BFH, 22. 5. 1970). Dabei können allerdings Verluste, die erst zwei bis vier Jahre nach dem Stichtag eintreten, wegen des Stichtagsprinzipes noch nicht berücksichtigt werden (BFH, 28. 2. 1975). Andererseits wird aber eine vorausschauende Betrachtungsweise auch wieder ausdrücklich vorgeschrieben. Dies verstößt nicht gegen das Stichtagsprinzip und auch nicht gegen das verfassungsrechtlich geschützte Rückwirkungsverbot. Auch ein Verstoß gegen § 9 Abs. 2 BewG ist nicht zu erkennen (BFH, 4. 8. 1984). 1

Ist aufgrund einer Außenprüfung das körperschaftsteuerliche Einkommen durch Berichtigungsbescheid abgeändert worden, so würde es falsch sein, von dem noch nicht berichtigten Gewinn auszugehen, sofern die Außenprüfung und die Berichtigung noch während eines Rechtsmittelverfahrens gegen den Feststellungsbescheid über den Anteilswert erfolgt ist (BFH, 28. 2. 1975).

Bei der Ermittlung des Ertragshundertsatzes ist vom erzielbaren Gewinn auszugehen, gleichgültig ob eine Ausschüttung erfolgt oder nicht. Auch der Unternehmenswert wird von den Gewinnerwartungen beeinflußt, nicht aber von der Höhe des ausgeschütteten Gewinns. Die thesaurierten Erträge können deshalb auch nicht anders behandelt werden als der tatsächlich

*IV. Ermittlung des Ertragshundertsatzes*

verteilte Gewinn. Die Gewinnverteilung hat auch keine Minderung des gemeinen Werts zur Folge (BFH, 5. 10. 1973).

Die Ertragsaussichten dürfen nicht deshalb außer Betracht bleiben, weil zum Betriebsvermögen Miethäuser gehören, bei denen mit einer rentablen Nutzung auf absehbare Zeit nicht zu rechnen ist (BFH, 3. 12. 1982). Eine Korrektur der Ertragsaussichten wegen einer bestehenden Betriebsaufspaltung ist nicht möglich (BFH, 12. 3. 1980, BFH 23. 4. 1986). Ebensowenig können die Vorteile, die sich aus einem Konzernverbund ergeben, einen Abschlag rechtfertigen (BFH, 17. 12. 1982).

*b) Ertragsaussichten bei Familiengesellschaften*

2   Bei einer Familiengesellschaft oder einer personenbezogenen GmbH ist vom Bilanzgewinn und nicht vom ausgeschütteten Gewinn auszugehen (BFH, 6. 4. 1962). Die tatsächlichen Ausschüttungen bilden nämlich keinen geeigneten Maßstab für die Ertragsaussichten, weil sie von anderen nicht erkennbaren Beweggründen beeinflußt sind. Gerade bei einer solchen GmbH ist die Ausschüttungsmöglichkeit für eine Schätzung mehr geeignet als die tatsächliche Ausschüttung. Demgemäß werden auch Einnahmen und Ausgaben berücksichtigt, die lediglich aus steuerrechtlichen Gründen außer Ansatz geblieben sind, z. B. Personensteuern (BFH, 19. 12. 1960). Thesaurierte Erträge sind nicht anders zu behandeln als verteilte Gewinne. Das gilt um so mehr, als die Gewinnverteilung von vielschichtigen subjektiven Überlegungen abhängig ist (BFH, 5. 10. 1973).

*c) Berücksichtigung von Abschreibungen*

3   Bei der Ermittlung der Ertragsaussichten der GmbH sollen Sonderabschreibungen von Wirtschaftsgütern des Betriebsvermögens dem Gewinn hinzugerechnet werden, wobei jedoch die normalen Absetzungen unberührt bleiben. Der Gewinn soll nur um die normale AfA, nicht aber um höhere oder niedrigere Abschreibungen gemindert werden; denn die Beträge, die einer normalen AfA von den Anschaffungs- oder Herstellungskosten entsprechen, stehen für eine Ausschüttung an die Gesellschafter nicht zur Verfügung, wenn das Kapital der GmbH erhalten bleiben soll. Würde die GmbH sie ausschütten, so würde sie ihr Eigenkapital aufzehren.

Beruhen die zu geringen AfA-Beträge darauf, daß die stillen Reserven des bisherigen Betriebsgrundstücks nach Abschnitt 35 EStR auf das neue Betriebsgrundstück übertragen und die Herstellungskosten des neuen Gebäudes nur mit dem bisherigen Grundstückswert aktiviert wurden, der um die Entschädigung gemindert war, so muß zur Ermittlung des ausschüttungsfähigen Ertrags der Gewinn um den Unterschied zwischen der ertragsteuerlichen und einer normalen, von den Gestehungskosten des Betriebsgebäudes berechneten Abschreibung gemindert werden. Bei diesen Berechnungen kann jedoch der Wert des Grund und Bodens nicht berücksichtigt werden. Es ist auch nicht vom Verkehrswert des Gebäudes vom Stichtag, sondern von den tatsächlichen Herstellungskosten auszugehen (BFH, 22. 5. 1970).

*d) Steuerbelastung*

Im Gegensatz zur Behandlung bei der Ermittlung des Vermögenswertes kann eine latente Ertragsteuerbelastung bei der Schätzung der Ertragsaussichten berücksichtigt werden. Dabei ist allerdings zu beachten, daß diese Ertragsteuerbelastung der Zukunft nur ein Faktor von vielen ist, der den zukünftigen Ertrag bestimmt. Eine Korrektur der zukünftigen Erträge ist deshalb nur dann geboten, wenn die Ertragsteuerbelastung in den nächsten drei (heute fünf) Jahren nach dem Stichtag, die für die Berechnung des gemeinen Werts maßgebend sind (vgl. Abschnitt 79 Abs. 2 VStR), eintritt und sie, gemessen an den für diesen Zeitraum geschätzten Erträgen, von einigem Gewicht ist. Dies ist der Fall, wenn sie zu einer Ermäßigung der Ertragsaussichten für das betreffende Jahr um wenigstens 10 v. H. gegenüber dem ohne die Belastung geschätzten Ertrag führen. Dabei ist die Ertragsteuerbelastung nicht abzuzinsen, weil auch die Erträge mit ihrem undiskontierten Wert in die Schätzung eingehen. Wenn die Voraussetzungen erfüllt sind, ist auch die Ertragsteuerbelastung berücksichtigungsfähig, die sich bei der Auflösung einer Preissteigerungsrücklage während dieses Zeitraumes ergibt (BFH, 20. 10. 1978).

Einer weitergehenden Berücksichtigung der latenten Ertragsteuerbelastung bei der Ermittlung des Ertragshundertsatzes steht jedoch das Stichtagsprinzip entgegen. Auch kommt hinzu, daß die Realisierung stiller Reserven aufgrund des Anrechnungsverfahrens hinsichtlich der Körperschaftsteuer zu einem Anrechnungs- bzw. Vergütungsanspruch führen wird; denn die Körperschaftsteuer ist im Ergebnis eine Vorauszahlung auf die Einkommensteuerschuld des Gesellschafters, was bei der Ermittlung des Ertragshundertsatzes nicht ohne Auswirkung bleiben kann (BFH, 2. 10. 1981).

Der Zuschlag von 127 v. H. (künftig von 100 v. H.) zu den hier abzugsfähigen Aufwendungen (Abschnitt 78 Abs. 1 Nr. 2 VStR) ist nicht zu beanstanden, wenn die abgezogene Körperschaftsteuer nach einem Steuersatz von

*IV. Ermittlung des Ertragshundertsatzes*

56 v. H. (künftig von 50 v. H.) ermittelt wird (BFH, 4. 5. 1984). Die Körperschaftsteuergutschrift besitzt für die Anteilseigener die gleiche Bedeutung wie eine Ausschüttung. Dies rechtfertigt es, die abgezogene Körperschaftsteuer, soweit sie nicht auf Gewinnanteile entfällt, die für nichtabzugsfähige Aufwendungen verwendet wurden, wirtschaftlich als zusätzlichen künftigen Jahresertrag anzusehen und den vorgenommenen Abzug der Körperschaftsteuer wieder rückgängig zu machen. Dies geschieht rechnerisch durch den Zuschlag. Damit wird rechnerisch das nach Abzug der Tarifbelastung von 56 v. H. (künftig 50 v. H.) verbleibende Einkommen der Gesellschaft von 44 v. H. wieder auf das Einkommen vor Abzug der Tarifbelastung hochgerechnet. Da es nicht auf den Wert des Unternehmens, sondern letztlich auf den Wert der Anteile ankommt, können deshalb auch die Ertragsaussichten der Anteilseigner nicht außer Betracht bleiben (BFH, 4. 5. 1984).

## Zu Abschnitt 78 Absatz 2 und 3 VStR

*e) Abschlag vom Durchschnittsertrag*

6 Der in Abschnitt 78 Abs. 2 VStR geregelte Abschlag von 30 v. H. gilt nicht für eine industriell tätige Betriebsgesellschaft. Wenn der Gesellschafter-Geschäftsführer ein Jahresgehalt bezieht, durch das seine persönliche Leistung angemessen berücksichtigt wird, handelt es sich bei dem verbleibenden Gewinn um den objektiven Ertrag der Kapitalgesellschaft (BFH, 23. 4. 1986). Auch die Vorteile aus einer konzernmäßigen Verbindung sind kein Umstand, der ausschließlich und unmittelbar auf einer persönlichen Tätigkeit des Gesellschafter-Geschäftsführers beruht. Sie rechtfertigt ebenfalls keinen Abschlag nach Abschnitt 78 Abs. 2 VStR (BFH, 17. 12. 1982). Für den Abschlag wird vorausgesetzt, daß es sich um eine GmbH handelt, bei der der Ertrag ausschließlich und unmittelbar von der in der Art eines freien Berufs ausgeübten Tätigkeit des Gesellschafter-Geschäftsführers abhängig ist. Daran fehlt es aber bei einem Betrieb zur Herstellung von Ansichtskarten, Kunstkarten und Umschlägen, bei dem der Einsatz des sachlichen Betriebskapitals von wesentlicher Bedeutung ist (BFH, 6. 4. 1962).

Eine allgemeine Korrektur besonders hoher objektiver Ertragsaussichten entspricht nicht dem System des Stuttgarter Verfahrens, auch wenn der Jahresertrag verglichen mit dem Einheitswert erheblich ist (BFH, 23. 4. 1986). Daß eine GmbH auf Grund einer Betriebsaufspaltung in der Lage ist, ihren Gewinn durch Einsatz gepachteter Anlagen zu erzielen, erlaubt ihr eine gewisse Unterkapitalisierung, die zu einem verhältnismäßig niedrigen Anteilswert führt. Eine Korrektur des Ertragshundertsatzes wegen der Betriebsaufspaltung ist deshalb nicht erforderlich (BFH, 23. 4. 1986). Auch die konzernmäßige Verbindung rechtfertigt keinen besonderen Abschlag (BFH, 17. 12. 1982).

Der in Abschnitt 78 Abs. 3 VStR vorgesehene Abschlag von 30 v. H. vom durchschnittlichen Jahresertrag ist gerechtfertigt, im allgemeinen auch ausreichend. Er ist als Ausdruck vorsichtiger Bewertung auch von den Gerichten anzuerkennen (BFH, 12. 3. 1980). Mit ihm werden alle Unsicherheiten im Rahmen der Ermittlung des Ertragshundertsatzes ausreichend berücksichtigt (BFH, 4. 5. 1984). Daß im Einzelfall die Ausschüttungsfähigkeit in höherem Maße beeinflußt werden kann, ist unstreitig und in den Richtlinien auch anerkannt. Es müßte sich dabei aber um Gründe handeln, die das Betriebsergebnis in außergewöhnlichem Maße binden (BFH, 19. 12. 1960). Von Sonderfällen abgesehen wird ein über 30 v. H. hinausgehender Abschlag nicht gewährt (BFH, 4. 10. 1974). Diese BFH-Rechtsprechung ist durch eine spätere Neufassung des Abschnitts 78 Abs. 2 und 3 VStR mindestens teilweise überholt.

## Zu Abschnitt 78 Absatz 4 VStR

*f) Negative Betriebsergebnisse*

Negative Betriebsergebnisse sind zu berücksichtigen. Es ist dabei nicht von Null DM auszugehen, sondern der negative Ertragshundertsatz zu übernehmen. Bei einem Minusertrag kommt weder ein Abschlag noch ein Zuschlag in Betracht (BFH, 15. 10. 1965).

7

Diese BFH-Rechtsprechung ist allerdings teilweise überholt. Hierzu vgl. Abschnitt 78 Rz. 39. Solange ein Handelsbilanzgewinn vorgelegen hat, können die GmbH und die Anteile nicht als ertraglos angesehen werden (BFH, 5. 10. 1973). Die Ertragsaussichten dürfen auch nicht allein schon deshalb außer Ansatz bleiben, weil der gemeine Wert bei Berücksichtigung des Ertragshundertsatzes unter den Vermögenswert sinkt (BFH, 14. 11. 1980).

Es ist jedenfalls gerechtfertigt, einen negativen Ertragshundertsatz dann nicht anzusetzen, wenn die zu erwartenden Verluste weniger als 1 v. H. des Vermögenswerts ausmachen und der gemeine Wert nach Abschnitt 79 Abs. 3 Satz 6 VStR deshalb mit 45,5 v. H. (heute 49 v. H.) des Vermögenswerts anzusetzen ist; denn dieser Wert liegt unter dem Ergebnis der Mittelwertmethode (50 v. H.). Auch der Wert einer auf 5 Jahre befristeten unverzinslichen Kapitalforderung würde bei einem Zinssatz von 10 v. H.

*IV. Ermittlung des Ertragshundertsatzes*

noch höher (56 v. H.) liegen. Das Ergebnis des Stuttgarter Verfahrens hält sich somit auch hier noch im Rahmen einer vorsichtigen Bewertung (BFH, 6. 11. 1985). Dabei kommt es nicht auf die absolute Höhe des Ertragshundertsatzes (hier ./. 6,65 v.H.), sondern auf die Höhe der Rendite im Verhältnis zum Vermögenswert an.

Verfügt eine GmbH über erhebliche Reserven, können auch längere Verlustperioden überstanden werden. Wenn nicht mit einer Liquidation zu rechnen ist, wird nicht ohne weiteres der Liquidationswert als Mindestwert angesetzt werden können. Es bleibt aber offen, ob es auch bei höheren Verlusten gerechtfertigt ist, den Ertragshundertsatz niemals unter 0 v. H. absinken zu lassen, so daß es immer beim Anhaltswert von 45,5 v. H. (heute 49 v. H.) verbleiben muß (BFH, 6. 11. 1985).

## 3. Ergänzende Anmerkungen zu Abschnitt 78 VStR

### Zu Abschnitt 78 Abs. 1 VStR

*a) Steuerbilanzgewinn*

8 Grundlage für die Ermittlung des gemeinen Werts der Anteile sind das Vermögen und die Ertragsaussichten der GmbH (§ 11 Abs. 2 BewG). Was zu den Ertragsaussichten gesagt werden kann, hängt weitgehend auch von den subjektiven Erwartungen und Erwägungen der Person ab, welche die Prognose vornimmt. Die Ertragsaussichten, d. h. der künftige Ertrag, kann also nur geschätzt werden. Er soll aus dem Durchschnittsertrag der letzten drei Wirtschaftsjahre vor dem Stichtag abgeleitet werden. Bei erheblich schwankenden Erträgen soll auch vom Durchschnitt der letzten fünf Wirtschaftsjahre ausgegangen werden können (FG Baden-Württemberg, 7. 11. 1986, EFG 1987 S. 395). Dabei wird unterstellt, daß er vorbehaltlich einer am Stichtag schon abzusehenden anderen Entwicklung für die Zeit von fünf Jahren (hierzu vgl. Abschnitt 79 Rz. 29) nach dem Stichtag in gleichbleibender Höhe wie zuvor weitererzielt wird. Demgemäß ist für die weitere Berechnung im Regelfall von dem ermittelten Durchschnittsertrag (s. o.) auszugehen. Dies ist natürlich nicht möglich, wenn sich bis zum Stichtag die Kostenstruktur geändert hat oder danach ändern wird (FG Stuttgart, 4. 11. 1982, EFG 1983 S. 272).

Das Betriebsergebnis der drei Jahre vor dem Stichtag ist auf der Grundlage der Steuerbilanzen zu ermitteln. Die Steuerbilanz ist aber im vorliegenden Zusammenhang ebensowenig ein Grundlagenbescheid (§ 182 Abs. 1 AO) wie der Einheitswert für die Ermittlung des Vermögenswerts. Hierzu vgl. Abschnitt 77 Rz. 21. Der hiernach ermittelte Durchschnittsbetrag wird auch in Abschnitt 78 Abs. 1 VStR nur als „wichtige Beurteilungsgrundlage" bezeichnet. Es handelt sich nur um eine Schätzungsgrundlage, an der noch zahlreiche Korrekturen vorzunehmen sind. Auf ihre Übernahme kann im Einzelfall u. U. auch verzichtet werden und eine eigenständige Schätzung der künftigen Erträge an deren Stelle durchgeführt werden. Es soll sich dabei um eine Art „normalen Durchschnittsgewinn" handeln, der aus den Ertragsverhältnissen der Vergangenheit abgeleitet wird (Ziegeler in BB 1981 S. 1026). Nachdem von der Rechtsprechung festgestellt wurde, daß die Erkenntnisse einer späteren Außenprüfung bei der Ermittlung des Ertragshundertsatzes nicht außer Betracht bleiben können (BFH 28. 2. 1975), ist davon auszugehen, daß, ebenso wie bei anderen auf die künftige Entwicklung abstellenden Schätzungen im Steuerrecht, auch hier eine „ex-post-Betrachtung", bezogen auf den Stichtag, nicht ausgeschlossen ist.

Auszugehen ist vom Steuerbilanzgewinn der letzten drei Wirtschaftsjahre **9** vor dem Stichtag (§ 5 Abs. 2 KStG). Das gilt auch, wenn die GmbH ein abweichendes Wirtschaftsjahr hat. Korrekturen wegen der Ertragsentwicklung zwischen Abschlußzeitpunkt und Stichtag für die Anteilsbewertung sollten sich in diesem Fall jedoch erübrigen. Da hier sowieso das durchschnittliche Ergebnis für drei Jahre ermittelt wird, gleichen sich solche Veränderungen mehr oder weniger von selbst aus.

### b) *Korrekturen am Steuerbilanzgewinn*

Steuerbilanzgewinn ist hier das zu versteuernde GmbH-Einkommen (§ 7 **10** und § 8 KStG) der einzelnen Jahre, die in die Durchschnittsberechnung einbezogen werden. Das ist der Gesamtbetrag der Einkünfte abzüglich bestimmter davon abzuziehender Beträge (§ 7 Abs. 2 KStG und § 2 Abs. 4 EStG). Letztlich soll das künftige Bruttoeinkommen vor Abzug der Körperschaftsteuer ermittelt werden.

Um zu dem künftigen Ertrag zu kommen, der als voraussichtliches Betriebsergebnis der GmbH angesehen werden soll, sind aber noch zahlreiche Korrekturen an dem errechneten Steuerbilanzgewinn erforderlich. Dabei handelt es sich zunächst um die Zurechnung von Erträgen und die Abrechnung von Aufwendungen, die, gleichgültig aus welchen Gründen, im Steuerbilanzgewinn noch nicht berücksichtigt worden sind. Es handelt sich weiter um Korrekturen an bestimmten Positionen der Steuerbilanz selbst. Sie betreffen aber auch Umstände, die zwar ihren Niederschlag im Steuerbilanzgewinn gefunden haben, mit denen jedoch in Zukunft nicht

## IV. Ermittlung des Ertragshundertsatzes

mehr zu rechnen ist, ebenso Umstände, die sich erst im Steuerbilanzgewinn der nächsten Jahre auswirken werden.

Im einzelnen ist bei den Korrekturen nach dem folgenden Schema zu verfahren:

1. Einkommen: ....
2. Zurechnungen:
   + Sonder-AfA ....
   + Bewertungsabschläge ....
   + Zuführungen zu steuerfreien Rücklagen ....
   + Teilwertabschreibungen ....
   + Verlustabzug ....
   + einmalige Veräußerungsverluste ....
   + Steuerfreie Vermögensmehrungen ....
   + künftige wiederkehrende Investitionszulagen ....
   + Zuführungen zu Jubiläumsrückstellungen ....

   Zurechnungen insgesamt .... +....

3. Abrechnungen: ....
   ∕. einmalige Veräußerungsgewinne ....
   ∕. Gewinnerhöhungen bei der Auflösung steuerfreier Rücklagen ....
   ∕. Aufsichtsratvergütungen mit 50 v. H. ....
   ∕. veranlagte Vermögensteuer ....
   ∕. sonstige nichtabzugsfähige Ausgaben ....
   ∕. Tarifbelastung = 100 v. H. der veranlagten Vermögensteuer und der sonstigen nichtabzugsfähigen Ausgaben ....
   Abrechnungen insgesamt .... ∕. ...
4. Betriebsergebnis ....
   ∕. 30 v. H. desselben ....

5. Voraussichtlicher Ertrag ....
6. Ertragshundertsatz = $\dfrac{\text{Ertrag} \times 100}{\text{Stammkapital}}$ = .... v. H.

Zwar ist das durchschnittliche Betriebsergebnis für die drei Jahre vor dem Stichtag zu ermitteln. Die Korrekturen sollen jedoch jeweils schon beim Steuerbilanzgewinn des einzelnen Jahres gemacht werden.

**11** Die Korrekturen nach dem Berechnungsschema (s. o.) sollten, ebenso wie dies bei den Korrekturen am Einheitswert zur Ermittlung des Vermögenswertes der Fall ist (hierzu vgl. Abschnitt 77 Rz. 43), nur dann durchgeführt werden, wenn sie sich auch auf den endgültigen Anteilswert auswirken. Dies sollte man im Regelfall nur dann annehmen, wenn sie zu einer Änderung führen, die insgeamt mehr als 10 v. H. des Betriebsergebnisses des einzelnen Jahres ausmacht. Der mit den Korrekturen verbundene Arbeitsaufwand sollte möglichst auf die Fälle beschränkt bleiben, die auch ins Gewicht fallen. Zwar fehlt in Abschnitt 78 VStR eine entsprechende Anweisung wie in Abschnitt 77 Abs. 2 VStR. Die Rechtsprechung kommt jedoch zu einem ähnlichen Ergebnis (BFH, 20. 10. 1978). Es läßt sich auch damit begründen, daß der Ertragshundertsatz für den Anteilswert eine wesentlich geringere Bedeutung hat als der Vermögenswert, so daß sich um so leichter eine gleiche Toleranzgrenze vertreten läßt. Hinzu kommt, daß auf das Durchschnittsergebnis abgestellt wird, das für drei Jahre gilt und auch schon dadurch ein gewisser Ausgleich sonst vielleicht erforderlicher Korrekturen erfolgt.

*c) Hinzurechnungen*

aa) Sonderabschreibungen

Sonderabschreibungen und erhöhte Absetzungen sind zu korrigieren. Es sollen nur die Abschreibungen berücksichtigt werden, die den tatsächlichen Gegebenheiten entsprechen. Das sind regelmäßig die normalen Abschreibungen nach § 7 EStG, wozu außer den linearen auch die degressiven Abschreibungen gehören dürften. Die danach erforderlichen Korrekturen bedingen jedoch einen ganz erheblichen Arbeitsaufwand. Nach Abschnitt 78 Abs. 1 Nr. 1 VStR müßten nämlich die Sonderabschreibungen usw. auf das Maß einer normalen Abschreibung (linear oder degressiv) reduziert werden. Andererseits müßte aber nach Auslaufen der Sonderabschreibungen usw. der Abschreibungssatz auch wieder auf das normale Maß der Abschreibung angehoben werden. **12**

Teilwertabschreibungen bleiben unberücksichtigt, weil es sich dabei in aller Regel um einmalige Vorgänge handelt, die auf den künftigen Ertrag keine Auswirkungen haben sollen.

Sind stille Reserven auf ein Ersatzwirtschaftsgut übertragen worden, z. B. nach § 6 b EStG, so wären hier die Abschreibungen nicht nach den gekürzten, sondern nach den tatsächlichen Anschaffungs- oder Herstellungskosten zu berechnen (BFH, 22. 5. 1970).

Die Korrekturen von Sonderabschreibungen usw., die in Abschnitt 78 Abs. 1 VStR vorgeschrieben sind, sollte man möglichst vermeiden oder **13**

*IV. Ermittlung des Ertragshundertsatzes*

jedenfalls nur dann durchführen, wenn sie zusammen mit den anderen Korrekturen am Steuerbilanzgewinn insgesamt zu einer Abweichung von mehr als 10 v. H. führen würden. Hierzu vgl. Abschnitt 78 Rz. 11. Zweckmäßigerweise sollte man sich aber auch in diesem Fall beim beweglichen Anlagevermögen auf die Korrekturen beschränken, die nach Abschnitt 52 ff. VStR auch bei der Ermittlung des Teilwerts in der Vermögensaufstellung gemacht und damit auch im Vermögenswert berücksichtigt worden sind.

bb) Steuerfreie Rücklagen

14 Zuführungen zu steuerfreien Rücklagen sind wieder dem Steuerbilanzgewinn hinzuzurechnen. Für steuerfreie Rücklagen, die auf ein Ersatzwirtschaftsgut übertragen werden, z. B. nach § 6 b EStG, gilt dies unabhängig davon, ob auch eine Korrektur wegen des Veräußerungsgewinns erfolgt, auf den sich die Rücklage bezieht.

Andererseits würden gewinnerhöhende Auflösungsbeträge aus solchen steuerfreien Rücklagen auch wieder vom Steuerbilanzgewinn abzuziehen sein. Wenn schon die Zuführungen korrigiert worden sind, würde ihr Ansatz sonst dazu führen, daß sich die Rücklagen zweimal gewinnerhöhend auswirken. Wenn Zuführung und Auflösung innerhalb des Dreijahreszeitraums erfolgen, der für die Ermittlung des Durchschnittsgewinns gilt, kann auf die Korrekturen insoweit auch verzichtet werden.

cc) Verlustabzug

15 Ist in einem Jahr, dessen Steuerbilanzgewinn in die Durchschnittsberechnungen einbezogen wird, ein Verlustabzug nach § 8 Abs. 4 KStG und § 10 d EStG berücksichtigt worden, so müßte der Betrag, um den infolge dieses Abzugs der Steuerbilanzgewinn geringer wurde, wieder zugerechnet werden. Dies würde gelten, gleichgültig ob der Verlust in einem Jahr innerhalb oder in einem Jahr außerhalb des für die Ermittlung des Durchschnittsertrags maßgebenden dreijährigen Zeitraums entstanden war. Eine Korrektur für den Fall, daß der Verlust außerhalb dieses Zeitraums entstanden, aber innerhalb desselben auf den Gewinn rück- oder vorgetragen wird, hätte jedoch ausgereicht, denn ein gewisser Ausgleich der Verluste innerhalb des dreijährigen Zeitraumes erfolgt schon im Rahmen der Durchschnittsberechnung.

dd) Veräußerungsverlust

Es kann vorkommen, daß das Betriebsergebnis eines Jahres durch einmalige Vorfälle besonders stark beeinflußt worden ist, ohne daß mit deren Wiederholung in den nächsten Jahren gerechnet zu werden braucht. Grundsätzlich werden solche Geschäftsvorfälle, soweit sie nicht aus dem Rahmen des Üblichen fallen, bereits dadurch mehr oder weniger wieder ausgeglichen, daß der Durchschnittsgewinn für drei Jahre ermittelt wird. Ist jedoch ein solcher Ausgleich auf diesem Weg nicht zu erreichen, so muß eine besondere Korrektur erfolgen. In Abschnitt 78 Abs. 1 Nr. 1 VStR ist deshalb vorgesehen, daß einmalige Veräußerungsverluste dem Steuerbilanzgewinn wieder hinzugerechnet werden. Notwendig wäre dies allerdings nur dann, wenn sie sonst das Durchschnittsergebnis zu einseitig beeinflussen würden. Unter dieser Voraussetzung müßten allerdings auch einmalige Rückstellungen dem Steuerbilanzgewinn wieder hinzugerechnet werden, wenn sie das Durchschnittsergebnis zu stark beeinflussen. In Abschnitt 78 Abs. 1 VStR wird lediglich auf Jubiläumsrückstellungen hingewiesen, die hier jedoch kaum von größerer Bedeutung sein dürften.

16

ee) Steuerfreie Einnahmen u. a. mehr

Dem Betriebsergebnis sind auch noch die steuerfreien Einnahmen hinzuzurechnen, so insbesondere die ausländischen Einkünfte, die z. B. nach einem Doppelbesteuerungsabkommen steuerfrei bleiben. Die dafür entrichtete ausländische Steuer kann bei der Ermittlung dieser steuerfreien Einkünfte abgezogen werden.

17

Steuerfreie Erträge brauchen nur dann zugerechnet zu werden, wenn zu erwarten ist, daß sie auch künftig in ungefähr gleicher Höhe zufließen werden. Ist mit höheren oder mit geringeren Einnahmen oder überhaupt mit keinen steuerfreien Erträgen mehr zu rechnen, so wäre auch dies zu berücksichtigen. So können z. B. steuerfreie Sanierungsgewinne (§ 3 Nr. 66 EStG), die in aller Regel nur einmal entstehen, schon aus diesem Grunde außer Betracht bleiben. Im übrigen sollte man auf eine Zurechnung immer dann verzichten können, wenn sich dadurch zusammen mit den anderen Berichtigungen das Betriebsergebnis um nicht mehr als 10 v. H. verändern würde. Hierzu vgl. auch Abschnitt 78 Rz. 11.

Öffentliche Zuschüsse und Zulagen bewirken einerseits einen Zufluß von liquiden Mitteln, führen andererseits u. U. in der Steuerbilanz zu einem entsprechend niedrigen Teilwert der damit angeschafften Wirtschaftsgüter. Zulagen bleiben dagegen steuerneutral. Soweit sie nicht schon im Bilanzgewinn als Einnahmen enthalten sind, müssen sie diesem zugerechnet wer-

*IV. Ermittlung des Ertragshundertsatzes*

den, wenn sie auch in den folgenden Jahren in etwa gleichbleibender Höhe erwartet werden können.

*d) Abrechnungen*

aa) Veräußerungsgewinn

**18** Grundsätzlich werden solche Geschäftsvorfälle, die nicht aus dem Rahmen des Üblichen fallen, bereits dadurch mehr oder weniger wieder ausgeglichen, daß der Durchschnittsgewinn für drei Jahre ermittelt wird. Ist jedoch ein solcher Ausgleich nicht mehr auf diesem Weg zu erreichen, so muß eine besondere Korrektur erfolgen. So ist z. B. vorgesehen, daß einmalige Veräußerungsgewinne vom Steuerbilanzgewinn wieder abzuziehen sind. Notwendig wäre dies allerdings nur dann, wenn sie sonst das Durchschnittsergebnis zu einseitig beeinflussen würden. Hierzu vgl. auch Abschnitt 78 Rz. 16.

bb) Nichtabzugsfähige Ausgaben

**19** Grundsätzlich sind hier alle in der Steuerbilanz nichtabzugsfähigen Ausgaben zu berücksichtigen, denn sie mindern ebenfalls das wirtschaftliche Betriebsergebnis. Hierher gehört z. B. die Vermögensteuer. Sie ist jeweils mit dem für das Kalenderjahr veranlagten Betrag abzuziehen. Das gilt auch, wenn sie pauschal festgesetzt worden ist. Weiter sind abzuziehen die Umsatzsteuer für Eigenverbrauch (§ 10 Nr. 2 KStG), Spenden, soweit sie nicht schon im Rahmen des § 9 Nr. 3 KStG berücksichtigt werden konnten, sowie die Aufsichtsratsvergütung. Daß diese nur zur Hälfte abzuziehen ist, ergibt sich daraus, daß die andere Hälfte bereits den steuerlichen Gewinn gemindert hat (§ 10 Nr. 3 KStG). Außerdem gehören hierher auch alle Betriebsausgaben, deren Abzug nach § 4 Abs. 5 EStG vom Abzug ausgeschlossen ist, sowie Aufwendungen, die bei der Gewinnermittlung deshalb nicht abgezogen werden können, weil sie mit steuerfreien Einnahmen in wirtschaftlichem Zusammenhang stehen (§ 3 c EStG) u. a. mehr.

cc) Gewinnausschüttungen

**20** Nicht abzugsfähig sind die Gewinnausschüttungen. Da es hier auf den Bruttoertrag der GmbH ankommt, sind die ausgeschütteten Gewinne genauso zu behandeln wie die thesaurierten Gewinne. Ist ein ausgeschütteter Gewinn abgezogen worden, muß er deshalb dem Betriebsergebnis wieder hinzugerechnet werden. Das gleiche würde auch für verdeckte Gewinnausschüttungen gelten. Da jedoch schon bei der Körperschaftsteuerveranlagung der GmbH geprüft wird, ob eine verdeckte Gewinnausschüttung anzunehmen ist und gegebenenfalls dem Steuerbilanzgewinn hinzugerechnet werden muß, soll die dort getroffene Entscheidung auch hier übernommen werden. Es soll vermieden werden, daß diese Frage nochmals im Rahmen der Anteilsbewertung diskutiert werden muß.

Ist zwischen der GmbH und dem Gesellschafter-Geschäftsführer vereinbart, daß dieser anstelle eines Gehalts eine höhere Gewinnbeteiligung erhält, so kann für die nach Ablauf des Wirtschaftsjahres zu leistenden Zahlungen eine Rückstellung gebildet werden. Die Aufwendungen der GmbH mindern dann auch das Betriebsergebnis. Bei einem Gesellschafter-Geschäftsführer mit beherrschendem Einfluß gilt dies aber nur, wenn zwischen ihm und der GmbH eindeutige Abmachungen bestehen und seine gesellschaftsrechtlichen Beziehungen klar abgegrenzt sind, andernfalls handelt es sich um verdeckte Gewinnausschüttungen. Nach anderer Auffassung würden allerdings Abschläge wegen eines fiktiven Gehalts zu machen sein, wenn ein solches nicht in entsprechender Höhe gezahlt wird (FG-Düsseldorf, 22. 1. 1980, EFG 1980 S. 375). Wegen des in solchen Fällen möglichen Abschlags vgl. auch Abschnitt 78 Rz. 29 ff.

*e) Körperschaftsteuerabzug*

Die Körperschaftsteuer mindert ebenfalls das Betriebsergebnis der GmbH. Auf das um die Körperschaftsteuer gekürzte Betriebsergebnis müßte deshalb dann abgestellt werden, wenn die GmbH selbst als Unternehmen zu bewerten wäre. Hier soll jedoch der Wert des einzelnen Anteils ermittelt werden. Dies erfordert eine andere Beurteilung, denn dafür kommt es nicht auf das mit der Körperschaftsteuer belastete Betriebsergebnis, sondern im Hinblick auf die Anrechnungsmöglichkeit der gezahlten Körperschaftsteuer (§ 36 ff. EStG) auf das unbelastete Betriebsergebnis und darauf an, was hiervon auf den einzelnen Anteil entfallen würde. Das ist seit der Körperschaftsteuerreform im Jahre 1977 das volle Betriebsergebnis; denn die Körperschaftsteuer ist zwar keine Vorauszahlung auf die Einkommensteuerschuld des Gesellschafters, wirkt sich aber infolge des Anrechnungsverfahrens (§ 36 ff. EStG) im wirtschaftlichen Ergebnis wie eine solche aus. Da die Anteilsbewertung auf die wirtschaftlichen Gegebenheiten abstellt, ist deshalb davon auszugehen, daß die von der GmbH gezahlte Körperschaftsteuer den Gesellschaftern in vollem Umfang zugute kommt. Soweit das Betriebsergebnis ausgeschüttet wird, beträgt die Körperschaftsteuer 36 v. H. Der Differenzbetrag zu dem Körperschaftsteuersatz von 56 v. H. (künftig 50 v. H.), d. h. der davon der GmbH verbleibende Betrag von (56 ∕ 36 v. H.) 20 v. H., gilt nach § 28 Abs. 3 KStG ebenfalls noch als

21

*IV. Ermittlung des Ertragshundertsatzes*

ausgeschüttet. Damit stehen dem Gesellschafter 44 + 36 + 20 = 100 v. H. (künftig 50 + 36 + 14 = 100 v. H.) des Betriebsergebnisses zu. Dasselbe gilt aber auch, wenn das Betriebsergebnis thesauriert wird.

Die Änderung des Köperschaftsteuersatzes durch das Steuerreformgesetz 1990 tritt erstmals ab 1990 in Kraft. In Abschnitt 78 Abs. 1 VStR ist man allerdings schon von dieser Rechtslage ausgegangen. So z. B. soll die Tarifbelastung auf nichtabzugsfähige Ausgaben mit 100 v. H. statt wie bisher mit 127 v. H. abgezogen werden, obwohl für 1989 noch der alte Steuersatz gilt. Unter diesen Umständen wird über die entsprechende Anweisung in Abschnitt 78 Abs. 1 VStR sicher noch gestritten werden. Im einzelnen vgl. hierzu Christoffel in BB 1989 S. 124.

22  Bei der Übernahme des ungekürzten Betriebsergebnisses geht man davon aus, daß alle Gesellschafter anrechnungsberechtigt sind. Es gibt jedoch auch Gesellschafter, für die eine Anrechnung der Körperschaftsteuer ausgeschlossen ist. Das wäre z. B. der Fall, wenn die Dividende dem Gesellschafter steuerfrei zufließen oder aber nur der Kapitalertragsteuer unterliegen würde (§ 51 KStG). Zu diesen Gesellschaftern gehören insbesondere die Körperschaften des öffentlichen Rechts sowie die steuerfreien gemeinnützigen Institutionen, Berufsverbände usw. Diese sind aber nicht vermögensteuerpflichtig, so daß insoweit jedenfalls für den Regelfall auch kein Interesse an dem hier zu ermittelnden Anteilswert besteht.

23  Ähnlich ist es bei den ausländischen Anteilseignern, für die ebenfalls die Anrechnung ausgeschlossen ist (§ 50 Abs. 5 EStG). Im Regelfall gehören die Anteile eines beschränkt Steuerpflichtigen nicht zum vermögensteuerpflichtigen Inlandsvermögen (§ 121 Abs. 2 BewG). Eine Ausnahme gilt allerdings für die Beteiligung an einer inländischen GmbH, die mindestens 10 v. H. des Stammkapitals ausmacht (§ 121 Abs. 2 Nr. 4 BewG). Aber auch deren vermögensteuerliche Erfassung ist meistens durch ein auch für die Vermögensteuer geltendes Doppelbesteuerungsabkommen ausgeschlossen. Gleichwohl hat die hier anstehende Frage Bedeutung erlangt. Würde man nämlich berücksichtigen, daß den nicht anrechnungsberechtigten Gesellschaftern nur das um die Körperschaftsteuer gekürzte Betriebsergebnis zusteht, so würde sich auch ein entsprechend niedrigerer Ertragshundertsatz ergeben. Da die von der GmbH tatsächlich entrichtete Körperschaftsteuer auch hier 36 v. H. beträgt, würden nicht 100 v. H., sondern nur 64 v. H. des Betriebsergebnisses den Gesellschaftern zur Verfügung stehen. Die Finanzverwaltung vertritt allerdings die Auffassung, daß bei den genannten Steuerpflichtigen die Nichtanrechenbarkeit der Körperschaftsteuer Ausfluß persönlicher Umstände sei und deshalb nicht berück-

sichtigt werden könne (§ 9 Abs. 2 BewG). Da auch bei notierten Aktien im Besitz dieser Personen der volle Kurswert angesetzt wird (§ 11 Abs. 1 BewG), könne in den Fällen des § 11 Abs. 2 BewG nichts anderes gelten. Die Ermittlung des Anteilswertes habe deshalb auch hier in gleicher Weise wie bei den anderen Gesellschaftern zu erfolgen, d. h. unter Berücksichtigung des vollen Betriebsergebnisses (FinMin NS v. 27. 9. 1978, DStR 1978 S. 650). Entsprechend ist die Frage auch von der Rechtsprechung entschieden worden. Danach soll es allerdings für die Anwendung des § 9 Abs. 2 BewG auch darauf ankommen, ob die Anrechenbarkeit die Regel, die Nichtanrechenbarkeit dagegen die Ausnahme bedeutet (FG Hamburg, 8. 10. 1985, EFG 1986 S. 330).

*f) Zuschlag bei nicht abzugsfähigen Aufwendungen*

Aufwendungen, die bei der Ermittlung des Steuerbilanzgewinns nicht abzugsfähig sind, müssen von der GmbH aus versteuerten Gewinnen gezahlt werden. Es steht deshalb auch die für diese Aufwendungen gezahlte Körperschaftsteuer für eine Anrechnung bei den Gesellschaftern nicht mehr zur Verfügung. Von dem Steuerbilanzgewinn ist deshalb außer den nichtabzugsfähigen Aufwendungen (hierzu vgl. Abschnitt 78 Rz. 19) auch noch die hierauf entfallende Körperschaftsteuer abzuziehen. Sie macht 127 v. H. (künftig 100 v. H.) dieser Aufwendungen aus. Der Zuschlag soll auch gemacht werden können, wenn das Jahresergebnis an sich negativ ist. Im einzelnen vgl. OFD Frankfurt, 21. 4. 1981 (Kartei BewG Karte C 1).

24

Wenn zur Begrenzung der Körperschaftsteuerbelastung in der Steuerbilanz bestimmte Maßnahmen getroffen werden müssen, wie z. B. die Begrenzung der Wertminderung bei ausschüttungsbedingten Teilwertabschreibungen usw. (§ 50 c EStG), müssen diese ebenfalls entsprechend korrigiert werden.

Ausländische Steuern mindern ebenfalls das Betriebsergebnis. Infolgedessen sind ausländische Einkünfte auch nur mit dem Nettobetrag, d. h. nach Abzug der Quellensteuer vom Betriebsergebnis, auszuweisen. Diese Quellensteuer kann dann aber nicht nochmals abgezogen werden, braucht aber auch nicht besonders hinzugerechnet zu werden. Soweit die ausländische Steuer auf die deutsche Körperschaftsteuer angerechnet wird, mindert sie deren Höhe (§ 26 Abs. 2 KStG). Die deutsche Körperschaftsteuer für die ausländischen Einkünfte kann aus den zuvor angeführten Gründen nicht nochmals vom Betriebsergebnis abgezogen werden.

*IV. Ermittlung des Ertragshundertsatzes*

*g) Negatives Betriebsergebnis*

**25** Ergibt sich ein negativer Ertragshundertsatz, soll dieser mit 0 v. H. angesetzt werden (Abschnitt 78 Abs. 4 letzter Satz VStR). Das schließt aber nicht aus, daß auch das negative Betriebsergebnis eines Wirtschaftsjahres in die Durchschnittsberechnung einbezogen wird; schließlich kann es im Hinblick auf das positive Betriebsergebnis der anderen einzubeziehenden Kalenderjahre doch noch zu einem positiven Durchschnittsergebnis kommen. Zu dem Fall, daß auch das Durchschnittsergebnis negativ ist, vgl. auch Abschnitt 78 Rz. 39.

*h) Selbständige Ermittlung des Betriebsergebnisses*

**26** In Abschnitt 78 Abs. 1 VStR ist zwar vorgesehen, daß der künftige Ertrag aus dem Durchschnittsergebnis der letzten drei Jahre vor dem Stichtag abzuleiten ist. Es besteht aber kein Zweifel, daß dies nur dann gelten kann, wenn auch weiterhin die Ertragslage der GmbH im wesentlichen unverändert bleibt. Ist aber schon nach den Verhältnissen vom Bewertungsstichtag mit wesentlichen Änderungen zu rechnen, z. B. weil sich die Kostenstruktur grundlegend ändert (FG Stuttgart, 4. 11. 1982, EFG 1983 S. 272), so muß der voraussichtliche künftige Ertrag mehr oder weniger unabhängig von dem ermittelten Durchschnittsergebnis geschätzt werden. Umstände, die zwar erst nach dem Stichtag eintreten, jedoch nach den Verhältnissen vom Stichtag schon mehr oder weniger zu erwarten waren, sind mitzuberücksichtigen. Das gilt aber nur, wenn sie auch einen wesentlichen und dauernden Einfluß auf die Ertragslage haben. Wenn allerdings innerhalb der nächsten Jahre der Eintritt eines einmaligen Ereignisses zu erwarten ist, das so gewichtig ist, daß es auch schon am Stichtag von einem Käufer in seine Kaufpreisüberlegungen einbezogen würde, sollte dies nicht hier, sondern erst durch einen Zuschlag zum oder Abschlag vom gemeinen Wert der Anteile nach Abschnitt 79 Abs. 3 Satz 1 VStR berücksichtigt werden.

Solange bei günstiger wirtschaftlicher Konjunktur die Erträge der einzelnen Jahre laufend gestiegen sind, lag es nahe, den errechneten Durchschnittsgewinn der letzten 3 Jahre vor dem Bewertungsstichtag möglichst unverändert auch als künftigen Ertrag zu übernehmen. Weil der Ansatz eines höheren Ertrags zu entsprechend höheren Anteilswerten führt, ist es verständlich, wenn eine allzu positive, auf steigende Gewinne ausgerichtete Prognose möglichst vermieden wird. Von der Rechtsprechung wurde dies durch die Berufung auf das Stichtagsprinzip sanktioniert. Hierzu vgl. Abschnitt 78 Rz. 1. Wenn allerdings die Prognosen für die weitere Ertragslage nicht besonders günstig sind, sollte man dies bereits berücksichtigen können.

Nach Abschnitt 78 VStR in früheren Fassungen sollte in die Berechnung  27
des dreijährigen Durchschnittsgewinns außer dem Gewinn der letzten
2 Jahre vor, auch der Gewinn des ersten Jahres nach dem Bewertungsstichtag mit einbezogen werden. Die Rechtsprechung hat dies jedoch im
Hinblick auf das Stichtagsprinzip abgelehnt (BFH, 22. 11. 1968 und BFH,
22. 5. 1970). Da jedoch eine Prognose der künftigen Ertragslage erstellt
werden soll, ist diese Begründung wenig überzeugend. Es wäre vielmehr
eine sinnvolle Kompromißregelung, wenn auf diese Weise die wirtschaftliche Entwicklung des Jahres nach dem Stichtag bereits im Durchschnittsertrag zum Ausdruck kommen würde. In aller Regel dürfte nämlich bis zur
Durchführung der Anteilsbewertung auch schon die wirtschaftliche Entwicklung des zweiten Wirtschaftsjahres nach dem Stichtag bekannt sein.
Man sollte sie deshalb mitberücksichtigen. Wenn sich nämlich die Ertragslage so verändert, daß die Durchschnittsberechnung aufgrund der früheren
Jahre nicht mehr zu einem brauchbaren Ergebnis führen kann, muß dieses
sowieso geschätzt werden. Aufgrund der bereits vorliegenden Betriebsergebnisse der ersten Jahre nach dem Stichtag würde eine solche Schätzung aber vermutlich wirklichkeitsnäher sein als eine völlig freie Schätzung. Darin braucht noch kein Widerspruch zum Stichtagsprinzip zu liegen. Schließlich wird eine solche Möglichkeit auch in Abschnitt 78 Abs. 1
VStR nicht ausgeschlossen, denn dort wird ausgeführt, daß von den verschiedenen Möglichkeiten für eine Ermittlung der künftigen Erträge der
ermittelte Durchschnittsertrag der letzten 3 Jahre nur eine, wenn auch
eine wichtige Beurteilungsgrundlage bildet. Von der Möglichkeit, vom
Durchschnittsertrag abzuweichen, sollte man aber nur dann Gebrauch
machen, wenn ein niedrigerer Ertrag für die Zukunft zu erwarten ist.

Wenn die künftige Entwicklung schon mehr oder weniger abzusehen ist,  28
kann u. U. auch die Korrektur einzelner Bilanzpositionen genügen. Das
gilt z. B., wenn eine höhere Vermögensteuer als bisher zu entrichten sein
wird, wenn aufgrund eines neuen Tarifvertrags höhere Löhne als bisher
bezahlt werden müssen u. a. mehr. Aber auch für eine solche Korrektur
sollte dann die Grenze von 10 v. H. zu beachten sein. Hierzu vgl.
Abschnitt 78 Rz. 11.

## Zu Abschnitt 78 Abs. 2 VStR

*i) Betriebsergebnis bei hoher Rendite*

Wie noch an anderer Stelle auszuführen sein wird (vgl. hierzu  29
Abschnitt 79 Rz. 13), ist es eines der Probleme des Bewertungsverfahrens,
daß sich bei einem Gewinn, der sich nicht mehr im Rahmen des üblichen

*IV. Ermittlung des Ertragshundertsatzes*

hält (dasselbe gilt auch bei einem Verlust), Anteilswerte ergeben, die wirtschaftlich nicht mehr vertretbar erscheinen. Es sind dies Fälle, die allerdings auch bei Anwendung anderer von der Betriebswirtschaftslehre empfohlener Bewertungsverfahren nicht ohne Korrekturen auskommen. Bei sehr niedrigen Erträgen oder bei Verlusten ist hier nach Abschnitt 79 Abs. 3 VStR eine Korrektur des gemeinen Wertes vorgesehen. Bei sehr hohen Gewinnen wäre ebenfalls eine Korrektur erforderlich. Nach den Anweisungen in Abschnitt 78 Abs. 1 und 2 VStR wäre der Ertragshundertsatz zu korrigieren. Dabei ist zunächst zu prüfen, ob der Gewinn nur vorübergehend so hoch ist oder ob auch für längere Zeit damit gerechnet werden kann. Einmalig hohe Gewinne werden normalerweise schon bei der Berechnung eines Durchschnittsertrags wieder ausgeglichen oder müssen, wenn dieser Ausgleich nicht möglich ist, ausgeschieden werden. Vgl. hierzu Abschnitt 78 Rz. 18. Ist dagegen für längere Zeit mit verhältnismäßig hohen Gewinnen zu rechnen, so reichen diese Lösungen nicht mehr aus. Bei dieser Prüfung wäre auch zu beachten, daß bei der Berechnung des gemeinen Werts nach Abschnitt 79 Abs. 2 VStR ein für die Dauer von 5 Jahren gleichbleibender Gewinn unterstellt wird. Hier ergibt sich dann die Frage, ob auch im konkreten Einzelfall diese Unterstellung berechtigt ist. Bei bestimmten Unternehmen wäre deshalb u. U. bei den weiteren Berechnungen nicht von 5, sondern wie schon einmal vor 1974, nur von den nächsten 3 Jahren oder gar nur von den nächsten 2 Jahren auszugehen. Es wäre dann die Berechnungsformel in Abschnitt 79 Abs. 2 VStR entsprechend zu ändern. In Abschnitt 78 Abs. 2 VStR ist jedoch für diese Fälle eine andere Lösung vorgesehen. Sie ist allerdings auf bestimmte typische Fälle beschränkt und soll auch nach der Rechtsprechung nur hierauf anwendbar sein.

aa) Abschlag bei hoher Rendite

30  Nach Abschnitt 78 Abs. 2 VStR soll ein Abschlag gelten, wenn die GmbH ohne einen besonders umfangreichen Betrieb und ohne einen größeren Kapitaleinsatz, d. h. ohne besondere Unternehmensorganisation, gleichwohl auffallend hohe Erträge erwirtschaftet, wobei hinzukommen muß, daß diese hohen Erträge in erster Linie durch den besonderen Einsatz der persönlichen Arbeitskraft des Gesellschafter-Geschäftsführers zustande gekommen sind. In Betracht kommen dafür die in der Art eines freien Berufes ausgeübten Tätigkeiten z. B. als Steuerberater, Handelsvertreter, Makler oder Unternehmensberater. Die Beschränkung auf diese in Abschnitt 78 Abs. 2 VStR angeführten Berufsgruppen wird allerdings nicht für zutreffend erachtet; denn es handelt sich um eine grundsätzliche Frage,

die sich bei jeder GmbH, gleichgültig welche Tätigkeit sie auch immer ausübt, ergeben kann (s. o.).

Mit dem in Abschnitt 78 Abs. 2 VStR vorgesehenen Abschlag soll vermieden werden, daß die Arbeitskraft des Gesellschafter-Geschäftsführers über den Anteilswert auch noch zur Vermögensteuer herangezogen wird. Wird seine Arbeitskraft allerdings durch ein entsprechendes Gehalt in angemessener Weise abgegolten, so soll auch der Abschlag nicht mehr in Betracht kommen (BFH, 23. 4. 1986). Hierzu vgl. Abschnitt 78 Rz. 6. Es wäre höchst unrealistisch anzunehmen, daß ein Käufer des Anteils diese Arbeitskraft im Kaufpreis mitbezahlen würde, zumal er diese Arbeit ja dann selbst leisten oder, wenn sie ein Dritter erbringt, entsprechend honorieren müßte. Dies könnte auch zu der Schlußfolgerung führen, daß hier Abschläge für fiktive Gehälter gemacht werden können (FG Düsseldorf, 22. 1. 1980, EFG 1980 S. 375).

In diesem Zusammenhang ist es nicht ohne Interesse, auf das BFH-Urteil **31** vom 16. 6. 1970 – II 95, 96/64 (BStBl. 1970 II S. 690, BB 1970 S. 1387) zu verweisen, das zwar zur Unternehmensbewertung für Zwecke der Kapitalverkehrsteuer ergangen ist, jedoch dieselbe Frage behandelt und dazu auszugsweise folgendes ausführt:

„Auch die indirekte Methode gilt nur, soweit ihr die Übung der Wirtschaft folgt. Das ist mindestens dann nicht mehr selbstverständlich, wenn der angebliche Geschäftswert die Summe der Substanzwerte um ein Vielfaches übersteigt. Hier bedarf es zunächst einer Aufklärung, wodurch diese Differenz bedingt ist. Sie kann darauf beruhen, daß die Werte der einzelnen Wirtschaftsgüter zu niedrig oder zum Teil überhaupt nicht angesetzt worden sind. Es ist aber auch möglich, daß die günstigen Erträge auf Umständen beruhen, auf deren Fortbestand kein Verlaß ist. Besonders günstige Verhältnisse werden nämlich auch andere Unternehmer anreizen, in der einschlägigen Branche oder an dem günstig gelegenen Standort Fuß zu fassen. Dadurch brauchen zwar die Ertragsaussichten des bestehenden Unternehmens nicht beseitigt zu werden, sie können aber doch erheblich gemindert werden. Ein Erwerber wird deshalb entweder die künftigen Erträge niedriger einschätzen oder doch kürzere Laufzeiten für die Erhaltung des übernommenen Geschäftswerts ansetzen. Liegen dagegen die hohen Erträge der Vergangenheit in der persönlichen Leistung des Unternehmens, so kann der Erwerber nur dann darauf vertrauen, daß dieser Vorteil erhalten bleibt, sofern auch er Gleichwertiges leistet. Schätzt der Erwerber aber seine künftige persönliche Leistung als gleichwertig ein, so wird er kaum geneigt sein, den erwarteten Fortbestand der hohen Erträge ausschließlich als einen Vorteil anzusehen, den er durch den Erwerb des Betriebs erlangt. Dies gilt unabhängig davon, daß er die durch den Goodwill des Betriebs erleichterte Ausgangsposition in größerem oder geringerem Umfang honorieren wird. Der anzusetzende Gesamtwert kann somit nicht ausschließlich aus den bisherigen Betriebsergebnissen gewonnen

*IV. Ermittlung des Ertragshundertsatzes*

werden. Vielmehr bedarf es einer Analyse der bisherigen Betriebsführung unter besonderer Berücksichtigung der Gegebenheiten der jeweiligen Branche."

**32** Das BFH-Urteil kommt damit ebenfalls zu dem Ergebnis, daß bei hohen Erträgen eine Korrektur derselben erforderlich ist. Mindestens im Grundsatz besteht infolgedessen auch Übereinstimmung mit den Anweisungen in Abschnitt 78 Abs. 2 VStR, die allerdings, wie bereits ausgeführt, auf einen viel zu engen Sachverhalt abgestellt sind. Es sind dies zwar besonders typische Fälle. Extrem hohe Erträge können aber auch erwirtschaftet werden, wenn die GmbH mit einem größeren Kapitaleinsatz arbeitet und eine entsprechende Unternehmensorganisation vorhanden ist. Die Gründe, die zu den hohen Erträgen führen, dürften auch in solchen Fällen weitgehend von der Tätigkeit der Gesellschafter-Geschäftsführer abhängen. Präzise Angaben werden sich dazu jedoch im Einzelfall kaum machen lassen. Dies kann aber nicht ausreichen, um hier eine in der Sache gebotene Korrektur auszuschließen. Es wird deshalb die Auffassung vertreten, daß in Abschnitt 78 Abs. 2 VStR die Worte „ohne eines größeren Betriebskapitals" ebenso wie der Hinweis auf ganz bestimmte und besonders typische Berufsgruppen hätten gestrichen werden müssen. Die BFH-Rechtsprechung kommt hier allerdings zu einem einschränkenden, kaum überzeugenden Ergebnis (BFH, 23. 4. 1986). Hierzu vgl. Abschnitt 78 Rz. 6.

bb) Höhe des Abschlags

**33** Unter den Voraussetzungen des Abschnitts 78 Abs. 2 VStR soll ein Abschlag bis zu 30 v. H. gemacht werden können. Für seine genaue Höhe im Einzelfall fehlen allerdings nähere Angaben. So soll darauf abgestellt werden, daß mit dem Abschlag die Arbeitskraft des Gesellschafter-Geschäftsführers angemessen abgegolten wird (BFH, 23. 4. 1986). Ein Abschlag soll deshalb bereits ausgeschlossen sein, wenn die untere Grenze des Angemessenen überschritten wird (FG Freiburg, 3. 2. 1983, EFG 1983 S. 487). Wenn dies der Maßstab sein sollte, wäre der Abzug eines fiktiven Gehalts wohl zweckmäßiger (FG Düsseldorf, 22. 1. 1980, EFG 1980 S. 375).

Aber auch, wenn das Betriebsergebnis um ein angemessenes Gesellschafter-Geschäftsführer-Gehalt für geleistete Mitarbeit gekürzt wird, sollte dies einen darüber hinausgehenden Abschlag nach Abschnitt 78 Abs. 2 VStR nicht ausschließen. Maßgebend dafür wäre dann, was als angemessene Rendite des eingesetzten Betriebskapitals gelten kann. Diese Frage würde zwar von Branche zu Branche völlig verschieden zu beantworten sein. Geht man aber davon aus, daß in Abschnitt 79 Abs. 1 VStR eine Durchschnittsrendite von 8 v. H. unterstellt und in Abschnitt 79 Abs. 3 VStR eine besonders niedrige Rendite angenommen wird, wenn diese unter 4 v. H. liegt, so liegt es nahe, als besonders hoch eine Rendite anzusehen, die mehr als 16 v. H. ausmacht.

Die Höhe der Rendite, auf die hier abgestellt werden müßte, wäre so im Einzelfall mindestens relativ einfach festzustellen. Sie entspricht nämlich dem Verhältnis des, wie im Regelfall, jedoch ohne den Abschlag nach Abschnitt 78 Abs. 2 VStR ermittelten Ertragshundertsatzes zum Vermögenswert. Hierzu vgl. auch Abschnitt 79 Abs. 3 VStR. Soweit die Rendite über 16 v. H. hinausgeht, sollte von dem Mehrbetrag dann ein Abschlag von generell 30 v. H. gemacht werden können.

Es handelt sich hier um eine Lösung, die von denselben Überlegungen ausgeht und auch zu einem ähnlichen Ergebnis kommt wie ein vom „Institut Finanzen und Steuern" gemachter Vorschlag. Der wesentliche Unterschied besteht lediglich darin, daß hier das System der Anteilsbewertung, wie es sich aus Abschnitt 79 VStR ergibt, unverändert bleibt, während nach dem Vorschlag des „Institut Finanzen und Steuern" insoweit eine Änderung notwendig gewesen wäre. Aber auch andere Lösungen wären durchaus denkbar. So wird eine ähnliche Regelung übrigens auch von der Finanzverwaltung praktiziert (OFD Frankfurt, 21. 5. 1981, Kartei z. § 113 a BewG Karte C 3). Danach sollte möglich sein 34

| ein Abschlag von | bei einer Rendite von über |
|---|---|
| 25 v. H. | 50 v. H. |
| 50 v. H. | 75 v. H. |
| 75 v. H. | 100 v. H. |

Dabei sollte der Abschlag von dem Teil des Jahresertrags gemacht werden, der die jeweils angegebenen Grenzen übersteigt.

Da in Abschnitt 78 Abs. 2 VStR unverändert wie bisher nur ein Abschlag bis zu 30 v. H. vom ermittelten Jahresertrag zugelassen wird und eine für die Praxis zweckmäßige Schematisierung der Höhe des Abschlags leider nicht gebracht wird, läßt sich zusammenfassend nur feststellen, daß die Behandlung eines relativ hohen Betriebsgewinns und seine Berücksichtigung bei der Anteilsbewertung nach wie vor eine noch offene Frage ist. 35

## IV. Ermittlung des Ertragshundertsatzes

### Zu Abschnitt 78 Abs. 3 VStR

*j) Genereller Abschlag vom Betriebsergebnis*

**36** Vor 1977 ging man bei der Anteilsbewertung davon aus, daß keine GmbH in der Lage sein würde, ihren Gewinn im vollen Umfang auszuschütten. Für die weiteren Berechnungen sollte deshalb der ausschüttungsfähige Betrag maßgebend sein. Dieser sollte sich dadurch ergeben, daß vom errechneten Betriebsergebnis noch ein Abschlag von 30 v. H. gemacht wird. Dieser Abschlag war gedacht als Ausgleich für eine notwendige Eigenkapitalbildung, für künftige Investitionen, für eine latente Ertragsteuerbelastung u. a. mehr, deren Umfang noch nicht abzusehen war. Gleichzeitig sollten aber auch die Auswirkungen des allgemeinen Unternehmerrisikos berücksichtigt werden, zumal aus diesem Grund ein ähnlich hoher Abschlag auch von der betriebswirtschaftlichen Bewertungslehre empfohlen wird. Auch nach 1977 wurde dieser generelle Abschlag in Höhe von 30 v. H. des errechneten Betriebsergebnisses beibehalten. Dies wurde jedoch deshalb problematisch, weil dieser Abschlag zunächst immer noch damit begründet wurde, daß er zum ausschüttungsfähigen Ertrag führe. Geht man aber hiervon aus, so würden bei einem Ertrag von 100 noch 70 als ausschüttungsfähig übrigbleiben. Um jedoch nach der Körperschaftsteuerreform einen ausschüttungsfähigen Ertrag von 70 zu erhalten, hätte der Bruttoertrag nicht 100, sondern mehr als 130 v. H. betragen müssen. Demgemäß hätte auch der Abschlag von 30 v. H. auf 45 bzw. 50 v. H. angehoben werden müssen. Hierzu vgl. BB 1979 S. 364 ff. u. a. mehr, die sich mit dieser Frage eingehend beschäftigt haben.

**37** Demgegenüber wurde von der Finanzverwaltung die Auffassung vertreten, daß seit der Körperschaftsteuerreform theoretisch überhaupt kein Abschlag mehr, allenfalls ein wesentlich unter 30 v. H. liegender Abschlag begründet sei; denn die gezahlte Körperschaftsteuer, die früher der GmbH und damit auch den Gesellschaftern endgültig entzogen war, kommt durch die Anrechnungsmöglichkeit letztlich den Gesellschaftern doch wieder voll zugute. Selbst die Körperschaftsteuer, die von der GmbH für thesaurierte Erträge entrichtet wird, stellt einen „latenten Vorteil" für die Gesellschafter dar.

Zur Begründung des Abschlags von 30 v. H. wird heute in Abschnitt 78 Abs. 3 VStR nur noch ausgeführt, daß er „der Abgeltung aller Unwägbarkeiten" diene. Damit dürfte sich jede weitere Diskussion zu diesem Thema erübrigen. Das gilt um so mehr, als der Abschlag von 30 v. H. eine mehr oder weniger gegriffene Größe ist und als Ausdruck einer vorsichtigen Wertermittlung inzwischen auch von der Rechtsprechung sanktioniert wurde (BFH, 12. 3. 1980).

## Zu Abschnitt 78 Abs. 4 VStR

*k) Rechnerische Ermittlung des Ertragshundertsatzes*

Der ermittelte künftige Durchschnittsertrag wird wie bei der Dividendenberechnung dem Nennkapital der GmbH gegenübergestellt und jeweils auf einen Anteil im Nennwert von 100 DM bezogen. Der danach errechnete Prozentsatz ist dann der Ertragshundertsatz. **38**

Beispiel:
Anteilsbewertung vom 31. 12. 1988
Betriebsergebnis einschließlich der Zu- und Abrechnungen

| | |
|---|---:|
| für 1986 | 8 000 DM |
| für 1987 | 12 000 DM |
| für 1988 | 10 000 DM |
| | 30 000 DM |
| Jahresertrag (Ertragsaussichten) = 30 000 : 3 = | 10 000 DM |
| abzüglich 30 v. H. von 10 000 DM = | ./. 3 000 DM |
| verbleibender Jahresertrag | 7 000 DM |

Nennkapital = 100 000 DM

Ertragshundertsatz = $\frac{7\,000}{100\,000}$ = 0,07 = 7 v. H.

Es kann sein, daß sich innerhalb des Dreijahreszeitraumes das Nennkapital der GmbH geändert hat. Dies ist jedoch ohne Bedeutung, denn erst das durchschnittliche Jahresergebnis wird, wie in dem Beispiel, auf das Nennkapital vom Stichtag bezogen.

Für nichtnotierte Aktien mit einem Nominalwert von 50 DM müßte der Ertragshundertsatz entsprechend umgerechnet werden.

*l) Verlust als Betriebsergebnis*

Kommt man unter Berücksichtigung aller Korrekturen nach Abschnitt 78 VStR zu einem Verlust, so soll nach Abschnitt 78 Abs. 4 Satz 3 VStR für die weiteren Berechnungen von 0 als Ertragshundertsatz ausgegangen werden. Dabei ist es gleichgültig, ob der Verlust sich schon aus der Steuerbilanz oder erst aufgrund von Korrekturen ergibt. Diese Nichtberücksichtigung eines negativen Ertragshundertsatzes ist allerdings sehr umstritten. Sie dürfte schon bisher die meistdiskutierte Frage im Zusammenhang mit Abschnitt 78 VStR gewesen sein und ist auch heute noch nicht restlos geklärt. **39**

*IV. Ermittlung des Ertragshundertsatzes*

noch **39** Die BFH-Rechtsprechung hat zwar die Nichtbeachtung eines negativen Ertragshundertsatzes bei einer Rendite von weniger als ∕ 1 v. H. des Vermögenswerts gebilligt, hat es aber ausdrücklich offengelassen, ob dies auch bei einem höheren negativen Ertragshundertsatz gelten könne (BFH, 6. 11. 1985). Die Rechtsprechung der Finanzgerichte geht einerseits auch in diesem Fall von 0 v. H. aus (FG Stuttgart, 28. 4. 1988, EFG 1988 S. 505). Bei besonders hohen Verlusterwartungen und damit verbundenem Vermögensverfall ist sie andererseits aber auch schon zur Minderung des Vermögenswerts durch einen entsprechenden Abschlag gekommen (FG Münster, 11. 3. 1982, EFG 1982 S. 503; FG Hessen, 6. 6. 1983, EFG 1984 S. 60). Zur Behandlung des negativen Ertragshundersatzes im einzelnen vgl. Ziegler in BB 1981 S. 1026 und Betrieb 1983 S. 791, Horn in Inf. 1985 S. 106 u. a. mehr. Die Finanzverwaltung hält allerdings an der 0 v. H.-Regelung in Abschnitt 78 Abs. 4 VStR fest, obwohl man einräumen muß, daß eine GmbH mit Rücksicht auf bestimmte wirtschaftliche Gegebenheiten auch trotz einer längere Zeit andauernden Verlustperiode fortgeführt werden kann oder muß. Dies gilt z. B., wenn sie über erhebliche Reserven verfügt oder wenn während der Verlustperiode mit der Zuführung zinsähnlichen Kapitals gerechnet werden kann. Wenn nicht mit einer baldigen Liquidation zu rechnen ist, wird auch nicht ohne weiteres der Liquidationswert als Anteilswert angesetzt werden können (BFH, 6. 11. 1985). Im übrigen können aber die Ertragsaussichten nicht schon deshalb außer Ansatz bleiben, weil bei ihrer Berücksichtigung der gemeine Wert der Anteile unter den Vermögenswert sinkt (BFH, 14. 11. 1980).

# V. Ermittlung des gemeinen Wertes

## 1. Wortlaut des Abschnitts 79 VStR

*(1) Als gemeiner Wert ist der Betrag anzusetzen, den ein Käufer für den Erwerb eines Anteils aufwenden würde. Bei der Bemessung des Kaufpreises wird ein Käufer im allgemeinen neben dem Vermögenswert auch die Ertragsaussichten berücksichtigen. Die Ertragsaussichten beurteilt er weniger nach der Verzinsung des Nennkapitals der Gesellschaft als vielmehr nach der Rendite des Kapitals, das er zum Erwerb des Anteils aufwenden muß. Er wird deshalb die auf den Anteil entfallenden Erträge der Gesellschaft mit den Zinsen vergleichen, die das von ihm aufzuwendende Kapital, falls er es in anderer Weise anlegt, erbringen würde. Im allgemeinen wird er nur insoweit bereit sein, einen über dem Vermögenswert liegenden Kaufpreis zu bezahlen, als in einem übersehbaren Zeitraum die Erträge des Anteils den Betrag dieser Zinsen übersteigen. Er wird entsprechend weniger bezahlen, wenn die Erträge des Anteils unter diesem Betrag liegen. Es kann davon ausgegangen werden, daß ein Käufer, der sein Kapital in anderer Weise angelegt hätte, nach den wirtschaftlichen Verhältnissen vom Stichtag mit einer Verzinsung von etwa 8 v. H. rechnen konnte. Bei den anschließenden Berechnungen ist deshalb von einem Zinssatz von 8 v. H. auszugehen. Als noch übersehbar ist ein Zeitraum von fünf Jahren anzunehmen.*

*(2) Der gesuchte, in einem Hundertsatz ausgedrückte gemeine Wert eines Anteils (G) ergibt sich demnach aus dem in einem Hundertsatz ausgedrückten Vermögenswert des Anteils (V), erhöht oder vermindert um den Unterschiedsbetrag zwischen dem Ertragshundertsatz des Anteils, berechnet auf fünf Jahre (5 E), und der Verzinsung des aufzuwendenden Kapitals, ebenfalls berechnet auf fünf Jahre. Da die Höhe des aufzuwendenden Kapitals gleich dem gesuchten gemeinen Wert ist,*

*ist dieser letztere Hundertsatz mit* $5\left(\dfrac{8\,G}{100}\right)$ *in die Rechnung einzusetzen.*

*Insgesamt ergibt sich dann folgende Gleichung:*

$$G = V + 5\left(E \swarrow \dfrac{8\,G}{100}\right) = \dfrac{71{,}43}{100}\,(V + 5\,E).$$

## V. Ermittlung des gemeinen Wertes

Der Hundertsatz von 71,43 wird zur Vereinfachung auf 70 abgerundet. Als gemeiner Wert sind also 70 v. H. der Summe aus Vermögenswert und fünffachem Ertragshundertsatz anzusetzen. Der den gemeinen Wert ausdrückende Vomhundertsatz ist auf einen vollen Punkt nach unten abzurunden. Beispiele: . . .

*(3) Besondere Umstände, die in den bisherigen Berechnungen nicht hinreichend zum Ausdruck gekommen sind, können noch durch Zu- oder Abschläge berücksichtigt werden Vorteile, die eine Kapitalgesellschaft aus der Verbindung zu anderen Unternehmen der Anteilseigner zieht, sind nicht durch einen Abschlag zu berücksichtigen (BFH, 17. 12. 1982, BStBl. 1983 II S. 192). Ein Abschlag ist z. B. bei den Gesellschaften geboten, bei denen nachhaltig unverhältnismäßig geringe Erträge einem großen Vermögen gegenüberstehen. Bei der Entscheidung, ob unverhältnismäßig geringe Erträge vorliegen, sind die Erträge aus Beteiligungen mit zu berücksichtigen, denn die Höhe der Verzinsung richtet sich nach dem eingesetzten Gesamtkapital (BFH, 23. 7. 1971, BStBl. 1972 II S. 5). Unverhältnismäßig geringe Erträge werden unterstellt, wenn die Rendite, d. h. das Verhältnis vom Ertragshundertsatz zum Vermögenswert, weniger als 4 v. H. ausmacht. In diesem Fall beträgt der Abschlag jeweils 3 v. H. des gemeinen Werts vor Abschlag für eine Renditenminderung von 0,4 v. H. Hiernach ergeben sich folgende Abschläge*

| bei einer<br>Rendite unter v. H. | Abschlag<br>in v. H. |
| --- | --- |
| 4,0 | 3 |
| 3,6 | 6 |
| 3,2 | 9 |
| 2,8 | 12 |
| 2,4 | 15 |
| 2,0 | 18 |
| 1,6 | 21 |
| 1,2 | 24 |
| 0,8 | 27 |
| 0,4 | 30 |

*Demgemäß ergibt sich bei einem Ertragshundertsatz von 0 v. H. ein gemeiner Wert von 49 v. H. des Vermögenswertes. Beispiel . . .*

*(4) Die schwere Verkäuflichkeit der Anteile und ihre Zusammenfassung in einer Hand begründen nicht ohne weiteres einen Abschlag oder einen*

*Zuschlag. Umstände, die auf den persönlichen Verhältnissen der Gesellschafter beruhen, müssen bei der Wertermittlung außer Betracht bleiben (BFH, 10. 12. 1971, BStBl. 1972 II S. 313). Bei der Bewertung der Anteile einer Familien-GmbH, bei der sich die nahe verwandten Anteilseigner gegenseitige Beschränkungen bei Veräußerung und Vererbung der Anteile auferlegt haben, kommt wegen dieser Beschränkungen kein Abschlag in Betracht (BFH, 11. 7. 1967, BStBl. 1967 III S. 666). Sind am Stichtag außer Gründungsgesellschaftern auch andere Anteilseigner an der Gesellschaft beteiligt, kommt ein Abschlag bei den später eingetretenen Gesellschaftern in Betracht. Für die Bewertung der Anteile der Gründungsgesellschafter gilt dies dann, wenn die Gesellschafter einzeln oder gemeinsam die für eine Änderung des Gesellschaftsvertrags erforderliche Mehrheit nicht haben (BFH, 23. 7. 1971, BStBl. 1972 II S. 4). Ob die Verfügungsbeschränkung in diesen Fällen eine ins Gewicht fallende Beeinträchtigung darstellt, ist gesondert zu prüfen. Ein Abschlag ist nicht gerechtfertigt, wenn Verkäufe zwar nicht an Außenstehende, jedoch an Gesellschafter und an die Gesellschaft mit Zustimmung der Gesellschafterversammlung zulässig sind (BFH, 24. 1. 1975, BStBl. 1975 II S. 374). Ein Sonderabschlag wegen der bei einem Verkauf der Anteile oder bei einer Liquidation der Gesellschaft anfallenden Ertragsteuern kommt nicht in Betracht (BFH, 6. 4. 1962, BStBl. 1962 III S. 253). Bei einer Unterkapitalisierung kann sich ein verhältnismäßig sehr hoher gemeiner Wert ergeben. Dieser Umstand rechtfertigt für sich allein keinen Abschlag. Ein Abschlag wegen Fehlens eigener Betriebsgrundstücke und -gebäude kommt nur in Ausnahmefällen in Betracht, insbesondere wenn mit einer alsbaldigen Beendigung der Nutzungsmöglichkeiten zu rechnen ist und der Betriebsablauf dadurch nachhaltig beeinträchtigt wird (BFH, 16. 4. 1984, BStBl. 1984 II S. 547).*

## 2. Rechtsprechung zu Abschnitt 79 VStR

BFH, 6. 4. 1962 – III 261/59 U (BStBl. 1962 III S. 253, BB 1962 S. 253)
BFH, 15.10. 1964 – III 359/61 (HFR 1965 S. 153)
BFH, 14. 10. 1966 – III 281/63 (BStBl. 1967 III S. 82, BB 1967 S. 199)
BFH, 11. 7. 1967 – III 21/64 (BStBl. 1967 III S. 666)
BFH, 22. 11. 1968 – III 115/65 (BStBl. 1969 II S. 225, BB 1969 S. 435)
BFH, 4. 7. 1969 – III 56/65 (BStBl. 1969 II S. 609)
BFH, 22. 5. 1970 – III R 80/67 (BStBl. 1970 II S. 610)
BFH, 23. 7. 1971 – III R 41/70 (BStBl. 1972 II S. 4, BB 1972 S. 29)
BFH, 23. 7. 1971 – III R 104/70 (BStBl. 1972 II S. 5, BB 1972 S. 29)
BFH, 10. 12. 1971 – III R 43/70 (BStBl. 1972 II S. 313)

## V. Ermittlung des gemeinen Wertes

BFH, 5. 10. 1973 – III R 8/72 (BStBl. 1974 II S. 77, BB 1974 S. 171)
BFH, 17. 5. 1974 – III R 156/72 (BStBl. 1974 II S. 626, BB 1974 S. 1110)
BFH, 4. 10. 1974 – III R 157/72 (BStBl. 1975 II S. 222, BB 1975 S. 411)
BFH, 24. 1. 1975 – III R 4/73 (BStBl. 1975 II S. 374, BB 1975 S. 502)
BFH, 28. 2. 1975 – III R 19/74 (BStBl. 1975 II S. 654, BB 1975 S. 1287)
BFH, 12. 12. 1975 – III R 30/74 (BStBl. 1976 II S. 238, BB 1976 S. 403)
BFH, 3. 12. 1976 – III R 98/74 (BStBl. 1977 II S. 235, BB 1977 S. 279)
BFH, 20. 10. 1978 – III R 31/76 (BStBl. 1979 II S. 34, BB 1979 S. 253)
BFH, 12. 3. 1980 – II R 143/76 (BStBl. 1980 II S. 463, BB 1980 S. 1735)
BFH, 17. 12. 1982 – III R 92/80 (BStBl. 1983 II S. 192, BB 1983 S. 490)
BFH, 16. 4. 1984 – III R 82/81 (BStBl. 1984 II S. 547, BB 1984 S. 1661)
BFH, 9. 5. 1985 – III R 184/80 (BStBl. 1985 II S. 608, BB 1985 S. 2032)
BFH, 6. 11. 1985 – II R 220/82 (BStBl. 1986 II S. 281, BB 1986 S. 677)

## Zu Abschnitt 79 Abs. 1 und 2 VStR

*a) Marktübliche Verzinsung*

**1** Ein fremder Käufer der Anteile wird den Betrag, der dem Vermögenswert der Anteile entspricht, zum Erwerb dieser Anteile nur dann aufwenden, wenn die Anteile einen Ertrag versprechen, der mindestens der marktüblichen Verzinsung des Kapitals entspricht (BFH, 18. 10. 1967, BStBl. 1968 II S. 105). Insoweit enthält Abschnitt 79 VStR einen allgemeinen Rechtsgedanken, der auf den wirtschaftlichen Erfahrungen beruht (BFH, 4. 7. 1969). Die dort angegebene „vage Zinshöhe" stellt jedoch keine absolute Grenze dar, sondern bedeutet nur einen Anhalt für das überschlägige Schätzungsverfahren (BFH, 4. 10. 1974 und BFH, 28. 2. 1975).

**2** Das Stuttgarter Verfahren beruht im Grundsatz auf der sog. Übergewinnmethode. Diese Methode versteht den Unternehmenswert als Summe des Teilreproduktionswerts und des Mehrwerts, der darauf beruht, daß das zu bewertende Unternehmen Gewinne über den Normalgewinn hinaus, sog. Übergewinne, erwirtschaftet. Ungeachtet des betriebswirtschaftlich noch nicht zu Ende geführten Streites zwischen Praxis und Theorie, ob eine Unternehmensbewertung nach der Mittelwertmethode oder nach der Übergewinnmethode aus dem Blickwinkel der Gesamtbewertung ordnungsgemäß sei oder nicht, wird das auf der Übergewinnmethode beruhende Stuttgarter Verfahren jedenfalls der Vorschrift des § 11 Abs. 2 Satz 2 BewG gerecht, wonach der gemeine Wert von Anteilen an Kapitalgesellschaften unter Berücksichtigung des Vermögens und der Ertragsaussichten zu schätzen ist. Das Gesetz schreibt nicht vor, mit welchem Gewicht das Vermögen einerseits und die Ertragsaussichten andererseits bei der Schätzung berücksichtigt werden müssen. Die Ertragsaussichten haben jedoch nach dem Stuttgarter Verfahren ein größeres Gewicht, als es der nominellen Berücksichtigung von drei (fünf) Jahreserträgen entspricht (vgl. Abschnitt 79 Abs. 2 VStR); denn der Gewinn dieser Jahre wird nicht mit dem (abgezinsten) Barwert, sondern mit dem durch Addition sich ergebenden Nominalwert angesetzt, und die Ertragsaussichten werden zu einem ermäßigten Vermögenswert in Beziehung gesetzt (BFH, 20. 10. 1978).

## Zu Abschnitt 79 Abs. 3 VStR

### b) Unangemessen niedrige Rendite

Nach Abschnitt 79 Abs. 3 VStR war früher ein Abschlag bis zu 30 v. H. vorgesehen, wenn unverhältnismäßig geringe Erträge einem großen Vermögen gegenüberstanden. Die Voraussetzungen für diesen Abschlag lagen nur vor, wenn die ausschüttungsfähigen Erträge erheblich niedriger waren als die unterstellte Normalrendite, d. h. mindestens unter 50 v. H. derselben lagen (BFH, 14. 10. 1966). Bei einer Normalrendite von 7 v. H. mußte sie z. B. danach mindestens unter 3 v. H. liegen (BFH, 4. 10. 1974). Ein ausschüttungsfähiger Ertrag von 3,3 v. H. des Vermögenswertes war zum 31. 12. 1962 im Verhältnis zu anderen Kapitalgesellschaften der gleichen Branche als Rendite nicht außergewöhnlich niedrig. Laut Statistischem Jahrbuch 1964 betrug die durchschnittliche Rendite von Aktien der Wirtschaftsgruppe Handel, zu der die GmbH gehörte, im Jahr 1962 2,42 v. H. und im Jahr 1963 2,43 v. H. des Kurswertes (BFH, 22. 5. 1970). Hinsichtlich der Höhe der Normalrendite ist diese Rechtsprechung heute überholt. **3**

Die Erträge aus Beteiligungen dürfen bei der Beurteilung, ob die Rendite angemessen ist, nicht unberücksichtigt bleiben; denn ein fiktiver Erwerber der Anteile würde auf die nachhaltige Gesamtverzinsung des von ihm für den Erwerb der Anteile aufzuwendenden Kapitals abstellen. Dabei wird es ihm in der Regel gleichgültig sein, wie die Kapitalgesellschaft ihren Gewinn erwirtschaftet, ob und in welchem Umfang das Betriebsergebnis auf der eigengewerblichen Tätigkeit beruht oder auf Beteiligungserträge zurückgeht. Wenn unter Einbeziehung der Beteiligungserträge die Rendite 7 v. H. beträgt, ist sie im Verhältnis zu anderen Kapitalgesellschaften keinesfalls außergewöhnlich niedrig (BFH, 23. 7. 1971). **4**

Zur Bewertung von Anteilen an einer GmbH, bei der nachhaltig unverhältnismäßig geringe Erträge einem großen Vermögen gegenüberstehen, kann ein Abschlag von dem errechneten Wert in Betracht kommen. Diese Regelung wird auch dem Fall gerecht, daß der gemeine Wert von Grundbesitz im Verhältnis zu den Anschaffungskosten stark angestiegen ist und

## V. Ermittlung des gemeinen Wertes

dadurch eine erhebliche Verschiebung des Verhältnisses von Vermögen und Ertrag eintritt. Sie ist einem Massenverfahren gemäßer als die Ermittlung eines unter dem gemeinen Wert liegenden Teilwerts des Grundbesitzes (BFH, 12. 12. 1975).

Das Stuttgarter Verfahren ist jedenfalls dann Ausdruck einer zugunsten des Steuerpflichtigen vorsichtigen Bewertung, wenn die Unternehmensrendite über den nach Abschnitt 79 Abs. 2 VStR anzusetzenden Vergleichszinssatz hinausgeht. In diesem Fall bleiben die Ergebnisse nach dem Stuttgarter Verfahren hinter dem Ergebnis anderer Schätzungsmethoden zurück; denn der Ertrag wird beim Ertragswertverfahren voll, bei der Mittelwertmethode mit der Hälfte und beim Stuttgarter Verfahren nur mit einem Drittel berücksichtigt. Das gilt aber auch, wenn die Unternehmensrendite unter dem Vergleichszinssatz liegt. Das Stuttgarter Verfahren würde deshalb in diesem Fall zu einem höheren Wert führen als die anderen Schätzungsmethoden. Durch die nach Abschnitt 79 Abs. 3 VStR möglichen Abschläge führt eine Unternehmensrendite von 0 nach dem Stuttgarter Verfahren zu rd. der Hälfte des Vermögenswerts und liegt damit auch gegenüber den anderen Schätzungsmethoden noch im Rahmen einer vorsichtigen Bewertung. Bis zu einem Verlust von 1 v. H. des Vermögenswerts ist dieser Wertansatz noch gerechtfertigt. Offen ist jedoch, ob es auch bei höheren Verlusten bei diesem Anhaltswert verbleiben kann (BFH, 6. 11. 1985). Hierzu vgl. auch Abschnitt 79 Rz. 39.

### Zu Abschnitt 79 Abs. 4 VStR

*c) Bindungen beim Verkauf*

5   Es ist möglich, daß die Gesellschafter beim Verkauf ihrer Anteile gewissen Bindungen unterliegen. Die Möglichkeiten solcher Bindungen der Gesellschafter (§ 15 Abs. 5 GmbHG) sind sehr umfangreich. In diesen Fällen ist ein besonderer Abschlag nicht ausgeschlossen, wenn nach den Vereinbarungen ein Verkauf der GmbH-Anteile erheblich erschwert werden sollte (BFH, 15. 10. 1964). Der Umstand, daß die Mehrheit der Gesellschafter dem Verkauf zustimmen muß, reicht allerdings noch nicht aus. Das wäre erst der Fall, wenn nach dem Gesellschaftsvertrag die Zustimmung aller Gesellschafter notwendig ist (BFH, 17. 5. 1974). Aber auch in diesem Fall wäre mindestens bei den Gesellschaftern, die eine qualifizierte Mehrheit der Anteile besitzen, davon auszugehen, daß es sich um persönliche Umstände handelt; denn sie könnten die Verfügungsbeschränkungen aufgrund ihrer Mehrheitsbeteiligung jederzeit wieder beseitigen. Die Verfügungsbeschränkungen dienen hier dem Schutz der GmbH gegen das Ein-

dringen fremder Kapitalanlagen und damit mittelbar auch den Gesellschaftern selbst. Die Voraussetzungen für einen Abschlag nach Abschnitt 79 Abs. 4 VStR sind deshalb hier nicht gegeben (BFH, 24. 1. 1975).

Eine Wertminderung der Anteile durch Verfügungsbeschränkungen ist nur aufgrund solcher Beschränkungen möglich, die den Anteilen arteigen sind. Persönliche Verfügungsbeschränkungen der gegenwärtigen Inhaber, die nicht gesellschaftlicher Natur sind und damit den Anteilen nicht anhaften, können dagegen nach § 9 Abs. 3 BewG nicht berücksichtigt werden. Die Tatsache, daß die Gesellschafter aufgrund letztwilliger Verfügung des vormaligen Hauptgesellschafters nicht ohne die Zustimmung der Testamentsvollstrecker über die Anteile verfügen können, muß deshalb für die Ermittlung des gemeinen Werts der Anteile außer Betracht bleiben (BFH, 3. 12. 1976).

*d) Bindungen bei Familiengesellschaften*

Bei einer Familien-GmbH, die ihrem Wesen nach eine engere gegenseitige Bindung als bei anderen Gesellschaften darstellt, bedingen die Beschränkungen im Erbfall keine Herabsetzung des im übrigen richtig ermittelten Anteilswerts. Eine gesetzliche Definition der Familiengesellschaft enthält § 76 Abs. 6 des Betriebsverfassungsgesetzes. Danach sind dies Kapitalgesellschaften, die nur eine einzelne natürliche Person als Gesellschafter haben oder deren Gesellschafter untereinander in gerader Linie oder in der Seitenlinie bis zum 3. Grad verwandt oder verschwägert sind (BFH, 11. 7. 1967). Hierzu vgl. auch § 15 AO.

6

Auch die Beschränkungen bei der Vererblichkeit sind bei einer echten Familiengesellschaft nicht zu berücksichtigen, selbst wenn diese Beschränkungen in den Gesellschaftsvertrag aufgenommen wurden. In der Versagung des Abschlags liegt weder ein Verstoß gegen Artikel 3 Abs. 1 GG noch ein Verstoß gegen Artikel 6 und 20 GG (BFH, 11. 7. 1967).

*e) Beschränkungen bei den Gründungsgesellschaftern*

Darauf, ob die Beschränkung im Gesellschaftsvertrag oder in einer späteren Vereinbarung zwischen den Gesellschaftern getroffen wurde, kommt es dann nicht an, wenn die am Stichtag vorhandenen Gesellschafter den Gesellschaftsvertrag abgeschlossen haben. Die Gesellschafter sind nämlich nicht in eine objektiv bestimmte GmbH eingetreten, sondern sie haben seinerzeit eine subjektive Regelung im eigenen und gegenseitigen Interesse getroffen. Anderenfalls könnte auf diese Weise ohne weiteres § 9 Abs. 2

7

## V. Ermittlung des gemeinen Wertes

BewG ausgeschaltet werden. Als die Gesellschafter sich bei der Gründung die Beschränkungen auferlegten, stand der jeweiligen Beschränkung des einzelnen durch seine eigene Behinderung die Belastung des oder der übrigen Gesellschafter zu seinen Gunsten gegenüber. Beides hebt sich auf, weil damit die Geschäftsführung gestrafft wird und dies zu einer inneren Stärkung des Unternehmens führt (BFH, 11. 7. 1967; 22. 1. 1968; 22. 5. 1970).

Wenn am Stichtag nicht mehr alle Gründungsgesellschafter an der Gesellschaft beteiligt sind, sondern einige von ihnen ausgeschieden und an ihre Stelle im Wege der Einzel- oder Gesamtrechtsnachfolge neue Gesellschafter eingetreten sind, kann der Abschlag nur bei den Anteilen der am Stichtag noch an der Gesellschaft beteiligten Gründungsgesellschaftern versagt werden, wenn sie einzeln oder gemeinsam die für eine Änderung des Gesellschaftsvertrags erforderliche Mehrheit haben; denn nur in diesem Fall kann unterstellt werden, daß sie an den im Gesellschaftsvertrag enthaltenen Beschränkungen festhalten wollen. Eine solche Unterstellung ist dagegen nicht möglich bei Gründungsgesellschaftern, die einzeln oder gemeinsam eine solche Mehrheit nicht haben. Ebensowenig ist sie möglich bei den später eingetretenen Gesellschaftern. Dies gilt ohne Rücksicht auf die Höhe ihrer Beteiligung (BFH, 23. 7. 1971).

### f) Schwere Verkäuflichkeit

8 Wenn nur ein Gesellschafter vorhanden ist und die Gründung der GmbH offensichtlich zu dem Zweck erfolgte, den Betrieb des Gesellschafters dadurch zu fördern, daß die GmbH die hergestellten Rohstoffe verarbeitet, so liegt wirtschaftlich betrachtet ein einheitliches Unternehmen vor, das nur rechtlich in zwei verschiedene Unternehmensteile zerlegt ist. Handelt es sich bei dem Gesellschafter ebenfalls um eine GmbH, so liegt die Regelung der Beziehungen der beiden GmbH's zueinander im gegenseitigen Interesse. Das gilt insbesondere, wenn auch die Haupt- bzw. Alleingesellschafter der beiden GmbH's miteinander identisch sind. Die sich aus dieser Regelung ergebende schwere Veräußerlichkeit der Anteile beruht auf persönlichen Verhältnissen und kann deshalb nicht durch einen Abschlag berücksichtigt werden. Ein unerlaubter Durchgriff im Sinne der Rechtsprechung des Bundesverfassungsgerichts ist hierin nicht zu erblicken. Der gemeine Wert ist nämlich ein objektiver Wert. Bei seiner Ermittlung müssen deshalb alle Umstände unberücksichtigt bleiben, die nur auf den persönlichen Verhältnissen des Eigentümers der zu bewertenden Wirtschaftsgüter beruhen. Bei der Anteilsbewertung bedeutet dies, daß alle Umstände außer

Betracht bleiben müssen, die auf die persönlichen Verhältnisse der Gesellschafter zurückzuführen sind (BFH, 10. 12. 1971).

*g) Betriebsgrundstück im Besitz eines Gesellschafters*

Daß ein betriebsnotwendiges Fabrikgrundstück nicht der GmbH, sondern einem Gesellschafter gehört, rechtfertigt so lange keinen Abschlag, als dadurch der Betrieb nicht beeinträchtigt wird (BFH, 15. 10. 1964). Es wurde allerdings auch die Auffassung vertreten, daß ein Käufer der Anteile einen wertmindernden Umstand darin erblicken kann, daß er über die zur Fortführung des Betriebs unentbehrlichen Wirtschaftsgüter nicht frei verfügen kann (BFH, 15. 10. 1964). Ein Abschlag ist allerdings nur in Ausnahmefällen möglich, wenn auf Grund konkreter Maßnahmen des Eigentümers mit einer alsbaldigen Beendigung der Nutzungsmöglichkeit gerechnet werden muß und dadurch der Betriebsablauf nachhaltig beeinträchtigt wird. Vor allem ist dann kein Abschlag möglich, wenn die GmbH und der verpachtende Eigentümer zu demselben Konzern gehören und keine Anzeichen dafür bestehen, daß die Konzernverbindung nicht mehr in der bisherigen Weise fortbestehen wird (BFH, 16. 4. 1984). 9

*h) Politisches Risiko*

Ein Abschlag nach Abschnitt 79 Abs. 3 Satz i VStR setzt das Vorliegen besonderer Umstände voraus, die in den Berechnungen nicht hinreichend zum Ausdruck kommen. Dabei ist insbesondere an Korrekturen zu denken, die aufgrund der bevorzugten Berücksichtigung des Vermögenswertes erforderlich werden. Im übrigen kommen nur objektive Umstände in Betracht, nicht aber allgemeine, auf Unwägbarkeiten beruhende Erwartungen oder Befürchtungen. Jedenfalls rechtfertigen danach allgemeine politische Erwägungen keinen Abschlag. Soweit dadurch Ausfälle eingetreten sind, kann davon ausgegangen werden, daß sie sich im Geschäftsergebnis und damit im Ertragshundertsatz niedergeschlagen haben (BFH, 25. 2. 1977). 10

*i) Konzernmäßige Verbindung*

Vorteile, die eine GmbH aus der konzernmäßigen Verbindung mit dem Unternehmen eines Gesellschafters zieht, können weder durch einen Zunoch durch einen Abschlag berücksichtigt werden; denn nach § 9 Abs. 2 BewG ist von dem Tatbestand dieser Verbindung auch bei einem Verkauf auszugehen. Wenn am Stichtag keine Anhaltspunkte für ein Ausscheiden 11

## V. Ermittlung des gemeinen Wertes

aus dem Konzernverbund bestehen, handelt es sich bei dem Verbund um außergewöhnliche und persönliche Verhältnisse, die nach § 9 Abs. 2 BewG nicht berücksichtigt werden können (BFH, 17. 12. 1982). Auch bei Abhängigkeit des Unternehmens von einem einzigen Auftraggeber ist ein Abschlag nicht möglich, selbst wenn bei einem Verkauf der Anteile an eine fremde Person das Auftragsverhältnis nicht fortgesetzt würde. Nach § 9 Abs. 2 BewG ist hier ebenfalls vom Fortbestehen des Auftragsverhältnisses auszugehen (BFH, 9. 5. 1985). Es ist deshalb auch kein Abschlag möglich, wenn die GmbH keine eigene Rohstoffversorgung hat, sondern mit den Rohstoffen von einem Gesellschafter versorgt wird (BFH, 10. 12. 1971).

### k) Andere Verfügungsbeschränkungen

12 Ein Abschlag wurde auch für den Fall abgelehnt, daß das Unternehmen der GmbH nur von einem einzigen Auftraggeber abhängt. Dabei ist es gleichgültig, ob es sich bei dem Auftraggeber um einen Gesellschafter oder eine andere Person handelt. Ebensowenig kann ein Abschlag nur deshalb gemacht werden, weil die im Unternehmen genutzten Betriebsgrundstücke nicht der GmbH gehören (BFH, 16. 4. 1984). Hierzu vgl. auch Abschnitt 79 Rz. 9.

Nach § 9 Abs. 2 BewG muß bei der Bewertung eines Wirtschaftsguts, also auch der Anteile, stets von der am Stichtag konkret vorhandenen Beschaffenheit und von allen zu diesem Zeitpunkt vorhandenen, für den Wert relevanten Eigenschaften ausgegangen werden. Für den zur Ermittlung des gemeinen Werts unterstellten hypothetischen Verkauf folgt daraus, daß ein Abschlag nicht deshalb gemacht werden kann, weil diese Verhältnisse für einen Käufer möglicherweise nicht gelten würden (BFH, 17. 12. 1982).

## 3. Ergänzende Anmerkungen zu Abschnitt 79 VStR

### Zu Abschnitt 79 Abs. 1 und 2 VStR

#### a) Bedeutung des Bewertungsverfahrens

13 Einerseits hat die BFH-Rechtsprechung festgestellt, daß eine absolute Bindung an das Stuttgarter Verfahren nicht besteht, wenn sich im Einzelfall eine ebenfalls einfache, jedoch genauere Bewertung anbietet (BFH, 25. 8. 1972). Danach könnte auch ein anderes der in der Betriebswirtschaft üblichen Verfahren anzuwenden sein. Andererseits hat sie aber auch wieder die Einschränkung gemacht, daß dies nur im Ausnahmefall gelten soll,

*Anmerkungen*

wenn das Stuttgarter Verfahren offensichtlich zu einem ganz falschen Ergebnis führen würde (BFH, 27. 10. 1978 und BFH, 10. 11. 1982). Im einzelnen vgl. hierzu Abschnitt 76 Rz. 7 ff. Eine andere Bewertungsmethode kann aber nur gelten, wenn sie entsprechend dem Wortlauf des § 11 Abs. 2 BewG sowohl vom Vermögen als auch von den Ertragsaussichten der GmbH ausgeht (BFH, 24. 1. 1975). In allen Fällen muß sich aber der Anwender stets auch über die Grundprinzipien des jeweils anzuwendenden Verfahrens, auch des Stuttgarter Verfahrens, klar werden. Die folgende Zusammenstellung soll deshalb die rechnerischen Auswirkungen der heute gebräuchlichen Bewertungsverfahren vergleichsweise darstellen. Dabei wird der Vermögenswert mit 100 angesetzt.

Danach beträgt der jeweilige Anteilswert (in v. H.)

| Tatsächliche Rendite in (v. H.) | 100 | 50 | 20 | 10 | 5 | 0 | ∕.5 | ∕.10 | ∕.20 |
|---|---|---|---|---|---|---|---|---|---|
| 1. Übergewinnmethode | | | | | | | | | |
| a) (Abschnitt 79 VStR 1972) | 340 | 212 | 136 | 110 | 97 | 85 | 72 | 59 | 34 |
| b) (Abschnitt 79 VStR 1986) | 390 | 227 | 104 | 97 | 81 | 65 | 48 | 32 | — |
| c) (Abschnitt 79 VStR 1989) | 420 | 245 | 140 | 105 | 86 | 70 | 52 | 35 | 0 |
| 2. Mittelwertformel | 550 | 300 | 150 | 100 | 75 | 50 | 25 | — | — |
| 3. Abgewandelte Mittelwertformel | 775 | 400 | 175 | 100 | 60 | 25 | — | — | — |
| 4. Reines Ertragswertverfahren | 1000 | 500 | 200 | 100 | 50 | — | — | — | — |

Der Anteilswert wurde nach folgender Formel berechnet:

zu Ziffer 1a): $\frac{85}{100}$ (Vermögenswert + 3 × Ertragshundertsatz) bei einem Vergleichszinssatz von 6 v. H.

zu Ziffer 1b): $\frac{65}{100}$ (Vermögenswert + 5 × Ertragshundertsatz) bei einem Vergleichszinssatz von 10 v. H.

### V. Ermittlung des gemeinen Wertes

zu Ziffer 1c:) $\frac{70}{100}$ (Vermögenswert + 5 × Ertragshundertsatz) bei einem Vergleichszinssatz von 8 v. H.

zu Ziffer 2: $\frac{\text{Vermögenswert} + \text{Ertragswert}}{2}$

zu Ziffer 3: $\frac{\text{Vermögenswert} + 3 \times \text{Ertragswert}}{4}$

zu Ziffer 4: nur Ertragswert

Bei den Ziffern 2 bis 4 wurde ein Kapitalisierungszinssatz von 10 v. H. unterstellt.

Bei einer Rendite, die ungefähr 10 v. H. ausmacht, haben die ermittelten Werte bei allen Bewertungsmethoden etwa dieselbe Höhe. Je weiter jedoch die tatsächliche Rendite nach oben oder nach unten davon abweicht, desto größer werden auch die Unterschiede zwischen den Ergebnissen der einzelnen Bewertungsmethoden. Da die Werte bei extremen Verhältnissen immer unrealistischer werden, bedarf es deshalb mehr oder weniger bei jeder Methode einer Korrektur des danach errechneten Werts. Da aber niemand sagen kann, welches der absolut richtige Wert ist, anderenfalls die Entwicklung und Anwendung von komplizierten Schätzungsverfahren sich erübrigen würde, können diese Korrekturen jeweils nur nach einem ganz groben Maßstab vorgenommen werden. Das gilt auch beim Stuttgarter Verfahren.

Die Zusammenstellung zeigt weiter, daß die Anteilswerte, die sich nach Abschnitt 79 Abs. 1 VStR ergeben, im Verhältnis zu den Ergebnissen der anderen Bewertungsmethoden noch eine relativ ausgeglichene Höhe haben. Trotzdem müssen aber auch hier noch Korrekturen durchgeführt werden. Bei geringen Erträgen oder bei Verlusten erfolgt diese Korrektur bei der Berechnung des Anteilswerts (Abschnitt 79 Abs. 3 VStR). Bei zu hohen Erträgen besteht eine Korrekturmöglichkeit in Abschnitt 78 Abs. 2 VStR. Diese Korrekturen würden danach schon bei der Ermittlung des Ertragshundertsatzes zu machen sein. Die Anweisungen in Abschnitt 78 Abs. 2 VStR sind aber deshalb nicht ausreichend, weil sie auf bestimmte Einzelfälle abstellen, obwohl es sich im Ergebnis um eine grundsätzliche Regelung handelt. Eine Änderung ist bisher allerdings auch nicht durch die Rechtsprechung erfolgt. Hierzu vgl. auch Abschnitt 78 Rz. 29 ff.

**14** Nach herrschender Auffassung in der Betriebswirtschaftslehre würde für eine Unternehmensbewertung allein ein Ertragswertverfahren in Betracht kommen. Die in Abschnitt 79 Abs. 1 VStR vorgesehene Methode wäre danach überholt. Demgegenüber hat sich aber auch in der außersteuerlichen Unternehmensbewertung bisher ein reines Ertragswertverfahren nicht durchsetzen können. So wird z. B. auch in der Rechtsprechung der Zivilgerichte grundsätzlich ein Kombinationsverfahren angewandt. Im übrigen wird sich ein zutreffender Unternehmenswert sowieso kaum feststellen lassen. Hierzu darf auch auf die Ausführungen eines renommierten Praktikers auf dem Gebiet der Unternehmensbewertung verwiesen werden, der dazu feststellte, daß hier „überhaupt mehr argumentiert als gerechnet wird", daß „die Methoden des orientalischen Teppichhandels gebräuchlicher sind, als die Literatur annimmt" (Zimmerer im Steuerberater-Jahrbuch 1981/82 S. 242 ff.). Es erübrigt sich deshalb, hier noch weiter auf die Diskussion um das Thema Unternehmensbewertung, Ermittlung des Geschäftswerts, Bewertung von Anteilen usw. näher einzugehen. Für die Praxis, d. h. bei 350 000 GmbH's im Bundesgebiet (Betrieb 1987 S. 2588), für die eine Anteilsbewertung für steuerliche Zwecke durchgeführt werden muß, ist es in erster Linie wichtig, daß ein bestimmtes Bewertungsverfahren für alle Beteiligten verbindlich ist, auch wenn es in seinen theoretischen Grundlagen umstritten sein mag, daß es eine möglichst gleichmäßige und praktikable Durchführung ermöglicht (BFH, 4. 5. 1984), in Einzelheiten allerdings auch die Möglichkeit von Korrekturen zuläßt und im übrigen zu einer „vorsichtigen Bewertung" führt (BFH, 12. 3. 1980). Im einzelnen vgl. hierzu auch Abschnitt 76 Rz. 5 ff.

Bei der Ermittlung des gemeinen Werts des GmbH-Anteils ist wie in den folgenden Beispielen zu verfahren. **15**

Beispiel A:

| | | |
|---|---|---|
| Stammkapital | 90 000 DM | |
| Vermögen | 120 000 DM | |
| Abschlag | 18 000 DM | |
| verbleiben | 102 000 DM | |
| Vermögenswert | | 113,33 v. H. |
| Jahresertrag | 9 000 DM | |
| ∕. 30 v. H. von 9000 | ∕. 2700 DM | |
| verbleibender Ertrag | 6300 DM | |
| Ertragshundertsatz | | 7 v. H. |

Gemeiner Wert: $\frac{70}{100} \times (113 \text{ v. H.} + 5 \times 7 \text{ v. H.}) = \frac{70}{100} \times 148 \text{ v. H.} = \quad 103 \text{ v. H.}$

Beispiel B:

| | | |
|---|---|---|
| Stammkapital | 300 000 DM | |
| Vermögen | 1 000 000 DM | |
| Abschlag | 150 000 DM | |
| verbleiben | 850 000 DM | |
| Vermögenswert | | 283,33 v. H. |

## V. Ermittlung des gemeinen Wertes

| | |
|---|---|
| Jahresertrag | 300 000 DM |
| ./. 30 v. H. von 30 000 | ./. 90 000 DM |
| verbleibender Ertrag | 210 000 DM |
| Ertragshundertsatz | 70 v. H. |

Gemeiner Wert: $\frac{70}{100}$ × (283 v. H. + 5 × 70 v. H.) = $\frac{70}{100}$ × 633 v. H. = 443 v. H.

Für eine ganz grobe Berechnung könnte auch folgendes vereinfachte Schema ausreichen:

Vermögenswert (V) = V × 59,5 =
Ertragswert (E) = (E ./. 30 v. H.) × 350 v. H. =
Unternehmenswert (U) = V + E =
Anteilswert = U bezogen auf Nennkapital =

Zur weiteren Vereinfachung unterbleibt die Berücksichtigung der steuerlich nicht abzugsfähigen Aufwendungen bei der Ermittlung der Ertragsaussichten.

Ergibt sich ein negativer Vermögenswert, so ist dieser ebenfalls in die Berechnung des Anteilswertes einzubeziehen. Bleibt es allerdings auch unter Berücksichtigung eines positiven Ertragshundertsatzes immer noch bei einem negativen Wert, so ist der Anteilswert mit 0 v. H. anzusetzen; denn ein GmbH-Anteil mit negativem Wert ist nicht möglich. Sollte allerdings der negative Vermögenswert eine Folge der Anwendung von steuerlichen Bewertungsvorschriften sein, z. B zu niedriger Einheitswerte (mit Zuschlag) beim Grundbesitz, so müßten entweder die Korrekturen nach Abschnitt 77 VStR nochmals überprüft werden, es könnte aber auch ein Zuschlag nach Abschnitt 79 Abs. 3 Satz 1 VStR gemacht werden, weil die tatsächlichen Vermögensverhältnisse der GmbH in dem gemeinen Wert nicht hinreichend zum Ausdruck gekommen sind.

**16** Der bei der Übergewinnmethode anzuwendende Vergleichszinssatz in Abschnitt 79 Abs. 1 VStR ist bei der Vorbereitung der Vermögensteuerrichtlinien 1989 besonders umstritten gewesen. Er wurde nämlich von 10 v. H auf 8 v. H. herabgesetzt, nachdem zunächst ein Vergleichszinssatz von 6 v. H vorgesehen war. Allein durch diese Maßnahme ergibt sich ein gemeiner Wert für die Anteile, der unter Berücksichtigung der abgerundeten Zahlen (s. o.) um mehr als 7,5 v. H. über dem bis 1988 geltenden liegt. Hierzu vgl. die nachfolgende Tabelle:

| Üblicher Zinssatz in v. H. | Formel zur Ermittlung des gemeinen Werts |
|---|---|
| 10 | $\frac{66,67}{100} \times (G + 5 \times E)$ |
| 9 | $\frac{68,96}{100} \times (G + 5 \times E)$ |
| 8 | $\frac{71,42}{100} \times (G + 5 \times E)$ |
| 7 | $\frac{74,07}{100} \times (G + 5 \times E)$ |
| 6 | $\frac{76,92}{100} \times (G + 5 \times E)$ |

Der Vergleichszinssatz richtet sich weitgehend nach der üblichen Verzinsung für festverzinsliche Wertpapiere. Ab 1974 galt bis 1986 ein Vergleichszinssatz von 10 v. H. Im Jahre 1977 war zwar der übliche Zinssatz auf 6 v. H. zurückgegangen. Da man damals aber die Auswirkungen der Körperschaftssteuerreform noch nicht übersehen konnte, blieb es bei dem Vergleichszinssatz von 10 v. H. Im Jahre 1980 und danach waren die Abweichungen zwischen dem Vergleichszinssatz von 10 v. H. und dem üblichen Zinssatz relativ gering. Inzwischen war zwar der übliche Zinssatz auf 6 v. H. zurückgegangen. Demgegenüber würde der für 1988 endgültig festgelegte Vergleichszinssatz von 8 v. H. durchaus vertretbar sein. Heute muß man aber feststellen, daß seit Jahresbeginn die Zinsen für festverzinsliche Wertpapiere wieder ansteigen und inzwischen wieder bei 7. v. H. liegen. Zwar ist es üblich, daß ein fiktiver Käufer von Anteilen wegen des im unternehmerischen Bereich erhöhten Risikos bei der Ermittlung des Anteilswertes eine höhere übliche Verzinsung als bei festverzinslichen Wertpapiere ansetzen würde. Der Forderung nach einer höheren üblichen Verzinsung bei Unternehmensbeteiligungen wäre deshalb grundsätzlich auch hier zuzustimmen. Beim Stuttgarter Verfahren wird dem jedoch bereits dadurch Rechnung getragen, daß der Durchschnittsertrag sehr vorsichtig geschätzt und darüber hinaus ein Abschlag von 30 v. H. gewährt wird. Hierzu vgl. Abschnitt 78 VStR. Gleichwohl ist die Herabsetzung des Vergleichszinssatzes von 10 v. H. auf 8 v. H. bei den heutigen wirtschaftlichen Gegebenheiten nicht bedenkenfrei.

V. *Ermittlung des gemeinen Wertes*

## Zu Abschnitt 79 Abs. 3 VStR

*b) Abschlag bei zu geringen Erträgen*

**17** Da sich beim Stuttgarter Verfahren der Vermögenswert stärker auswirkt als der Ertrag (etwa im Verhältnis 2:1), erscheint es, um dem Grundsatz einer vorsichtigen Bewertung zu entsprechen, geboten, die Auswirkungen „unverhältnismäßig geringer Erträge" besonders zu berücksichtigen. Dies soll durch den Abschlag in Abschnitt 79 Abs. 3 VStR geschehen. Nach der BFH-Rechtsprechung liegt es nahe, einen unverhältnismäßig geringen Ertrag dann anzunehmen, wenn er, bezogen auf das Eigenkapital, d. h. hier auf den ermittelten Vermögenswert, nicht mehr als die Hälfte der unterstellten Normalrendite ausmacht. Hierzu vgl. Abschnitt 79 Rz. 3. Bei der in Abschnitt 79 Abs. 1 VStR unterstellten Normalrendite von 8 v. H. soll demgemäß ein Abschlag erst bei einer tatsächlichen Rendite in Betracht kommen, die weniger als 4 v. H. beträgt. Es soll dann für den Abschlag jeweils auf den Unterschied zwischen dem Zinssatz von 4 v. H. und der darunterliegenden tatsächlichen Rendite abgestellt werden. Die sich danach ergebenden Abschläge sind in Abschnitt 79 Abs. 3 VStR angegeben. Bei ihrer Anwendung ist die errechnete Rendite jeweils auf eine Stelle hinter dem Komma abzurunden. Der Abschlag ist nicht vom Vermögenswert, sondern jeweils von dem bis dahin wie im Regelfall berechneten Anteilswert zu machen.

Beispiel:

| | |
|---|---:|
| Vermögenswert | 113,33 v. H. |
| Ertragshundertsatz | 0 v. H. |
| gemeiner Wert vor Abschlag: $\frac{70}{100} \times (113{,}33 \text{ v. H.} ./. 0 \text{ v. H.}) =$ | 79,1 v. H. |

Abschlag bei Rendite von 0 = 30 v. H.

| | |
|---|---:|
| gemeiner Wert nach Abschlag = 70 v. H. von 79 v. H. = | 55,3 v. H. |

**18** Der Abschlag setzt zwar voraus, daß der niedrige Ertrag auch nachhaltig zu erwarten ist (FG Baden-Württemberg, 24. 6. 1982, EFG 1983 S. 161). Die Frage der Nachhaltigkeit muß aber schon bei der Ermittlung des Ertragshundertsatzes geprüft worden sein. Sie kann deshalb nicht nochmals als besondere Voraussetzung für den Abschlag gefordert werden.

Bei dieser Berechnung ergeben sich, bezogen auf einen Vermögenswert von 100 v. H. und bei einer Normalrendite (Vergleichszins) von 8 v. H. gegenüber dem Anteilswert vor dem Abschlag folgende Anteilswerte:

| bei einer Rendite v. H. | Anteilswert vor Abschlag v. H. des Vermögenswertes | Anteilswert nach Abschlag v. H. des Vermögenswertes |
|---|---|---|
| 4 | 84 | 79 |
| 3 | 80 | 73 |
| 2 | 77 | 63 |
| 1 | 73 | 55 |
| 0 | 70 | 49 |

Bei einer ertraglosen GmbH entspricht der Anteilswert von 49 v. H. des Vermögenswerts, wie er sich nach dem Abschlag ergibt, dem Anteilswert, der sich auch bei Anwendung der Mittelwertformel ergeben und dort 50 v. H. betragen würde. Bei einem reinen Ertragswertverfahren würde sich ein Anteilswert von 0 DM ergeben, bei dem man infolgedessen wieder zu Korrekturen in die andere Richtung kommen müßte.

Bei der Bewertung der Anteile an einer GmbH, die mit Verlust arbeitet, muß, da ein negativer Ertragshundertsatz nach Abschnitt 78 Abs. 4 VStR ausgeschlossen sein soll, ebenfalls von einer Rendite von 0 DM ausgegangen werden. Auch bei größeren Verlusten würde danach ein Anteilswert von rd. 50 v. H. des Vermögenswerts nicht unterschritten werden können. Dieses Ergebnis ist allerdings nicht unproblematisch. Hierzu vgl. Abschnitt 79 Rz. 39.

Die Berücksichtigung eines negativen Ertragshundertsatzes ist zwar nach Abschnitt 78 VStR ausgeschlossen. Die BFH-Rechtsprechung hat es aber tatsächlich offen gelassen, ob nicht auch eine bevorstehende Verlustperiode der GmbH in irgendeiner Form bei den Berechnungen beachtet werden müßte. Hierzu vgl. Abschnitt 78 Rz 39. Dies könnte dann durch einen Abschlag geschehen, der auch über 30 v. H. hinausgeht.

Genauso wie die Grenze von 30 v. H. völlig gegriffen war, könnte man für diesen Fall auch eine Grenze von 50 v. H. vorsehen und die Tabelle in Abschnitt 79 Abs. 3 VStR vielleicht wie folgt weiterführen:

## V. Ermittlung des gemeinen Wertes

| Rendite | Abschlag in v. H. |
|---|---|
| unter ⁒ 1 bis ⁒ 2,5 | 33 |
| unter ⁒ 2,5 bis ⁒ 4,0 | 36 |
| unter ⁒ 4,0 bis ⁒ 6,0 | 39 |
| unter ⁒ 6,0 bis ⁒ 8,0 | 42 |
| unter ⁒ 8,0 bis ⁒ 10,0 | 45 |
| unter ⁒ 10,0 | 50 |

Dies sollte im Einzelfall umso leichter möglich sein, als auch der Anhaltswert von rd. 50 v. H schon nach der derzeitigen Rechtslage unterschritten werden kann, wenn er mit einem Abschlag nach Abschnitt 79 Abs. 4 VStR wegen schwerer Verkäuflichkeit zusammentrifft und beide Abschläge zu einem einheitlichen Abschlag zusammengefaßt werden (FinMin NW, 21. 8. 1980, Betrieb 1980 S. 1820). Für den Regelfall dürften nämlich kaum Zweifel daran bestehen, daß Anteile an einer ertraglosen oder mit Verlusten arbeitenden GmbH nur schwer verkäuflich sind.

**19** Aus den Anweisungen in Abschnitt 79 Abs. 3 VStR könnte gefolgert werden, daß der Abschlag nur bei einer GmbH mit einem besonders großen Gesellschaftsvermögen zulässig ist. Dies ist zwar ein typischer Fall. Der Abschlag ist jedoch keineswegs nur hierauf beschränkt. Der Hinweis in Abschnitt 79 Abs. 3 VStR hätte deshalb gestrichen werden müssen, was leider nicht geschehen ist. Es kommt nämlich allein auf die Relation zwischen dem Ertragshundertsatz und dem Vermögenswert an. Aus welchen Gründen sich danach die niedrige Rendite ergibt, ist dabei gleichgültig. Der Abschlag würde deshalb auch bei der Bewertung der Anteile an einer Komplementär-GmbH in Betracht kommen können, die schon ihrer Zweckbestimmung entsprechend in der Regel nicht besonders kapitalintensiv sein wird (OFD Koblenz, 19. 1. 1981, VSt-Kartei § 11 Abs. 2 BewG Karte 22) und als Geschäftsführerin einer GmbH & Co. KG nur ganz geringe Erträge zugewiesen erhält. Anderer Ansicht allerdings OFD Düsseldorf, 30. 1. 1979 (Betrieb 1979 S. 526).

Es gibt verschiedene Fälle, in denen bei der Anteilsbewertung nicht vom ausschüttungsfähigen Ertrag, sondern von der tatsächlich ausgeschütteten Dividende auszugehen ist. Das gilt z. B., wenn der Gesellschafter keinen Einfluß auf die Geschäftsführung der GmbH hat (Abschnitt 80 Abs. 1 VStR). Wenn die GmbH unverhältnismäßig geringe Erträge oder gar Verluste hat, kann davon ausgegangen werden, daß sich dies auch auf den nach der ausgeschütteten Dividende ermittelten Anteilswert auswirkt. Der Abschlag kann deshalb hier ebenfalls gemacht werden. Hierzu vgl. Abschnitt 80 Rz. 16.

*c) Unterkapitalisierte GmbH*

Im Gegensatz zur kapitalintensiven GmbH mit einem großen Eigenkapital und geringen Erträgen steht bei der unterkapitalisierten GmbH nicht die Rendite, sondern das Stammkapital in einem Mißverhältnis zum Eigenkapital. Das Stammkapital ist hier so niedrig, daß sich Vermögenswerte von 500, 1000 v. H. oder von noch größeren Beträgen ergeben. Zahlenmäßig kann sich auch hier ein hoher Ertragshundertsatz ergeben. Dies allein ist aber noch kein Grund für einen Abschlag. Erst wenn der Ertragshundertsatz im Verhältnis zum Vermögenswert relativ niedrig ist, könnten auch hier die Voraussetzungen für einen Abschlag nach Abschnitt 79 Abs. 3 VStR gegeben sein. Wenn in Abschnitt 79 Abs. 4 VStR ausdrücklich festgestellt wird, daß die Tatsache der Unterkapitalisierung für sich allein einen Abschlag nicht rechtfertigen kann, ist dies durchaus zutreffend. **20**

*d) Verfügungsbeschränkungen*

Auch bei der Anteilsbewertung gilt der Grundsatz, daß Verfügungsbeschränkungen nicht berücksichtigt werden dürfen, wenn sie in der Person des Gesellschafters begründet sind (§ 9 Abs. 3 BewG). Zwar wurde für die Ertragsteuern festgestellt, daß eine zwar sachbezogene, gleichwohl aber persönliche Verpflichtung auf den Wert einer Beteiligung keinen Einfluß haben kann (BFH, 17. 10. 1974 – IV R 223/72, BStBl. 1975 II S. 58, BB 1975 S. 78). Eine Abgrenzung zwischen personenbezogenen und sachbezogenen Verfügungsbeschränkungen dürfte aber im Einzelfall sehr schwierig sein. Die Auswirkungen von Bindungen und Verfügungsbeschränkungen gesellschaftsrechtlicher oder persönlicher Art auf den Anteilswert sind zwar von der Rechtsprechung eingehend behandelt worden. Hierzu vgl. Abschnitt 79 Rz. 6 ff. Danach würde jedenfalls eine Berücksichtigung von Verfügungsbeschränkungen, die in der Person des Gesellschafters begründet sind, ausgeschlossen sein (FG München, 14. 3. 1988, EFG 1988 S. 402). Im Vordergrund stehen dabei erbrechtliche Verfügungsbeschränkungen, z. B. Anordnung einer Testamentsvollstreckung, einer Vor- und Nacherbschaft, von Auflagen u. a. mehr, Verfügungsbeschränkungen im Zusammenhang mit einer Schenkung, z. B. Veräußerungsverbot, Stimmrechtsvorbehalt u. a. mehr, im Zusammenhang mit einem Kauf z. B. Rücktrittsvorbehalt, auflösende Bedingungen u. a. mehr. **21**

## V. Ermittlung des gemeinen Wertes

Bei den Verfügungsbeschränkungen, die nach Satzung oder Gesellschaftsvertrag mit den Anteilen unmittelbar verbunden sind, ist der Einfluß auf den Anteilswert u. U. so evident, daß er kaum unbeachtet bleiben kann. Da bei der Anteilsbewertung als Bewertungskomponenten zunächst nur das Vermögen und die Ertragsaussichten der GmbH herangezogen werden, ergibt sich deshalb die Frage, ob und inwieweit Verfügungsbeschränkungen dieser Art nicht doch zu berücksichtigen sind. Wenn sie nämlich zu einer Wertminderung der Anteile führen, können sie kaum außer Betracht bleiben. Die Schwierigkeit besteht hier allerdings in der Feststellung, wann und in welchem Umfang dies der Fall ist.

22 Bei Aktien, die jederzeit von der Gesellschaft zum Nennwert (mit oder ohne Aufgeld) zurückgefordert werden können, soll z. B. unterschieden werden zwischen Aktien mit persönlicher Rückgabeverpflichtung, auf die es bei der Bewertung nicht ankommt, und Aktien mit gesellschaftsrechtlich verankerter Rückgabeverpflichtung, die dagegen zu beachten ist. Hierzu vgl. Abschnitt 74 Rz. 24. Läßt sich möglicherweise bei Aktien noch eine solche Unterscheidung treffen, so ist sie bei GmbH-Anteilen meist schon deshalb ausgeschlossen, weil hier gesellschaftsrechtliche Vereinbarungen weitgehend auch durch persönliche Umstände der Gesellschafter beeinflußt sind, also eine Differenzierung zwischen Beschränkungen im Gesellschaftsvertrag und außerhalb desselben kaum möglich sein dürfte. Die BFH-Rechtsprechung schließt bei Familiengesellschaften eine Berücksichtigung von Verfügungsbeschränkungen gleich welcher Art sowieso aus. Hierzu vgl. Abschnitt 79 Rz. 6 ff. Bei einer anderen GmbH sollen sie dann beachtet werden können, wenn die betroffenen Gesellschafter nicht zu den Gründungsgesellschaftern gehören. Diese Unterscheidung vermag allerdings auch kaum zu überzeugen. Die satzungsgemäßen Bindungen, denen die von einer Familienstiftung gehaltenen Anteile unterliegen, sollen ebenfalls nicht durch einen Abschlag berücksichtigt werden können. Dies würde schon deshalb gelten, weil sie auch von Vorteil sein können (FG Düsseldorf, 29. 9. 1981, EFG 1982 S. 452 und 453).

23 Im Prinzip hängt die Unterscheidung weitgehend davon ab, ob die Anteile, für die eine Verfügungsbeschränkung gilt, Einfluß auf die Geschäftsführung der GmbH gewähren. Ein Gesellschafter, der diesen Einfluß hat, besitzt nämlich auch die Möglichkeit, solche Verfügungsbeschränkungen und Bindungen wieder aufzuheben, oder anders ausgedrückt, er ist auch persönlich bereit, sie zu tolerieren. Insoweit sollte dann auch deren Berücksichtigung durch § 9 Abs. 3 BewG ausgeschlossen sein. Anders ist es dagegen bei einem Gesellschafter, der keinerlei Einfluß auf die Geschäftsführung der GmbH ausüben kann. Bei wirtschaftlicher Betrachtung ist unter diesen

Umständen dessen Anteil auch weniger wert. Jedenfalls würde ein Erwerber des Anteils, da auch er die Verfügungsbeschränkungen nicht ändern kann, die dadurch bedingten Wertminderungen sehr wohl bei der Bildung des Kaufpreises berücksichtigen. Inwieweit ein Gesellschafter Einfluß auf die Geschäftsführung der GmbH hat, sollte hier dann ebenfalls nach den Grundsätzen des Abschnitts 80 VStR entschieden werden.

Würden danach etwaige Verfügungsbeschränkungen berücksichtigt werden können, so bleibt die Frage, wie deren Auswirkungen auf die Anteilsbewertung zu beurteilen sind. Vermutlich wäre dies nur durch einen Abschlag möglich, dessen Höhe griffweise geschätzt werden muß. Wegen der bereits sehr günstigen Bewertung solcher Anteile nach Abschnitt 80 VStR dürfte ein weiterer zusätzlicher Abschlag aber vielfach gar nicht mehr erforderlich sein. Beschränkt man sich auf eine solche Regelung, so würde sich damit im Einzelfall auch jede weitere Diskussion zur Frage, in welchem Ausmaß Verfügungsbeschränkungen berücksichtigt werden können, erübrigen.

Wenn die Verfügungsbeschränkungen darin bestehen, daß der Anteil nur zum Nennwert veräußert werden kann oder zurückgenommen wird oder bei einer Liquidation der GmbH nur der Nennwert dafür ausgezahlt wird, kommt es auch hier auf den Nennwert als Vermögenswert an. Hierzu vgl. Abschnitt 74 Rz. 24. Der sich nach Abschnitt 77 VStR ergebende Vermögenswert müßte dann aber auch gelten, wenn er unter dem Nennwert liegt. 24

### e) Sonstige Korrekturen

Ausdrücklich sind bisher weitere Gründe für einen Abschlag weder von der Finanzverwaltung noch von der Rechtsprechung anerkannt worden. Es ist auch nicht zu erwarten, daß sich hieran in Zukunft etwas ändern wird, obwohl die Möglichkeit eines Abschlags aus anderen Gründen nicht ausgeschlossen ist. Die dafür in Betracht kommenden Umstände sind allerdings so sehr auch von subjektiven Einflüssen abhängig, daß ein Abschlag im Einzelfall kaum noch ziffernmäßig festgelegt werden kann. Es ist aber auch nicht damit zu rechnen, daß seitens der Finanzverwaltung von der ebenfalls in Abschnitt 79 Abs. 3 VStR vorgesehenen Möglichkeit eines Zuschlags Gebrauch gemacht wird. 25

# VI. Ermittlung des gemeinen Wertes für Aktien und Anteile ohne Einfluß auf die Geschäftsführung

## 1. Wortlaut des Abschnitts 80 VStR

*(1) Gewährt der Besitz von Aktien und Anteilen keinen Einfluß auf die Geschäftsführung, so ist dies bei der Ermittlung des gemeinen Wertes dieser Aktien und Anteile zu berücksichtigen. Ob diese Voraussetzung vorliegt, kann nur nach den Verhältnissen des einzelnen Falles beurteilt werden. Dies kann insbesondere bei Gesellschaften mit vielen Gesellschaftern der Fall sein. In der Regel kann dies angenommen werden*

1. *bei einem Anteilsbesitz von weniger als 5 v. H. bei einer Aktiengesellschaft und weniger als 10 v. H. bei einer GmbH in jedem Fall (BFH, 5. 7. 1968, BStBl. II S. 734);*

2. *bei einem Anteilsbesitz zwischen 5 oder 10 v. H. und 25 v. H. des Nennkapitals, wenn ein anderer Gesellschafter eine Beteiligung von mehr als 50 v. H. hat. Ist ein Gesellschafter mit einem Anteilsbesitz von mehr als 50 v. H. nicht vorhanden, so kommt es darauf an, welche Einwirkungsmöglichkeiten der einzelne Gesellschafter auf die Geschäfte der Hauptversammlung bzw. Generalversammlung hat (BFH, 23. 7. 1976, BStBl. 1976 II S. 706 und BFH, 6. 10. 1978, BStBl. 1979 II S. 6).*

*Bei einem Anteilsbesitz von mehr als 25 v. H. des Nennkapitals ist stets ein Einfluß auf die Geschäftsführung anzunehmen (BFH, 2. 10. 1981, BStBl. 1982 II S. 8). Wenn die Kapitalgesellschaft eigene Anteile besitzt, ist der Anteilsbesitz des Steuerpflichtigen an dem um die eigenen Anteile der Kapitalgesellschaft verminderten Nennkapital zu messen (BFH, 24. 9. 1970, BStBl. 1971 II S. 89).*

*(2) Handelt es sich um Aktien oder Anteile, die keinen Einfluß auf die Geschäftsführung gewähren, so sind sie abweichend von den Anweisungen in den Abschnitten 77 bis 79 Abs. 1 bis 3 in der Weise zu bewerten, daß das nach Abschnitt 77 ermittelte Vermögen nicht um 15 v. H., sondern um 25 v. H. gekürzt wird. Bei der Berechnung des Ertragshundertsatzes der in Satz 1 bezeichneten Aktien und Anteile ist nicht von den nach Abzug des Abschlags nach Abschnitt 78 Abs. 3 verbleibenden Erträgen, sondern von*

*der tatsächlich in den letzten drei Jahren vor dem Bewertungsstichtag ausgeschütteten Dividende zuzüglich der nach §§ 36 ff. EStG anzurechnenden oder zu vergütenden Körperschaftsteuer auszugehen. Ist der Ertragshundertsatz nach Abschnitt 78 Abs. 4 niedriger, so ist dieser maßgebend. Der Abschlag wegen unverhältnismäßig geringer Erträge (Abschnitt 79 Abs. 3) ist wie in den Fällen der Normalbewertung zu berechnen. Um diesen Abschlag ist dann aber der Wert zu kürzen, der sich nach den Sätzen 1 bis 3 ergibt. Beispiel: . . .*

*(3) Bei der Prüfung, ob ein Einfluß auf die Geschäftsführung besteht, sind nicht nur die Anteile des Gesellschafters, sondern auch solche Anteile mit zu berücksichtigen, die ihm zwar nicht gehören, ihm aber die Ausübung der Gesellschafterrechte ganz oder teilweise ermöglichen. Wegen der Zusammenrechnung von Ehegattenanteilen oder Anteilen der Eltern und ihrer Kinder bei der Prüfung der Einflußmöglichkeit auf die Geschäftsführung vgl. Abschnitt 74 Abs. 4 Sätze 4 bis 8. Diese Anteile sind nach den gleichen Grundsätzen wie die Anteile des Gesellschafters zu bewerten. Eine atypische Unterbeteiligung an dem Stammkapital einer GmbH ist nicht deshalb ohne Einfluß auf die Geschäftsführung der GmbH, weil nach dem Unterbeteiligungsverhältnis nur der Hauptbeteiligte die Gesellschaftsrechte gegenüber der GmbH ausüben kann (BFH, 12. 5. 1978, BStBl. 1978 II S. 520). Gleiches gilt, wenn an den Anteilen ein Nießbrauch besteht und der Nießbrauchsberechtigte die Stimmrechte ausüben kann.*

*(4) In den Fällen, in denen die in der Hand eines Gesellschafters vereinigten Anteile Beteiligungscharakter besitzen, haben sich die zu einem Paketzuschlag führenden Gesichtspunkte bereits bei der Ermittlung des gemeinen Wertes der Anteile nach den Anweisungen in den Abschnitten 77 bis 79 ausgewirkt. Ein Paketzuschlag (vgl. Abschnitt 74 Abs. 4) kommt nicht in Betracht.*

## 2. Rechtsprechung zu Abschnitt 80 VStR

BFH, 5. 7. 1968 – III R 12/67 (BStBl. 1968 II S. 734, BB 1969 S. 215)
BFH, 12. 3. 1971 – III R 82/69 (BStBl. 1971 II S. 419, BB 1971 S. 996)
BFH, 5. 10. 1973 – III R 8/72 (BStBl. 1974 II S. 77, BB 1974 S. 171)
BFH, 24. 1. 1975 – III R 4/73 (BStBl. 1975 II S. 374, BB 1975 S. 502)
BFH, 28. 2. 1975 – III R 19/74 (BStBl. 1975 II S. 654, BB 1975 S. 1287)
BFH, 23. 7. 1976 – III R 79/74 (BStBl. 1976 II S. 706, BB 1976 S. 1304)
BFH, 12. 5. 1978 – III R 56/76 (BStBl. 1978 II S. 520, BB 1978 S. 1202)
BFH, 6. 10. 1978 – III R 95/76 (BStBl. 1979 II S. 6, BB 1978 S. 1707)

*VI. Aktien und Anteile ohne Einfluß auf die Geschäftsführung*

BFH, 23. 2. 1979 – III R 44/77 (BStBl. 1979 II S. 618, BB 1979 S. 1440)
BFH, 14. 11. 1980 – III R 81/79 (BStBl. 1981 II S. 351, BB 1981 S. 779)
BFH, 2. 10. 1981 – III R 27/77 (BStBl. 1982 II S. 8, BB 1981 S. 2123)

## Zu Abschnitt 80 Abs. 1 VStR

*a) Allgemeines*

1 Es entspricht der Lebenserfahrung, daß der Wert der Anteile an einer GmbH von den Möglichkeiten der Einflußnahme auf die Geschäftspolitik der Gesellschaft abhängt. Hieraus folgt, daß der gemeine Wert einer Beteiligung, die Einfluß auf die Geschäftsführung vermittelt, grundsätzlich höher ist als der Wert von Anteilen, die keinen Einfluß auf die Geschäftsführung gewähren. Die Anweisungen in Abschnitt 80 VStR entsprechen insoweit der durch § 9 und § 11 Abs. 2 BewG gegebenen Rechtslage. Danach können aber nur solche Verhältnisse berücksichtigt werden, die die Beschaffenheit der Beteiligung kennzeichnen und damit den gemeinen Wert i. S. des § 9 Abs. 2 BewG beeinflussen. Ungewöhnliche oder persönliche Verhältnisse müssen dagegen außer Betracht bleiben (BFH, 6. 10. 1978).

2 Die Beschaffenheit des Anteils wird einerseits durch die Rechte bestimmt, die mit dem Anteil objektiv verbunden sind, und andererseits durch die Beteiligungsverhältnisse, die bei der GmbH bestehen. Einflußmöglichkeiten, die über die quotenmäßige Beteiligung hinaus bestehen, aber dem Geschäftsanteil nicht anhaften, müssen nach § 9 Abs. 2 BewG außer Betracht bleiben. Ob eine Beteiligung Einfluß gewährt, ist nicht nach den Einflußmöglichkeiten auf die Willensbildung von Vorstand und Aufsichtsrat zu entscheiden, sondern nach den Einflußmöglichkeiten in der Gesellschafterversammlung. Dabei ist auf die Gestaltungsmöglichkeit auf Grund des Beteiligungsverhältnisses abzustellen (BFH, 23. 7. 1976). Demgemäß kann auch nicht berücksichtigt werden, ob der Inhaber des Anteils in gutem Einvernehmen mit den anderen Gesellschaftern steht und deshalb durch Absprachen über die Stimmrechtsausübung seinen Einfluß erhöhen kann oder ob dies nicht der Fall ist. Auch muß unberücksichtigt bleiben, ob andere Gesellschafter Absprachen über die Stimmrechtsausübung getroffen haben und damit einen dritten Gesellschafter in eine Stellung zurückdrängen können, die seiner quotenmäßigen Beteiligung nicht gerecht wird. § 9 Abs. 2 BewG schließt es auch aus, daß aus der Persönlichkeit des Inhabers eines Anteils Schlüsse gezogen werden, ob ein bestimmter anderer Inhaber eines Anteils Einfluß oder keinen Einfluß auf die Geschäftsführung der GmbH haben kann. Es wird allerdings eingeräumt, daß solche persönlichen

Verhältnisse im Verkaufsfall neben objektiven Verhältnissen des Geschäftsanteils unabgrenzbar und unausscheidbar in die Bemessung des Kaufpreises eingehen können. Liegt jedoch ein solcher Verkaufspreis nicht vor, so können auch nur objektive Umstände der Beschaffenheit des Anteils berücksichtigt werden (BFH, 6. 10. 1978). In diesem Fall geht die Typengerechtigkeit der individuellen Gerechtigkeit vor (BFH, 24. 1. 1975).

*b) Voraussetzungen für eine Sonderbewertung*

Die Bewertungsmethode nach Abschnitt 77 ff. VStR ist auf Anteile abgestellt, die Einfluß auf die Geschäftsführung gewähren. Ein besonderer Paketzuschlag ist deshalb bei Anwendung dieser Bewertungsmethode ausgeschlossen (BFH, 14. 11. 1980). Eine Sonderbewertung kommt vielmehr nur für Aktien oder Anteile in Betracht, deren Besitz keinen Einfluß auf die Geschäftsführung gewährt. Ob diese Voraussetzung vorliegt, kann nur nach den Verhältnissen des Einzelfalles beurteilt werden (BFH, 24. 1. 1975). Es sind dies einmal die Anteile, bei denen nach der Satzung das Stimmrecht von vornherein ausgeschlossen ist, zum anderen die sogenannten Zwerganteile, d. h. die Aktien einer AG, die weniger als 5 v. H. des Grundkapitals, und die Anteile an einer GmbH, die weniger als 10 v. H. des Stammkapitals ausmachen. Sie fallen stets unter Abschnitt 80 VStR (BFH, 5. 10. 1973; BFH, 28. 2. 1975). Die Sonderbewertung ist aber nicht nur bei Zwerganteilen, sondern auch bei Beteiligungen, die 5 v. H. bzw. 10 v. H. und mehr des Nennkapitals ausmachen, möglich, wenn es an einer Einflußmöglichkeit auf die Geschäftsführung fehlt, weil z. B. von den restlichen Aktien oder Anteilen weniger als 75 v. H. des Nennkapitals in den Händen eines einzigen Gesellschafters liegen. Es ist deshalb z. B. auch beim Vorhandensein eines Gesellschafters mit einer Beteiligung von 62 v. H. des Stammkapitals eine Beteiligung von nur rd. 9 v. H. des Stammkapitals nach Abschnitt 80 Abs. 1 VStR zu bewerten (BFH, 5. 7. 1968). 3

Die Auffassung, daß eine Einflußnahme auf die Geschäftsführung erst bei einer Beteiligung von mehr als 50 v. H. möglich sei, wird nicht geteilt. Es genügt schon eine Beteiligung von mehr als 25 v. H. des Stammkapitals. Die Beteiligung von mehr als 25 v. H. ermöglicht zwar nicht die Beherrschung der GmbH, gewährt aber doch einen wesentlichen Einfluß auf alle Maßnahmen von größerer Wichtigkeit (§ 53 und § 60 GmbHG). Ein Gesellschafter hat damit die Möglichkeit, sich auch in anderen Fragen des Gesellschaftslebens tatsächliches Gehör zu verschaffen (BFH, 12. 3. 1971; BFH, 24. 1. 1975). Danach kann es keinem Zweifel unterliegen, daß ein 4

## VI. Aktien und Anteile ohne Einfluß auf die Geschäftsführung

Anteilsbesitz von mehr als 25 v. H. schon aufgrund seiner absoluten Größe nicht ohne Einfluß auf die Geschäftsführung ist (BFH, 2. 10. 1981) und deshalb auch nicht mehr unter Abschnitt 80 Abs. 1 VStR fallen kann. Das gilt z. B. auch für eine Beteiligung von 49⅔ v. H., wenn der andere Gesellschafter eine solche von 50⅓ v. H. besitzt, so daß der erstere immer überstimmt wird (BFH, 5. 10. 1973).

5 Auch Anteilsbesitz bis zu 25 v. H. kann Einfluß auf die Geschäftsführung gewähren. Das ist der Fall, wenn die Umstände dafür sprechen, daß nach den bei der GmbH bestehenden Beteiligungsverhältnissen der Gesellschafter ohne besondere Schwierigkeiten so viele Stimmen zu sich herüberziehen kann, daß diese zusammen mit seinen eigenen mehr als 25 v. H. des Stammkapitals ausmachen (BFH, 12. 3. 1971; BFH, 24. 1. 1975). Der Gesellschafter mit dem größten Anteilsbesitz hat zwangsläufig auch dann Einfluß auf die Geschäftsführung, wenn seine Beteiligung geringer als 25 v. H. ist. Dem steht auch nicht entgegen, daß die Beschlüsse der GmbH mit Stimmenmehrheit gefaßt werden müssen (§ 47 GmbHG). Einem Gesellschafter mit 20 v. H. der Anteile steht gegenüber anderen Gesellschaftern mit nur 10 v. H. stets eine gewisse Führungsrolle zu (BFH, 24. 1. 1975).

6 Die Anweisungen in Abschnitt 80 VStR werden dem § 11 Abs. 2 und § 9 Abs. 2 BewG durchaus gerecht, wenn sie darauf abstellen, welchen Einfluß der einzelne Gesellschafter auf die Geschäftsführung hat. Unter Geschäftsführung ist dabei nicht die Willensbildung des Vorstandes oder Aufsichtsrates nach außen zu verstehen, sondern die Mitwirkung des einzelnen Gesellschafters, die ihm nach dem Gesetz in der Hauptversammlung zukommt (BFH, 23. 7. 1976). Eine Beteiligung von mehr als 25 v. H. hat immer Einfluß auf die Geschäftsführung; denn Beschlüsse, die einer qualifizierten Mehrheit von 75 v. H. bedürfen, sind ohne diese Beteiligung nicht mehr zu erreichen. Daß der Gesellschafter keinen Anlaß hat, die sich für ihn aufgrund des Anteilsbesitzes von mehr als 25 v. H. ergebenden Möglichkeiten einer Einflußnahme auszunutzen, sind persönliche Umstände i. S. des § 9 Abs. 2 BewG, die nicht zu berücksichtigen sind (BFH, 2. 10. 1981). Dabei kommt es nicht auf die tatsächliche Gestaltung der Verhältnisse, sondern auf die abstrakte Gestaltungsmöglichkeit nach dem prozentualen Beteiligungsverhältnis an. Grundsätzlich genügt für Beschlüsse in der Hauptversammlung die einfache Stimmenmehrheit. Insoweit reicht deshalb eine Beteiligung von mehr als 50 v. H. bereits zur Beherrschung der GmbH. Demgegenüber treten Beteiligungen bis zu 25 v. H. in ihrer Bedeutung zurück. Hat jedoch kein Gesellschafter eine Beteiligung von mehr als 50 v. H., so kann auch kein Gesellschafter die GmbH allein beherrschen.

Dies wiederum hat zur Folge, daß auch Gesellschafter mit einer Beteiligung zwischen 10 v. H. und 25 v. H. noch Einfluß auf die Geschäftsführung ausüben können. Daß der eine oder andere dieser Gesellschafter, z. B. als Vorstandsmitglied, einen größeren persönlichen Einfluß auf die Geschäftsführung hat, muß dabei unberücksichtigt bleiben; denn dies würde zu den persönlichen Verhältnissen gehören, die nach § 9 Abs. 2 BewG bei der Bewertung außer Betracht bleiben (BFH, 23. 7. 1976). Hat allerdings der eine Gesellschafter eine Beteiligung von 75 v. H. und der andere eine solche von 25 v. H., so ist letztere genauso zu behandeln wie ein Anteil in Streubesitz (BFH, 2. 10. 1981).

Ist bei einer GmbH kein Gesellschafter vorhanden, der aufgrund seines Geschäftsanteils allein die Mehrheit der Stimmen für die Beschlußfassung in der Gesellschafterversammlung besitzt, so kann auch ein Gesellschafter mit einem Geschäftsanteil von rd. 18 v. H. nicht ohne Einfluß auf die Geschäftsführung der Gesellschaft sein. Das gilt auch dann, wenn wichtige Aufgaben, die üblicherweise von der Gesellschafterversammlung wahrgenommen werden, aufgrund des Gesellschaftsvertrages dem Aufsichtsrat zugewiesen sind. Dies ist ohne Bedeutung; denn die Mitglieder des Aufsichtsrats werden durch die Gesellschafterversammlung berufen (§ 52 Abs. 1 GmbHG, § 101 AktG), so daß jeder Gesellschafter mit dem Stimmgewicht, das er aufgrund seiner Beteiligung schlechthin hat, auch auf die Besetzung des Aufsichtsrats Einfluß nehmen kann (BFH, 6. 10. 1978). 7

## Zu Abschnitt 80 Abs. 3 VStR

*c) Sonderbewertung bei Ehegatten*

Anteile von Ehegatten sind zusammenzurechnen. Nach der Lebenserfahrung bestehen zwischen Ehegatten so enge persönliche Beziehungen, daß sie in aller Regel eine einheitliche wirtschaftliche Stellung gegenüber Dritten einnehmen. Damit scheidet die Anwendung des Abschnitts 80 VStR nicht nur für den Ehegatten mit dem höheren Anteilsbesitz, sondern auch für den Ehegatten mit dem niedrigeren Anteilsbesitz aus, denn die Anteile der Ehegatten sollen zusammengerechnet werden (BFH, 5. 10. 1973; BFH, 24. 1. 1975). Diese Rechtsprechung ist allerdings überholt. Die Anteile können heute nur noch dann zusammengerechnet werden, wenn im Einzelfall konkrete Umstände vorliegen, die für das Vorliegen einer engen Wirtschaftsgemeinschaft sprechen. Im einzelnen vgl. hierzu Abschnitt 74 Abs. 4 VStR sowie Abschnitt 74 Rz. 28. Das soll entsprechend auch für die Anteile von Eltern und ihren Kinder gelten, gleichgültig ob diese minderjährig oder volljährig sind. 8

*VI. Aktien und Anteile ohne Einfluß auf die Geschäftsführung*

**9** Eine Unterbeteiligung an einer GmbH ist nicht deshalb ohne Einfluß auf die Geschäftsführung der GmbH, weil nach dem Unterbeteiligungsverhältnis nur der Hauptbeteiligte die Gesellschaftsrechte ausüben kann; denn der Unterbeteiligte nimmt trotz seiner geringeren Beteiligung von nur 17 v. H. des Stammkapitals an der Einflußnahme der Beteiligung in Höhe von 59 v. H. teil. Hinzu kommt, daß die Unterbeteiligung nach den vertraglichen Vereinbarungen nur zusammen mit der Hauptbeteiligung veräußert werden kann. Damit ist sichergestellt, daß sie auch im Veräußerungsfall an dem gemeinen Wert teilnehmen würde, der der Hauptbeteiligung zukommt. Dabei ist es gleichgültig, wie die Unterbeteiligung bürgerlichrechtlich und steuerrechtlich zu qualifizieren ist (BFH, 12. 5. 1978).

## Zu Abschnitt 80 Abs. 4 VStR

*d) Ableitung des gemeinen Werts aus Kaufpreisen*

**10** Soll der gemeine Wert für eine Beteiligung aus gezahlten Kaufpreisen für Anteile im Streubesitz oder umgekehrt der gemeine Wert für Anteile im Streubesitz aus dem für eine Beteiligung gezahlten Kaufpreis abgeleitet werden, so bedarf dieser u. U. noch gewisser Korrekturen. Im letzteren Fall gilt dies jedenfalls dann, wenn der marktkonform zustande gekommene Kaufpreis durch die Höhe der umgesetzten Beteiligung beeinflußt war. Der Kaufpreis ist dann in dem Maße herabzusetzen, in welchem sich dieser Umstand auf die Preisbildung ausgewirkt hat.

In der Wirtschaftsliteratur werden, soweit diese überschaut werden kann, keine besonderen Daten für den Abschlag oder Zuschlag genannt. In der bewertungsrechtlichen Literatur wird die Auffassung vertreten, daß bei Veräußerung einer Beteiligung von mehr als 50 v. H. ein Paketzuschlag auf den Börsenkurs von 15 bis 20 v. H. gerechtfertigt sei. Geht man davon aus, so entspricht der erzielte Kaufpreis im entschiedenen Fall 120 v. H. des Preises, der für eine Beteiligung ohne besondere Qualifikation angemessen erscheint. Danach wäre der gemeine Wert für die Anteile, die nicht als Beteiligung gelten können, mit $^{100}/_{120}$ des Kaufpreises, d. h. mit dem Kaufpreis abzüglich eines Abschlags von 16⅔ v. H., anzusetzen (BFH, 23. 2. 1979).

## 3. Ergänzende Anmerkungen zu Abschnitt 80 VStR

Zu Abschnitt 80 Abs. 1 VStR

*a) Allgemeines*

Das Bewertungsverfahren nach den Abschnitten 77 ff. VStR gilt auch für die Bewertung nichtnotierter Aktien, stellt jedoch in erster Linie auf die Bewertung von GmbH-Anteilen ab. Bei der GmbH hat der einzelne Gesellschafter meist schon deshalb einen stärkeren Einfluß auf die Geschäftsführung als bei einer AG, weil hier in der Regel nur wenige Gesellschafter vorhanden sind. Es kann daher ohne weiteres unterstellt werden, daß GmbH-Anteile den Charakter einer Beteiligung haben, daß jeder Gesellschafter die Möglichkeit hat, mehr oder weniger wirksam auf die Geschäftsführung der GmbH Einfluß zu nehmen. Für den Regelfall wird deshalb von einer besonderen Beurteilung des Stimmrechts abgesehen. Bei einer Bewertung nach den Abschnitten 77 ff. VStR kommt infolgedessen ein Paketzuschlag selbst dann nicht in Betracht, wenn es sich um eine 100%ige Beteiligung (Einmanngesellschaft) handelt (BFH, 14. 11. 1980). Dagegen ist umgekehrt eine Sonderbewertung erforderlich bei Anteilen, die dem Gesellschafter keinerlei Einfluß auf die Geschäftsführung der GmbH gestatten. Um wieviel weniger ein solcher Anteil wert ist, wird sich allerdings im Einzelfall ziffernmäßig nur schwer bestimmen lassen. Es ist deshalb in Abschnitt 80 Abs. 2 VStR eine pauschale Sonderbewertung dieser Anteile vorgesehen.

**11**

*b) Voraussetzung einer Sonderbewertung*

Es ist nicht zu verkennen, daß das Maß der Einflußnahme eines Gesellschafters auf die Geschäftsführung außer von dem ziffernmäßigen Umfang seiner Anteile auch von seinem persönlichen Verhältnis zu den übrigen Gesellschaftern abhängt. Dies sind aber Umstände, die so sehr an die Person des einzelnen Gesellschafters gebunden sind, daß sie für eine objektive Wertermittlung schon nach § 9 Abs. 2 BewG außer Betracht bleiben müssen. Im Falle einer Veräußerung der Anteile sind sie von den objektiven Verhältnissen unabgrenzbar und auch nicht ausscheidbar. Sie können deshalb auch in den Kaufpreis mit eingehen. Wenn allerdings kein Verkaufsfall vorliegt, muß die Typengerechtigkeit einer individuellen Gerechtigkeit vorgehen (BFH, 24. 1. 1975). Für die Abgrenzung einer Beteiligung gegenüber Anteilen ohne Einflußmöglichkeit auf die Geschäftsführung kommt es unter diesen Umständen allein auf den prozen-

**12**

## VI. Aktien und Anteile ohne Einfluß auf die Geschäftsführung

tualen Umfang der Anteile in der Hand des einzelnen Gesellschafters an. Bei der Feststellung des prozentualen Umfangs einer Beteiligung ist jedoch auf das um die eigenen Anteile der GmbH gekürzte Stammkapital abzustellen.

Für die Abgrenzung stellt die Rechtsprechung jeweils auf die Umstände des Einzelfalls ab (BFH, 24. 1. 1975). Immerhin sind aber von der Rechtsprechung auch bestimmte Grundsätze aufgestellt worden, die es ermöglichen, in den meisten Fällen zu einem auch wirtschaftlich noch vertretbaren Ergebnis zu kommen. Danach gilt bei einer GmbH die Regelbewertung

a) für alle Anteile mit 25 v. H. des Stammkapitals und mehr,

b) für alle Anteile zwischen 10 und 25 v. H. des Stammkapitals, wenn keine weitere Beteiligung von 50 v. H. und mehr vorhanden ist.

Auf der anderen Seite gilt die Sonderbewertung

a) für Zwerganteile, d. h. für Anteile unter 10 v. H. des Stammkapitals,

b) für Anteile zwischen 10 und 25 v. H. des Stammkapitals, wenn noch eine weitere Beteiligung von mehr als 50 v. H. vorhanden ist,

c) für Anteile, bei denen das Stimmrecht ausgeschlossen ist.

Sind z. B. fünf Gesellschafter mit einer Beteiligung von jeweils 20 v. H. oder zehn Gesellschafter mit einer Beteiligung von jeweils 10 v. H. vorhanden, so ist bei allen die Regelbewertung durchzuführen. Daß für Anteile unter 5 v. H. bei einer AG und von 10 v. H. bei einer GmbH generell eine Sonderbewertung stattfinden soll (Abschnitt 80 Abs. 1 VStR), ist nicht unbedingt überzeugend; denn auch solche Anteile können unter besonderen Umständen durchaus noch Einfluß auf die Geschäftsführung gewähren. Wenn aber sonst allein auf den ziffernmäßigen Umfang der Anteile abgestellt wird, muß dies auch hier gelten.

**13** Im übrigen könnte die Frage gestellt werden, ob nicht bei einer Familien-GmbH eine Sonderbewertung nach Abschnitt 80 Abs. 1 VStR generell ausgeschlossen bleiben muß. Eigentlich würden hier dieselben Grundsätze gelten, die in einem solchen Fall auch die Berücksichtigung etwaiger Verfügungsbeschränkungen usw. ausschließen. Hierzu vgl. Abschnitt 79 Rz. 6. Nach den Anweisungen in Abschnitt 80 Abs. 3 VStR, die in diesem Zusammenhang auf Abschnitt 74 Abs. 4 VStR verweisen, kann man jedoch eine so weitgehende Auffassung nicht mehr vertreten.

*Anmerkungen*

## Zu Abschnitt 80 Abs. 2 VStR

*c) Durchführung der Sonderbewertung*

In den Fällen einer Sonderbewertung soll der Vermögenswert um 25 v. H. **14**
gekürzt werden, d. h. der Vermögenswert nach Abschnitt 77 VStR ist hier
noch um weitere 10 v. H. zu kürzen. Dieser zusätzliche Abschlag macht im
Endergebnis, z. B. bei einer Rendite von 8 v. H. allein rd. 7 v. H. des
Anteilswerts aus. Außerdem ist bei der Ermittlung des Hundertsatzes nicht
von dem nach Abschnitt 78 VStR ermittelten Ertragshundertsatz, sondern
von der ausgeschütteten Dividende auszugehen. Die ausgeschüttete Dividende braucht aber mit dem Ertragshundertsatz nach Abschnitt 78 Abs. 3
VStR nicht identisch zu sein. Gewöhnlich wird sie darunter liegen, sie kann
aber auch darüber liegen, z. B. dann, wenn von einer GmbH, die Verluste
hat, einzelnen Gesellschaftern eine Dividendengarantie gegeben worden
ist, wobei es dann völlig gleichgültig ist, wer die Dividende garantiert.

Auch bei einer Sonderbewertung nach Abschnitt 80 Abs. 2 VStR ist der
niedrigere Ertragshundertsatz zu übernehmen, wenn die ausgeschüttete
Dividende darüberliegt, denn die höhere Dividende führt, wenn sie aus
dem niedrigeren Ertrag oder gar aus der Substanz gezahlt werden muß, für
den Anteil eher zu einer Wertminderung als zu einer Werterhöhung (FinMin NW, 5. 1. 1984, DStZ/E 1984 S. 82). Hierzu vgl. auch Abschnitt 80
Rz. 17. Ebenso ist vom Ertragshundertsatz auszugehen, wenn mit Zustimmung aller Gesellschafter keine Dividende ausgeschüttet worden ist.

Zusätzlich zur ausgeschütteten Dividende ist auch noch die nach §§ 36 ff. **15**
EStG anzurechnende oder zu vergütende Körperschaftsteuer anzusetzen
(Abschnitt 80 Abs. 2 VStR). Bei nicht anrechnungsberechtigten Gesellschaftern besteht zwar kein Anrechnungs- oder Vergütungsanspruch, trotzdem sind aber deren Anteile in gleicher Weise zu behandeln wie die Anteile
der anrechnungsberechtigten Gesellschafter. Hierzu vgl. Abschnitt 78 Rz. 23.

Bei der Ermittlung der Höhe der ausgeschütteten Dividende usw. ist **16**
ebenso wie in Abschnitt 78 VStR vom Durchschnitt der letzten 3 Jahre vor
dem Stichtag auszugehen. Eine Ausnahme gilt auch hier, wenn am Stichtag
bereits Umstände bekannt sind, die darauf schließen lassen, daß sich die
Höhe der künftigen Dividendenausschüttungen nachhaltig ändern wird.
Auch hier empfiehlt es sich deshalb, möglichst die Dividende, die für das
Wirtschaftsjahr nach dem Stichtag ausgeschüttet wird, in die Betrachtung
mit einzubeziehen. Hierzu vgl. auch Abschnitt 78 Rz. 27. Hat sich innerhalb der drei Jahre, für welche die Durchschnittsdividende ermittelt werden
soll, das Nominalkapital geändert, so ist die Durchschnittsdividende auf das
Nominalkapital vom Stichtag umzurechnen.

## VI. Aktien und Anteile ohne Einfluß auf die Geschäftsführung

Beispiel:

Die A-AG, deren Aktien nicht an der Börse gehandelt werden, hat ihr Grundkapital am 1. 7. 1986 aus offenen Rücklagen von 100 000 DM auf 150 000 DM erhöht. Die neuen Aktien stehen den Aktionären im Verhältnis ihrer Anteile am bisherigen Grundkapital zu und nehmen am Gewinn des ganzen Geschäftsjahres 1986 teil. Tatsächlich ausgeschüttete Dividende (Nettodividende) 1986: 20 000 DM (20 v. H.), 1987: 24 000 DM (24 v. H.) und 1988: 21 000 DM (14 v. H.). Es ergibt sich zunächst eine Durchschnittsdividende von 19,33 v. H. (20 v. H. + 24 v. H. + 14 v. H. = 58 v. H. : 3 = 19.33 v. H.). Die in Zukunft zu erwartende Dividende wird wegen der Kapitalerhöhung aus Gesellschaftsmitteln geringer sein als die Durchschnittsdividende und nur noch 20 000 DM + 24 000 DM + 21 000 DM = 65 000 DM : 3 = 21 666,67 DM × 100 : 150 000 DM = 14,44 v. H. betragen.

Zur Behandlung von außerordentlichen Umständen, die sich auf die ausgeschüttete Dividende ausgewirkt haben, vgl. Christoffel in Betrieb 1984 S. 1752.

**17** Der in Abschnitt 79 Abs. 3 VStR vorgesehene Abschlag für den Fall, daß die Erträge unverhältnismäßig gering sind, kann auch bei der Sonderbewertung nach Abschnitt 80 Abs. 2 VStR berücksichtigt werden. Für die prozentuale Höhe des Abschlags ist dabei ebenso wie im Falle einer Regelbewertung auf das Verhältnis des Ertragshundertsatzes zum Vermögenswert (hierzu vgl. Abschnitt 79 Rz. 17 ff.) und nicht auf das Verhältnis der ausgeschütteten Dividende zum Vermögenswert abzustellen.

**18** Sieht man von Extremfällen ab, so kann man davon ausgehen, daß der Unterschied zwischen dem Anteilswert, der sich bei der Sonderbewertung nach Abschnitt 80 Abs. 2 VStR ergibt, und dem, der sich im Regelfall ergeben würde, rd. 10 v. H. beträgt. Hierzu vgl. auch Abschnitt 81 und Abschnitt 83 Abs. 1 VStR, wo in diesen Fällen aus Vereinfachungsgründen allerdings ein Abschlag von 15 v. H. zugelassen wird. Es sollten keine Bedenken bestehen, auch in anderen Fällen anstelle einer komplizierten Berechnung diesen Abschlag von 15 v. H. vom Anteilswert des Mehrheitsgesellschafters zu machen, um zum Anteilswert des Minderheitsgesellschafters zu kommen.

**19** Müssen cinzclnc Anteile im Regelverfahren, dagegen andere nach Abschnitt 80 Abs. 1 VStR bewertet werden, so kommt es zu einer zweigleisigen Bewertung, die nach den Anweisungen in Abschnitt 84 VStR durchzuführen wäre.

## Zu Abschnitt 80 Abs. 3 VStR

*d) Zusammenrechnung von Anteilen*

**20** Für die Prüfung, ob die Regelbewertung oder die Sonderbewertung nach Abschnitt 80 Abs. 2 VStR durchzuführen ist, sind sämtliche dem Gesellschafter gehörenden Anteile an der GmbH zusammenzurechnen. Das gilt auch, wenn sie z. T. zum privaten Kapitalvermögen und z. T. zum Betriebsvermögen gehören; denn die Einflußnahme auf die Geschäftsführung der GmbH geht auch in diesem Fall einheitlich von seiner Person aus. Zweifelhaft kann dies jedoch sein, wenn er auch an einer Kapitalgesellschaft oder an einer Personengesellschaft beteiligt ist, die ebenfalls Anteile an dieser GmbH besitzt. Ob auch diese von ihm nur mittelbar gehaltenen Anteile mitzurechnen sind, würde in erster Linie davon abhängen, inwieweit er die Möglichkeit hat, über die Geschäftsleitung dieser Gesellschaft auch Einfluß auf die GmbH zu nehmen. Das könnte z. B. der Fall sein, wenn er gleichzeitig auch Gesellschafter-Geschäftsführer der Kapitalgesellschaft oder Personengesellschaft wäre. Aber auch hier bestehen Bedenken, die von ihm nur mittelbar gehaltenen Anteile mitzurechnen, nachdem auch sonst ausschließlich auf eine zahlenmäßige Beteiligung im unmittelbaren Besitz des Gesellschafters abgestellt wird. Hierzu vgl. Abschnitt 80 Rz. 21. Wenn schon die Anweisungen in Abschnitt 80 Abs. 3 Satz 1 VStR, die insoweit in einem gewissen Widerspruch zur Rechtsprechung stehen (vgl. hierzu Abschnitt 80 Rz. 6), beibehalten worden sind, sollte man im Einzelfall nur auf ganz eindeutige Verhältnisse abstellen.

*e) Zusammenrechnung bei Ehegatten usw.*

Nach Abschnitt 80 Abs. 1 VStR ist allein auf die Höhe des Anteilsbesitzes abzustellen. Es ist aber zweifelsohne auch möglich, daß selbst ein Minderheitengesellschafter durch entsprechende Kooperation mit anderen Gesellschaftern Einfluß auf die Geschäftsführung ausüben kann. Im einzelnen werden sich aber solche persönlichen Möglichkeiten kaum eindeutig feststellen lassen, sich u. U. auch so schnell ändern, daß man sie schon deshalb nicht in einem Bewertungsverfahren berücksichtigen kann. Hierzu vgl. Abschnitt 80 Rz. 6. **21**

Bei typisierender Betrachtungsweise sollte bis 1983 davon ausgegangen werden, daß gleichgerichtete Interessen in aller Regel bei Ehegatten und im engsten Familienkreis angenommen werden können. Demgemäß wurden hieraus auch für die Anteilsbewertung die entsprechenden Konsequenzen gezogen. Zusammenzurechnen waren deshalb auch die Anteile von Ehegatten sowie die Anteile von Eltern mit den Anteilen ihrer minderjährigen Kinder. Nachdem das Bundesverfassungsgericht, wenn auch in anderem Zusammenhang, entschieden hatte, daß die typisierende Vermutung, Ehegatten hätten gleichgerichtete wirtschaftliche Interessen, mit

## VI. Aktien und Anteile ohne Einfluß auf die Geschäftsführung

Art. 3 Abs. 1 und Art. 6 Abs. 1 GG nicht vereinbar sei (BVerfG, 12. 3. 1985, BStBl. 1985 II S. 475), ist auch diese Regelung in Abschnitt 80 Abs. 3 VStR aufgehoben worden. Eine Zusammenrechnung der Ehegattenanteile ist heute nur noch möglich, wenn die Eheleute im Güterstand der Gütergemeinschaft leben und die GmbH-Anteile zum Gesamtgut gehören oder die Ehegatten privatrechtlich eine Stimmbindung vereinbart haben. Im einzelnen vgl. hierzu Abschnitt 74 Abs. 4 VStR sowie Abschnitt 74 Rz. 28. Im Ergebnis ist damit die Beweislast vom Steuerpflichtigen auf das Finanzamt übergegangen.

Daß ein Gesellschafter auch persönlichen Einfluß auf die Geschäftsführung hat, muß nach § 9 Abs. 2 BewG unberücksichtigt bleiben, weil dies zu den persönlichen Verhältnissen gehört (BFH, 23. 7. 1976). Hierzu vgl. auch Abschnitt 80 Rz. 6. Die Möglichkeit, Einfluß auf die Geschäftsführung ausüben zu können, weil auch der Ehegatte oder die Kinder an der GmbH beteiligt sind, dürfte aber ebenfalls als eine Folge solcher persönlicher Verhältnisse angesehen werden können. Unter diesen Umständen waren die Anweisungen in Abschnitt 80 Abs. 3 VStR auch schon früher nach § 9 Abs. 2 BewG problematisch.

*f) Zusammenrechnung in anderen Fällen*

22 Die Zusammenrechnung von Anteilen ist nicht nur auf die zuvor genannten Personen beschränkt. Sie kann auch bei nichtverwandten Gesellschaftern erfolgen, wenn ihre Anteile gemeinsam verwaltet werden. Das würde z. B. gelten, wenn die Anteile einer OHG oder KG gehören. Über den Geschäftsführer der OHG oder KG können dann nämlich die Gesellschafter, auch wenn jedem einzelnen nur ein Bruchteil des OHG- oder KG-Vermögens und der dazu gehörenden GmbH-Anteile zusteht, in entsprechendem Umfang Einfluß auf die Geschäftsführung der GmbH ausüben. Es kommt dann darauf an, in welchem prozentualen Umfang sich GmbH-Anteile im Besitz der OHG oder KG befinden. Hierzu kann im einzelnen auch auf das BFH-Urteil vom 15. 2. 1974 – III R 22/73 (BStBl. 1974 II S. 443, BB 1974 S. 824) verwiesen werden.

*g) Anteile ohne Stimmrecht*

23 Ein Anteil kann nicht schon deshalb als stimmrechtslos angesehen werden, weil der Gesellschafter verpflichtet ist, die Ausübung des Stimmrechts einem anderen zu überlassen, z. B. wenn sich bei der Übertragung einer Beteiligung unter Nießbrauchsvorbehalt der Nießbraucher auch die Ausübung des Stimmrechts vorbehalten hat. Insoweit gelten dieselben Grund-

*Anmerkungen*

sätze wie bei der Berücksichtigung von Verfügungsbeschränkungen. Hierzu vgl. Abschnitt 79 Rz. 21 ff.

Dasselbe gilt für einen Unterbeteiligten, wenn das Stimmrecht nur von dem Hauptbeteiligten ausgeübt werden kann (BFH, 12. 5. 1978). In gleicher Weise ist aber auch in allen anderen Fällen zu verfahren, in denen der Gesellschafter die Ausübung des ihm nach dem Anteil zustehenden Stimmrechts einem Dritten überlassen hat oder überlassen mußte; denn es kommt in solchen Fällen nicht darauf an, wer das Stimmrecht tatsächlich ausübt, sondern darauf, wem es zusteht.

*h) Behandlung der zusammengerechneten Anteile*

Werden die Anteile mehrerer Gesellschafter zusammengerechnet und ist **24** danach die Regelbewertung durchzuführen, so gilt dies für die Anteile eines jeden dieser Gesellschafter, auch wenn der Bestand seiner Anteile allein dazu nicht ausreichen würde. Bei der Zusammenrechnung der unmittelbar gehaltenen Anteile eines Gesellschafters mit den von ihm mittelbar über eine Kapitalgesellschaft oder Personengesellschaft gehaltenen Anteilen gilt die Regelbewertung, sofern sie zur Anwendung kommt, zwar für die unmittelbar gehaltenen Anteile. Dagegen kann es fraglich sein, ob sie auch für die mittelbar gehaltenen Anteile gilt. Hierzu vgl. auch Abschnitt 80 Rz. 20.

## Zu Abschnitt 80 Abs. 4 VStR

*i) Sonderbewertung und Paketzuschlag*

In Abschnitt 80 Abs. 4 VStR wird auf den Fall hingewiesen, daß der **25** Anteilswert aus Kaufpreisen abgeleitet worden ist, die für Anteile ohne Einflußnahme auf die Geschäftsführung gezahlt worden sind. Hier müßte dann bei den Anteilen, die eine Einflußnahme auf die Geschäftsführung gewähren, also für Beteiligungen, diese Tatsache durch einen entsprechenden Zuschlag berücksichtigt werden. Es handelt sich um den sog. Paketzuschlag nach § 11 Abs. 3 BewG und Abschnitt 74 Abs. 4 VStR. Im einzelnen vgl. hierzu Abschnitt 74 Rz. 26 ff.

# VII. Ermittlung des gemeinen Wertes unter Außerachtlassung der Ertragsaussichten

## 1. Wortlaut des Abschnitts 81 VStR

*(1) Der gemeine Wert der Anteile an einer Holdinggesellschaft entspricht dem Vermögenswert, der sich ohne den Abschlag von 15 v. H. (Abschnitt 77 Abs. 5) ergibt (BFH, 3. 12. 1976, BStBl. 1977 II S. 235). Die Ertragsaussichten der Holdinggesellschaft selbst bleiben außer Betracht. Abschnitt 78 sowie Abschnitt 79 Absätze 1 und 2 und Absatz 3 Sätze 2 bis 8 sind nicht anzuwenden. Für Aktien und Anteile ohne Einfluß auf die Geschäftsführung der Holdinggesellschaft, d. h. für Aktien und Anteile i. S. des Abschnitts 80, ist der sich nach den Sätzen 1 und 2 ergebende Wert um 10 v. H. zu kürzen.*

*(1 a) Absatz 1 gilt entsprechend auch für die Anteile an einer anderen Gesellschaft, wenn die Summe der Wirtschaftsgüter i. S. des Abschnitts 77 Abs. 1 bis 4 ohne Berücksichtigung von Schulden und sonstigen Abzügen zu mehr als 80 v. H. aus Aktien und Anteilen besteht. Unbeachtlich ist, ob es sich um Aktien und Anteile an inländischen oder ausländischen Gesellschaften handelt, ob die Aktien und Anteile von der Gesellschaft unmittelbar oder nur mittelbar gehalten werden.*

*(1 b) Die auf das Betriebsergebnis des Organs entfallende fiktive Körperschaft- und Gewerbesteuer wird bei der Bewertung der Anteile der Organträgergesellschaft nach Absatz 1 in Form eines Abschlags vom Vermögenswert berücksichtigt. Die Höhe des Abschlags ist nach folgender Formel zu berechnen:*

$$\text{Abschlag} = \frac{3{,}5 \times \text{anteilige Körperschaft- und Gewerbesteuer}}{\text{Nennkapital der Organträgergesellschaft}} \; .$$

*(2) Bei der Bewertung der Anteile an einer GmbH, die Komplementärin einer GmbH & Co. KG ist, sind die Ertragsaussichten der GmbH aus ihrer Beteiligung an der KG mit zu berücksichtigen (BFH, 22. 11. 1968, BStBl. 1969 II S. 225).*

*(3) Bei einer Gesellschaft in Liquidation ist als gemeiner Wert der Vermögenswert anzusetzen. Der in Abschnitt 77 Abs. 5 vorgesehene Abschlag kommt nicht in Betracht.*

## 2. Rechtsprechung zu Abschnitt 81 VStR

BFH, 22. 11. 1968 – III 115/65 (BStBl. 1969 II S. 225, BB 1969 S. 435)
BFH, 20. 12. 1968 – III R 122/67 (BStBl. 1969 II S. 373, BB 1969 S. 708)
BFH, 3. 12. 1976 – III R 98/74 (BStBl. 1977 II S. 235, BB 1977 S. 279)
BFH, 14. 11. 1980 – III R 81/79 (BStBl. 1981 II S. 351, BB 1981 S. 779)
BFH, 3. 12. 1982 – III R 19/80 (BStBl. 1983 II S. 190, BB 1983 S. 489)

*a) Bewertung ohne Berücksichtigung des Ertrags*

Die Ertragsaussichten sind außer acht zu lassen, wenn sie auf den gemeinen Wert der Anteile keinen Einfluß haben. Dies ist der Fall, wenn die GmbH nach ihrer Art und Zweckbestimmung keinen ausschüttungsfähigen Ertrag erwirtschaftet und der Käufer die Anteile mithin nur im Hinblick auf das Vermögen der Gesellschaft erwirbt.

Übt die GmbH keine werbende Tätigkeit im eigentlichen Geschäftsverkehr aus, so kann die Anteilsbewertung nach dem Vermögenswert erfolgen. Das gilt z. B., wenn sie sich auf die Verwaltung von Mietwohngrundstücken beschränkt und ihre Einnahmen nur aus den geringen Zinserträgen ihres Betriebskapitals und aus ihren Mieteinnahmen besteht, die zu einem nur die Kosten deckenden Mietzins errechnet waren (BFH, 20. 12. 1968). Diese Rechtsprechung dürfte jedoch weitgehend überholt sein (BFH, 3. 12. 1982).

*b) Holding-Gesellschaft*

Die Holding-Gesellschaft übt neben der Verwaltung ihrer Beteiligungen keine eigene Produktions-, Handels- oder Dienstleistungstätigkeit aus; die Beteiligung an anderen Unternehmen ist ihr eigentlicher Geschäftszweck. Charakteristisch für eine Holding-Kapitalgesellschaft dieser Art ist die sogenannte Effektensubstitution. Dies besagt, daß die Gesellschafter der Holding die Anteile an dieser nicht erwerben, um dadurch neues Sachkapital zu schaffen, sondern um auf diese Weise beherrschende Anteile an anderen Gesellschaften zu erwerben oder auf die Holding zu übertragen. Da eine solche Holding-Gesellschaft für das in Beteiligungen bestehende Betriebsvermögen das sogenannte Schachtelprivileg (§ 102 BewG) erhält, bedeutet dies, daß das durch die Beteiligungen verkörperte Vermögen nicht der Vermögensteuer unterliegt. Damit haben die Anteilsinhaber trotz Zwischenschaltung der Holding-Kapitalgesellschaft als selbständiger Rechtspersönlichkeit wirtschaftlich die gleiche Stellung, wie wenn sie die Beteiligungen, welche die Holding hält, unmittelbar selbst halten würden. Dies rechtfertigt es für die vermögensteuerliche Anteilsbewertung, diese Anteile

## VII. Außerachtlassung der Ertragsaussichten

mit dem ungekürzten Vermögenswert zu bewerten; denn dieser entspricht dem gemeinen Wert der im Besitz der Holding befindlichen Beteiligungen, gleichgültig, ob er anhand von Börsenkursen, aufgrund von Verkäufen oder durch Schätzung unter Berücksichtigung des Vermögens und der Ertragsaussichten der Gesellschaften ermittelt wurde, an denen die Beteiligungen bestehen. Die Bewertung der Anteile an einer Holding-Gesellschaft, wie sie Abschnitt 81 VStR regelt, verstößt damit nicht gegen § 11 Abs. 2 BewG (BFH, 3. 12. 1976).

3 Bei einer Beteiligungsgesellschaft, die neben wesentlichen Beteiligungen noch anderes Vermögen von rd. 5 v. H. des Werts der Beteiligungen besitzt, wird durch einen Abschlag vom Vermögenswert dieses anderen Vermögens der Umstand hinreichend berücksichtigt, daß für den Gesellschafter zwischen dem Wert des Unternehmens der Gesellschaft und dem Wert eines Anteils an der Gesellschaft regelmäßig ein Unterschied besteht (BFH, 3. 12. 1976). Das BFH-Urteil läßt es allerdings ausdrücklich offen, ob bei einem höheren anderweitigen Vermögensbesitz oder bei einer gemischten Holding-Gesellschaft im Hinblick auf die unterschiedlichen Vermögensmassen eine getrennte Wertberechnung für die Ermittlung des gemeinen Werts der Anteile erforderlich wäre. Hierzu vgl. allerdings Abschnitt 81 Abs. 1a VStR.

Die Ertragsaussichten können nicht schon deshalb außer Betracht bleiben, weil der gemeine Wert der Anteile bei Berücksichtigung desselben unter dem Substanzwert liegt (BFH, 14. 11. 1980). Sie müssen auch dann berücksichtigt werden, wenn der GmbH Mietobjekte gehören, die keine rentable Nutzung erwarten lassen (BFH, 3. 12. 1982).

*c) Komplementär-GmbH*

4 Die in Abschnitt 81 Abs. 2 VStR genannten Ausnahmefälle rechtfertigen es nicht, bei der Bewertung der Anteile an einer Komplementär-GmbH die Ertragsaussichten außer acht zu lassen. Es ist nämlich unbeachtlich, ob eine GmbH einen eigenen Geschäftsbetrieb hat und sich mit ihm am allgemeinen Wirtschaftsverkehr beteiligt oder ob sie nur die Funktion einer Komplementärin bei einer KG hat. Die Kommanditisten können Anteile an der GmbH erwerben. Bei der Bewertung der Anteile an der GmbH muß deshalb auf diesen Erwerberkreis abgestellt werden. Der Kommanditist bezieht die Tatsache seiner gleichzeitig bestehenden Beteiligung an der GmbH in seine Überlegungen mit ein und berücksichtigt damit auch die Interessen seiner GmbH. Die Komplementär-GmbH ist daher kein „leerer Mantel", bei dem die Ertragsaussichten keine Berücksichtigung finden.

*Anmerkungen*

Der Kreis der Käufer für derart gebundene Anteile wird stets nur sehr klein sein. Wer einen solchen Anteil kauft, wird seine Berechnungen nicht allein nur nach dem Vermögen der GmbH anstellen. Es kann deshalb weder die Tatsache, daß es sich bei der GmbH um eine Komplementär-GmbH handelt, noch die weitere Tatsache, daß hinsichtlich der Veräußerung der GmbH-Anteile Beschränkungen bestehen, als Umstand angenommen werden, der eine Außerachtlassung der Ertragsaussichten rechtfertigen könnte (BFH, 22. 11. 1968).

## 3. Ergänzende Anmerkungen zu Abschnitt 81 VStR

### Zu Abschnitt 81 Abs. 1 und 1a VStR

*a) Gesellschaft ohne unmittelbare Erträge*

Jeder Käufer eines Anteils wird bei der Ermittlung des Kaufpreises auf die Ertragslage der GmbH nicht nur Rücksicht nehmen, sondern sie – jedenfalls wird dies von der Betriebswirtschaftslehre behauptet – für ausschlaggebend ansehen. Demgemäß kann die Tatsache, daß kein Ertrag erwirtschaftet wird, für sich allein auch nicht genügen, um die Ertragsaussichten völlig außer Betracht zu lassen und nach Abschnitt 81 Abs. 1 VStR nur den unkorrigierten Vermögenswert als Anteilswert zu übernehmen. Das gilt um so mehr, als sich allein schon durch die Berücksichtigung der Ertragslosigkeit ein Anteilswert ergeben würde, der mit rd. 50 v. H. (hierzu vgl. zu Abschnitt 79 VStR Rz. 17) nur noch die Hälfte des Vermögenswerts ausmacht. Hinzu kommt weiter, daß nach Abschnitt 81 Abs. 1 VStR auch der in Abschnitt 77 Abs. 5 VStR vorgesehene Abschlag von 15 v. H. vom Vermögenswert nicht gemacht werden soll. Damit würde sich aber ein wesentlich höherer Anteilswert ergeben als bei einer Regelbewertung. 5

Damit nicht zu verwechseln ist der noch in dem früheren Abschnitt 81 VStR 1977 geregelte Fall, wonach die Ertragsaussichten außer Betracht bleiben sollten, wenn sie keinen Einfluß auf den Anteilswert hatten. Dieser von der Rechtsprechung bestätigte Grundsatz würde an sich auch heute noch gelten, selbst wenn er in Abschnitt 81 VStR nicht mehr ausdrücklich angesprochen wird. Hierher gehören Gesellschaften, deren Vermögen sich überwiegend aus Wirtschaftsgütern zusammensetzt, die, wie z. B. Gold, Bauland, Kunstgegenstände u. a. mehr, keinen unmittelbaren Ertrag erbringen, bei denen dies aber auch gar nicht erwartet wird. Es erscheint wirtschaftlich kaum vertretbar, auch hier nur wegen der Ertragslosigkeit den Anteilswert 6

*VII. Außerachtlassung der Ertragsaussichten*

lediglich mit rd. 50 v. H. des Vermögenswertes anzusetzen. Hier wird man vielmehr in entsprechender Anwendung des Abschnitts 79 Abs. 3 Satz 1 VStR nach wie vor den vollen Vermögenswert als Anteilswert übernehmen müssen. Voraussetzung sollte jedoch auch hier sein, daß diese „ertragslosen" Wirtschaftsgüter einen Umfang haben, der ähnlich wie in Abschnitt 81 Abs. 1 a VStR für Beteiligung vorgesehen, mindestens 80 v. H. des Gesellschaftsvermögens ausmacht.

Mit der Regelung in Abschnitt 81 Abs. 1 VStR soll weiter vermieden werden, daß die Erträge einzelner Wirtschaftsgüter im Anteilswert doppelt zur Auswirkung kommen, nämlich einmal über den Vermögenswert und dann nochmals über den Ertragshundertsatz. Davon ging man aus, wenn die einzelnen zum GmbH-Vermögen gehörenden Wirtschaftsgüter mit ihrem Ertragswert angesetzt worden sind. Die Rechtsprechung hat jedoch inzwischen festgestellt, daß dies bei der Anteilsbewertung unbeachtlich ist. Hierzu vgl. Abschnitt 77 Rz. 14. Danach ist es völlig gleichgültig, ob das einzelne Wirtschaftsgut im Sachwert- oder Ertragswert- oder in einem gemischten Verfahren bewertet worden ist, wie es z. B. bei der Anteilsbewertung praktiziert wird. Unter diesen Umständen wird deshalb auch der Wert der Anteile an Grundstücksgesellschaften oder an anderen Gesellschaften, zu deren Vermögen Grundbesitz gehört, anders als früher, heute ebenfalls wie im Regelfall unter Berücksichtigung ihrer Ertragsaussichten ermittelt (BFH, 3. 12. 1982).

*b) Kaskadeneffekt*

7   Heute wird in Abschnitt 81 Abs. 1 und 1 a VStR, wenn auch in ähnlicher Weise wie früher, ein ganz anderes Problem behandelt. Es ergibt sich zwangsläufig aus dem System des Stuttgarter Verfahrens. Dabei handelt es sich um den Fall, daß zum Gesellschaftsvermögen der GmbH, deren Anteile zu bewerten sind, eine ebenfalls nach dem Stuttgarter Verfahren zu bewertende Beteiligung gehört. So würde z. B. der Abschlag von 15 v. H. nach Abschnitt 77 Abs. 5 VStR zunächst bei der Ermittlung des Anteilswerts an der Untergesellschaft gemacht. Dieser ermäßigte Anteilswert wird dann in den Vermögenswert der Obergesellschaft übernommen, gleichwohl würde auch dort wieder der Abschlag gemacht werden. Entsprechendes gilt umgekehrt für die Berücksichtigung des Ertragshundertsatzes. Die nach dem Stuttgarter Verfahren vorgesehenen Korrekturen würden sich also potenziert auswirken, ohne daß dafür ein wirtschaftlicher Grund besteht. Es handelt sich dabei um den sog. „Kaskadeneffekt". Er fällt ganz besonders bei extremen Gewinn- und Verlustverhältnissen auf und führt durch

die nochmalige Bewertung nach derselben Methode dazu, daß in dem einen Fall der Anteilswert immer mehr mit „Luft aufgebläht" wird, sich im anderen Fall „in Schall und Rauch" auflöst, wie das folgende exemplarische Beispiel zeigt.

Beispiel:

Die GmbH B ist zu 100 v. H. an der GmbH A beteiligt. Bei beiden GmbH's entspricht der Vermögenswert jeweils dem Stammkapital, beträgt also 100 v. H. Der von der GmbH A erwirtschaftete Ertrag wird voll an die GmbH B abgeführt und bildet deren einzige Einnahmequelle.

Bei einer Rendite z. B. von 20 v. H. würden in diesem Fall die Berechnungen für die Anteile an der GmbH A nach der Formel

$$\frac{70}{100} (100 + 100) = 140 \text{ v. H. und}$$

für die Anteile an der GmbH B nach der Formel

$$\frac{70}{100} (140 + 100) = 168 \text{ v. H. erfolgen.}$$

Dagegen würde bei einer Bewertung nach Abschnitt 81 Abs. 1 VStR der Wert der Anteile an der GmbH A jeweils mit dem Wert der Anteile an der GmbH B identisch sein.

Eine Sonderbewertung braucht nicht unbedingt für jeden Fall geeignet bzw. notwendig zu sein. So führt bei einer Rendite von 8 v. H. sowohl die Übernahme des unkorrigierten Vermögenswerts als auch die Regelbewertung bei der Unter- und Obergesellschaft zu einem ähnlichen Ergebnis. Je weiter aber die Rendite nach oben oder nach unten abweicht, um so weniger erscheinen die Ergebnisse vertretbar. Zwar werden die Abweichungen bis zu einer Rendite von etwa 20 v. H. durch den sich bei einer Regelbewertung zweimal auswirkenden Abschlag von 15 v. H. vom Vermögenswert wieder etwas kompensiert, bei niedriger Rendite oder Ertragslosigkeit würde aber durch den doppelten Abschlag das Ergebnis doch recht unrealistisch. Nach Abschnitt 81 Abs. 1 VStR ist deshalb bei der Bewertung der Anteile an der Untergesellschaft wie im Regelfall zu verfahren, dagegen ist bei der Bewertung der Anteile an der Obergesellschaft der unkorrigierte Vermögenswert zu übernehmen, in welchem sich der Wert der Anteile an der Untergesellschaft niedergeschlagen hat.

**8**

Mit dem Ausschluß des „Kaskadeneffekts" soll im Endergebnis nur sichergestellt werden, daß Ab- und Zuschläge, die im Rahmen des Stuttgarter Verfahrens vorgesehen sind, nicht mehrfach berücksichtigt werden. Dies gilt insbesondere für den Ertragshundertsatz, entsprechend aber auch für

*VII. Außerachtlassung der Ertragsaussichten*

Verluste. Sie sollen auf jeden Fall entweder nur bei der Untergesellschaft oder nur bei der Obergesellschaft berücksichtigt werden. Keineswegs soll es aber dazu kommen, daß sie völlig außer Betracht bleiben. Hatte sich bei der Bewertung der Anteile an der Organgesellschaft deren Verlust wegen des Abschnitts 78 Abs. 4 VStR nicht ausgewirkt, so wird dementsprechend auch bei der Bewertung der Anteile an dem Organträger keine Korrektur erforderlich. Der übernommene Verlust braucht deshalb nicht hinzugerechnet zu werden, denn die Verlustübernahme beeinflußt den Wert der Anteile. Sie bestimmt den Preis, den ein denkbarer Erwerber der Anteile zu zahlen bereit wäre (FG Hamburg, 28. 10. 1987, EFG 1988 S. 218).

*c) Abgrenzung des Beteiligungsbesitzes*

9 Die Bewertungsmethode nach Abschnitt 81 Abs. 1 VStR würde grundsätzlich in allen Fällen gelten, in denen Aktien und GmbH-Anteile zum Gesellschaftsvermögen gehören, die auch ihrerseits schon nach dem Stuttgarter Verfahren bewertet worden sind. Ihr Wert wäre danach jeweils unverändert als Anteilswert bei der Obergesellschaft zu übernehmen. Schwierigkeiten ergeben sich in diesem Zusammenhang jedoch dann, wenn die Obergesellschaft auch anderes Vermögen oder andere Erträge hat; hier ist eine Sonderbewertung hinsichtlich dieser Beteiligungen nur dann sinnvoll, wenn sie sich auch auf das Endergebnis auswirkt und dabei möglichst ohne größeren zusätzlichen Arbeitsaufwand durchzuführen ist. Dies hängt im wesentlichen davon ab, welchen Umfang einerseits der Beteiligungsbesitz und andererseits das übrige Gesellschaftsvermögen hat. Unter diesem Aspekt bieten sich mehrere Modelle an:

aa) Es wird auf das Verhältnis des Wertes des Beteiligungsbesitzes zum Wert des Gesamtvermögens abgestellt und eine bestimmte Grenze festgelegt. Erreicht der Beteiligungsbesitz diese Grenze, so erfolgt die Wertermittlung für die GmbH-Anteile einheitlich nach den Grundsätzen des Abschnitts 81 VStR, bleibt er darunter, dann einheitlich nach den Abschnitten 77 ff. VStR. Beteiligungsbesitz und übriges Gesellschaftsvermögen werden in beiden Fällen als Einheit behandelt. Dieser Regelung entsprechen die Anweisungen in Abschnitt 81 Abs. 1a VStR, die darauf abstellen, ob das Bruttovermögen der Gesellschaft zu mehr als 80 v. H. aus Aktien und GmbH-Anteilen besteht.

bb) Es wird sowohl für den Beteiligungsbesitz als auch für das übrige Gesellschaftsvermögen jeweils eine selbständige Anteilsbewertung durchgeführt. Der endgültige Anteilswert besteht dann aus der Summe beider

Werte. Dies entspricht in etwa der Bewertungsmethode in Abschnitt 83 VStR.

Eine Kombination zwischen den beiden Modellen sowie eine Übergangsregelung für den Grenzbereich würden zu erwägen sein. So könnte es z. B. sinnvoll sein, bei einem Beteiligungsbesitz bis zu 20 v. H. eine einheitliche Wertermittlung nach den Abschnitten 77 ff. VStR, über 80 v. H eine einheitliche Wertermittlung nach Abschnitt 81 VStR und zwischen 20 und 80 v. H. eine getrennte Wertermittlung durchzuführen. Auch andere Lösungen wären möglich. Die Anweisungen in den Abschnitten 81 und 83 VStR, die insoweit in einem unmittelbaren Zusammenhang stehen, führen jedoch weder zu einer sinnvollen Kombination, noch zu einer brauchbaren Übergangsregelung. Hierzu vgl. auch Abschnitt 83 Rz. 7 ff.

*d) Holding-Gesellschaft*

Nach Abschnitt 81 Abs. 1 VStR sind die Anteile an einer Holding-Gesellschaft mit dem Vermögenswert anzusetzen, ohne daß hiervon der Abschlag von 15 v. H. (Abschnitt 77 Abs. 5 VStR) gemacht werden kann. Letztlich wird die Holding-Gesellschaft nur deshalb besonders angeführt, weil sie einen typischen Fall für die Auswirkungen des sog. Kaskadeneffekts darstellt. Da nach Abschnitt 81 Abs. 1 a VStR dieselbe Regelung aber auch für jede andere GmbH gilt, wenn ihr Beteiligungsbesitz mehr als 80 v. H. des Gesamtvermögens ausmacht, hätte es dieser besonderen Regelung für Holding-Gesellschaften gar nicht bedurft Demgemäß ist es auch völlig gleichgültig, ob es sich bei der GmbH um eine geschäftsführende oder um eine nur vermögensverwaltende Holding handelt. Ebenso kommt es nicht darauf an, ob zwischen ihr und der Untergesellschaft ein Organverhältnis besteht. **10**

Von einer geschäftsführenden Holding werden vielfach auch Aufwendungen im Interesse der Untergesellschaft gemacht. Nach Abschnitt 83 Abs. 1 VStR sollen diese mitberücksichtigt werden können. Bei der Anwendung des Abschnitts 81 Abs. 2 VStR wäre dies jedoch nicht möglich. Hätte die Untergesellschaft diese Aufwendungen selbst gemacht, so hätten diese sich auch auf ihren Anteilswert und damit auch im Anteilswert für die Holding-Gesellschaft ausgewirkt. Wenn sie ins Gewicht fallen, wird man deshalb auch bei der Wertermittlung nach Abschnitt 81 Abs. 2 VStR ihre Berücksichtigung nicht ausschließen können. Sie wären deshalb noch von dem für das Gesellschaftsvermögen der Holding-Gesellschaft anzusetzenden Vermögenswert abzuziehen. **11**

## VII. Außerachtlassung der Ertragsaussichten

### e) Gesellschaft mit größerem Anteilsbesitz

**12** Die Übernahme des Vermögenswertes als gemeiner Wert gilt nach Abschnitt 81 Abs. 1 a VStR nicht nur für Holding-Gesellschaften, sondern auch für jede andere GmbH mit größerem Anteilsbesitz. Es sollen aber nur solche Gesellschaften dafür in Betracht kommen, deren Vermögen zu mehr als 80 v. H. aus Beteiligungen, Aktien und Anteilen besteht. Die Grenze von 80 v. H. ist allerdings nicht ganz unproblematisch, weil nämlich, sobald die Beteiligungen mehr als 80 v. H. ausmachen, stets für das gesamte Gesellschaftsvermögen die Sonderbewertung durchgeführt werden muß. Es wird also auch hinsichtlich des übrigen, nicht aus Beteiligungen bestehenden Gesellschaftsvermögens der Vermögenswert ohne den Abschlag von 15 v. H. (Abschnitt 77 Abs. 5 VStR) übernommen. Dagegen würde dann, wenn die Beteiligungen weniger als 80 v. H. des Gesellschaftsvermögens ausmachen, für das gesamte Gesellschaftsvermögen die Wertermittlung wie im Regelfall erfolgen. Unterstellt, im Fall a) machen die Beteiligungen 79 v. H., im Fall b) dagegen 81 v. H. des Gesellschaftsvermögens aus, so ergeben sich bei einem Vermögenswert von 100 v. H. (vor Abschlag nach Abschnitt 77 Abs. 5 VStR) und einem Ertragshundertsatz von 5 v. H. folgende Anteilswerte:

Fall a) $\dfrac{70}{100}$ (100 ∠ 15 + 5 · 5) = 77 v. H.

Fall b) (100 ∠ 0) = 100 v. H.

Bei einem Ertragshundertsatz von 20 v. H. würden sich dagegen folgende Anteilswerte ergeben:

Fall a) $\dfrac{70}{100}$ (100 ∠ 15 + 5 · 20) = 129,50 v. H.

Fall b) (100 ∠ 0) = 100 v. H.

**13** Insoweit fehlt also eine Übergangsregelung, die einen allzu krassen Sprung bei der Wertermittlung vermeidet. Bei einem unter 80 v. H. liegenden Grenzbereich sollte man deshalb den Beteiligungsbesitz getrennt berücksichtigen. Die erforderlichen Berechnungen würden dann entsprechend den Anweisungen in Abschnitt 83 Abs. 1 VStR erfolgen, wobei jedoch nicht wie dort auf die einzelne Beteiligung, sondern auf den gesamten Beteiligungsbesitz abzustellen ist. Dasselbe gilt auch, wenn nach Abschnitt 81 Abs. 1 a VStR Anteile mitzuberücksichtigen sind, die von der GmbH nur mittelbar gehalten werden, z. B. über einen Treuhänder oder über eine Personengesellschaft. Dabei soll auf das Verhältnis des Wertes der Beteiligungen usw.

zum Wert des gesamten Gesellschaftsvermögens abgestellt werden, wie es sich nach Abschnitt 77 VStR, jedoch vor Abzug der Schulden und Lasten, ergibt. In diesem Zusammenhang sollte allerdings nicht übersehen werden, daß die Interessenlage sehr verschieden sein kann, wenn es darum geht, ob die Grenze von 80 v. H. erreicht oder nicht erreicht werden soll.

*f) Anteile ohne Einfluß auf die Geschäftsführung*

Auch Anteile an einer Holding-Gesellschaft usw., für die es zur Sonderbewertung nach Abschnitt 81 Abs. 1 oder 1 a VStR kommt, bieten nicht immer die Möglichkeit, auf deren Geschäftsführung Einfluß zu nehmen. Fehlt diese Einflußmöglichkeit, so müßte auch hier die Wertermittlung für diese Anteile nach Abschnitt 80 Abs. 2 VStR erfolgen. Andererseits würde aber die Sonderbewertung nach Abschnitt 81 Abs. 1 VStR die danach zu berücksichtigenden Korrekturen wieder ausschließen. Man kann jedoch unterstellen, daß der Anteilswert auch hier niedriger ist als bei einer Beteiligung, die Einfluß auf die Geschäftsführung gewährt. Um hier komplizierte Berechnungen zu vermeiden, ist deshalb vorgesehen, daß für solche Anteile von dem nach Abschnitt 81 VStR ermittelten Wert ein Abschlag von 10 v. H. gemacht werden kann. Zu Abschnitt 83 Abs. 1 VStR wird allerdings unter denselben Voraussetzungen ein Abschlag von 15 v. H. zugelassen, ohne daß für diese unterschiedliche Behandlung irgendwelche Gründe zu erkennen sind. Man wird deshalb auch hier einen Abschlag von 15 v. H. nicht ausschließen können. Hierzu vgl. allerdings auch Abschnitt 83 Rz. 10. Dieser Abschlag entspricht ungefähr der Differenz, die sich auch sonst zwischen einer Regelbewertung nach den Abschnitten 77 ff. VStR und der Sonderbewertung nach Abschnitt 80 Abs. 2 VStR ergibt. Hierzu vgl. Abschnitt 80 Rz. 18. Ob die Anteile ohne Einfluß auf die Geschäftsführung der GmbH sind, ist auch hier ausschließlich nach den Anweisungen in Abschnitt 80 Abs. 1 VStR zu beurteilen.

## Zu Abschnitt 81 Abs. 2 VStR

*g) Gesellschaft mit OHG- und KG-Anteilen*

Die Bewertung nach Abschnitt 81 Abs. 1 VStR gilt nur, soweit Beteiligungen, Aktien und GmbH-Anteile zum Vermögen der Obergesellschaft gehören. Der Grund dafür besteht darin, daß sich bei der Anteilsbewertung deren Ertrag bereits im Vermögenswert ausgewirkt hat. Das gilt jedoch nicht bei OHG- und KG-Anteilen, denn diese werden mit dem Substanzwert angesetzt, so daß sich ihr Ertrag auch noch nicht im Vermögenswert der GmbH-Anteile niederschlagen kann und damit sich insoweit auch der

*VII. Außerachtlassung der Ertragsaussichten*

„Kaskadeneffekt" nicht auswirkt. Demgemäß würden bei der Bewertung der Anteile an einer GmbH, die ihrerseits an einer OHG oder KG beteiligt ist, die Ertragsaussichten, soweit sie hierauf entfallen, wie im Regelfall mitzuberücksichtigen sein. Dasselbe gilt auch für den Abschlag vom Vermögenswert. Zur Bewertung von OHG- und KG-Anteilen im einzelnen vgl. Abschnitt 77 Rz. 53 ff.

Die in Abschnitt 81 Abs. 2 VStR zitierte Rechtsprechung, wonach bei der Bewertung der Anteile an einer GmbH, die ihrerseits an einer OHG oder KG beteiligt ist, die Ertragsaussichten zu berücksichtigen sind (BFH, 22. 11. 1968), hat allerdings mit dem „Kaskadeneffekt" unmittelbar nichts zu tun. Dieser würde aber ausgeschlossen werden müssen, wenn zu dem Betriebsvermögen dieser OHG oder KG Anteile an einer AG oder GmbH gehören, in denen sich die Zuschläge und Abschläge nach dem Stuttgarter Verfahren ausgewirkt haben; denn diese Anteile gehen dann zusammen mit dem übrigen Betriebsvermögen der OHG oder KG in den Vermögenswert der Anteile an der Obergesellschaft ein. Insoweit müßte deshalb nach Abschnitt 81 Abs. 1 VStR auch hier der Kaskadeneffekt ausgeschlossen werden. Dies wird jedoch u. U. dann erschwert, wenn bei der Obergesellschaft die OHG- oder KG-Anteile nur einen Teil ihres Betriebsvermögens oder bei der OHG oder KG die Aktien und GmbH-Anteile nur einen Teil von deren Betriebsvermögen ausmachen. Zur Vermeidung der sich daraus ergebenden Berechnungsschwierigkeiten sollte man sich hier auf die Berücksichtigung der Fälle beschränken, die in ihren Auswirkungen auch gewichtig sind. Eine vereinfachte und zum gleichen Ergebnis führende Berechnung wäre jedoch auch auf folgendem Weg möglich: Es wird außerhalb der Feststellung des Einheitswerts des Betriebsvermögens der OHG oder KG eine fiktive Berechnung durchgeführt. Dabei wird für die der OHG oder KG gehörenden Aktien oder GmbH-Anteile nicht der ermittelte Anteilswert, sondern nur deren Vermögenswert ohne die erwähnten Korrekturen berechnet. Bei der Anteilsbewertung der Obergesellschaft wird dann der danach errechnete Anteil zusammen mit dem Anteil am übrigen Betriebsvermögen der OHG oder KG angesetzt. Die Anteilsbewertung kann dann bei der Obergesellschaft wie im Regelfall durchgeführt werden; denn die Voraussetzungen für die Anwendung des Abschnitts 81 VStR sind nach dieser fiktiven Berechnung nicht mehr gegeben.

**16** In derselben Weise wie bei der Beteiligung an einer OHG oder KG wäre auch zu verfahren, wenn zum Gesellschaftsvermögen eine atypische stille Beteiligung gehörte, denn diese wird vermögensteuerlich ebenso wie ein OHG- oder KG-Anteil behandelt. Wenn jedoch die GmbH als typischer stiller Gesellschafter an einem Unternehmen beteiligt ist, wird dessen

Einlage als Kapitalforderung bewertet. Bei der Bewertung einer Kapitalforderung wird allerdings auch der Ertrag schon mit berücksichtigt (Abschnitt 56 Abs. 7 VStR). Er hat sich demzufolge auch schon im Vermögenswert mit ausgewirkt. Sollte diese Einlage einen größeren Umfang haben, so dürfte auch insoweit Abschnitt 81 Abs. 1 VStR mindestens entsprechend anzuwenden sein.

## Zu Abschnitt 81 Abs. 3 VStR

*h) Liquidationsgesellschaft*

Eine Sonderregelung gilt für die Liquidationsgesellschaft. Hier ist der Anteilswert mit dem Vermögenswert identisch. Die Ertragsaussichten sollen außer Betracht bleiben, weil in diesem Stadium niemand mehr erwartet, daß die GmbH noch einen unternehmerischen Ertrag erwirtschaftet. Sollte dies gleichwohl der Fall sein, so könnte ein gleichbleibender Ertrag auch kaum noch für die Dauer von fünf Jahren unterstellt werden. Dies wäre höchstens noch für die Zeit bis zum Abschluß der endgültigen Abwicklung möglich. Wenn mit dieser alsbald zu rechnen ist, z. B. weil sie noch innerhalb des laufenden Jahres erfolgen soll, würde man auch auf diesem Weg dazu kommen, daß der Ertrag unberücksichtigt bleiben muß.

**17**

Der in Abschnitt 77 Abs. 5 VStR vorgesehene Abschlag von 15 v. H. soll hier ebenfalls nicht gemacht werden. Wie an anderer Stelle bereits ausgeführt, war dieser Abschlag früher mehr oder weniger als Ersatz für die Nichtbeachtung der Steuerbelastung gedacht, die auf den stillen Reserven beruht. Hierzu vgl. Abschnitt 77 Rz. 66. Man war davon ausgegangen, daß deren Eintritt und Höhe nicht voraussehbar sei, deshalb auch nicht besonders berücksichtigt werden könne. Im Liquidationsstadium wäre dies aber weitgehend möglich. Es wurde deshalb früher die Auffassung vertreten, daß im Liquidationsstadium ein Abzug dieser Steuerbelastung zulässig sein müsse. Wenn man unterstellt, daß der Buchwert des gesamten Vermögens der GmbH nur noch 1 DM beträgt, hätte dieser Abzug dann annähernd zu demselben Wert geführt, wie er sich im Regelfall für den Anteil an einer ertraglosen GmbH ergibt. Diese Auffassung ist jedoch heute nicht mehr zu halten. Zwar hat auch jetzt noch die GmbH einen Buchgewinn, der sich bei der Liquidation ergibt, zu versteuern. Die anfallende Körperschaftsteuer kommt aber infolge des Anrechnungsverfahrens (§§ 36 ff. EStG) wirtschaftlich wieder den Anteilseignern zugute. Sie bedeutet deshalb für einen anrechnungsberechtigten Gesellschafter keine zu berücksichtigende Belastung mehr.

*VII. Außerachtlassung der Ertragsaussichten*

Der Abschlag nach Abschnitt 79 Abs. 3 VStR ist ebensowenig ausgeschlossen wie eine Sonderbewertung nach Abschnitt 80 VStR. Auch hier wird man diese Sonderbewertung zweckmäßigerweise durch einen Abschlag von 10 v. H. des Anteilswerts nach Abschnitt 81 Abs. 1 VStR durchführen.

*i) GmbH ohne Vermögen*

**18**  Bei einer GmbH, über deren Vermögen ein Vergleichs- oder Konkursverfahren eröffnet worden ist, wird sich in aller Regel schon wegen der Überschuldung ein negativer Vermögenswert und, wenn der Betrieb schon eingestellt ist, ein Ertragshundertsatz von 0 v. H. ergeben. Dies führt dann auch zu einem Anteilswert von 0 v. H., so daß sich keine weiteren Bewertungsfragen mehr ergeben. Hierzu vgl. Abschnitt 77 Rz. 27.

**19**  Bei den Anteilen an einer GmbH, die keinen Betrieb mehr unterhält, spricht man von einem GmbH-Mantel. Wenn bei einer solchen GmbH noch Verluste offen sind, die in dem früheren Betrieb derselben entstanden waren, jedoch von ihr mangels Einkünfte bei den Ertragsteuern nicht mehr geltend gemacht werden können, besteht heute unter bestimmten Voraussetzungen und in bestimmtem Umfang die Möglichkeit, einen Verlustvortrag geltend zu machen (§ 8 KStG i. V. mit § 10 d EStG). Der Erwerb eines solchen GmbH-Mantels konnte deshalb mindestens in der Vergangenheit für einen Käufer von größerem Interesse sein. Die GmbH kann nämlich den Verlustvortrag mit ihren dann erzielten Gewinnen verrechnen. Diese Verrechnungsmöglichkeit kann für den Erwerber der Anteile zu einer erheblichen Steuerersparnis führen, die sich dann allerdings auch der Veräußerer entsprechend honorieren läßt. Die Anteile an einer solchen GmbH haben demgemäß auch einen Wert. Wenn aber die künftige Steuerbelastung (latente Ertragssteuerbelastung) weder bei der Ermittlung des Vermögenswerts (vgl. Abschnitt 77 Rz. 16) noch bei der Ermittlung des Ertragshundertsatzes (vgl. Abschnitt 78 Rz. 21) berücksichtigt werden darf, muß dies aus denselben Gründen auch hier für den künftigen Steuervorteil gelten. Im Ergebnis wären damit die Anteile an einer solchen Mantel-GmbH mit 0 v. H. anzusetzen. Erst nach der Veräußerung bzw. nach dem Erwerb der Anteile wäre der gemeine Wert aus dem Kaufpreis abzuleiten, der für die Anteile gezahlt worden ist. Hierzu vgl. Abschnitt 76 Rz. 1 ff.

# VIII. Ermittlung des gemeinen Werts von Anteilen an gemeinnützigen Kapitalgesellschaften

## 1. Wortlaut des Abschnitts 82 VStR

*(1) Der gemeine Wert von Anteilen an gemeinnützigen Gesellschaften (ausgenommen Wohnungsbaugesellschaften) ist in der Weise zu ermitteln, daß vom Vermögenswert, der nicht über dem Nennwert anzusetzen ist, ein Abschlag von 50 v. H. zu machen ist. Bei gemeinnützigen Gesellschaften, die dauernd auf Zuschüsse oder Spenden angewiesen sind, kann der Abschlag je nach Lage des Einzelfalles auch höher bemessen werden. Abschnitt 79 ist nicht anzuwenden.*

*(2) Anteile an steuerbefreiten Unterstützungskassen, die in die Rechtsform einer Kaptialgesellschaft gekleidet sind, sind mit null DM zu bewerten. Sie sind aber dann nicht wertlos, wenn das Kassenvermögen durch keinerlei Verpflichtungen aus laufenden Renten belastet ist (BFH, 30. 4. 1971, BStBl. 1971 II S. 654).*

## 2. Rechtsprechung zu Abschnitt 82 VStR

BFH, 14. 7. 1966 – IV U 158/65 (BStBl. 1967 III S. 20, BB 1967 S. 22)
BFH, 14. 1. 1971 – IV R 140/70 (BStBl. 1971 II S. 180, BB 1971 S. 340)
BFH, 30. 4. 1971 – III R 81/69 (BStBl. 1971 II S. 654, BB 1971 S. 1269)
BFH, 3. 12. 1982 – III R 19/80 (BStBl. 1983 II S. 190, BB 1983 S. 489)

### Zu Abschnitt 82 Abs. 2 VStR

*Unterstützungskasse*

Eine Unterstützungskasse in der Rechtsform einer GmbH kann nach § 3 Abs. 1 Nr. 5 VStG vermögensteuerfrei sein. Gewährt sie dem Trägerunternehmen ein Darlehen, so ist dieses beim Trägerunternehmen als Schuld zu berücksichtigen. Das setzt jedoch voraus, daß das Trägerunternehmen aufgrund seiner wirtschaftlichen Lage in ausreichendem Maße in der Lage ist, für die Sicherheit der Mittel der Unterstützungskasse zu bürgen (BFH, 30. 4. 1971). 1

*VIII. Anteile an gemeinnützigen Kapitalgesellschaften*

Bei einer Unterstützungskasse dient das gesamte Kassenvermögen in erster Linie zur Deckung der laufenden Renten (BFH, 22. 10. 1965 – III 28/61 U, BStBl. 1966 III S. 3, BB 1966 S. 154). Wenn noch keine Pensionäre vorhanden sind, ist deshalb das Kassenvermögen nicht belastet. In diesem Fall haben die Anteile trotz der Vermögensbindung des Kassenvermögens für das Trägerunternehmen wegen der Möglichkeit, das Kassenvermögen unbeschränkt für betriebliche Zwecke zu verwenden, einen Wert, der jedenfalls über 0 DM liegt. Da Ausschüttungen aus dem Kassenvermögen an das Trägerunternehmen nicht erfolgen, ist der Anteilswert nur unter Berücksichtigung des Vermögenswerts zu ermitteln. Ist die Darlehensforderung der Unterstützungskasse vollwertig, so besteht auch keine Veranlassung, bei der Anteilsbewertung einen zusätzlichen Abschlag vom Vermögenswert vorzunehmen (BFH, 30. 4. 1971).

2 Der Teilwert der Anteile wird nicht dadurch beeinflußt, daß das Trägerunternehmen über das Betriebsvermögen nicht verfügen kann. Ertragsteuerrechtlich sind deshalb die Anteile mit dem Nennwert anzusetzen (BFH, 14. 7. 1966; BFH, 14. 1. 1971).

## 3. Ergänzende Anmerkungen zu Abschnitt 82 VStR

### Zu Abschnitt 82 Abs. 1 VStR

*a) Anteile an gemeinnützigen Gesellschaften*

3 Von einer gemeinnützigen GmbH dürfen nur die eingezahlten Kapitalanteile zurückerstattet werden (§ 55 Abs. 1 Nr. 2 AO). Demgemäß kann auch hier der Wert der Anteile nicht über 100 v. H. des Nennkapitals hinausgehen. Nachdem hier auch keinerlei Ausschüttungen erfolgen dürfen, kann es auch auf einen ausschüttungsfähigen Ertrag nicht ankommen. Demgemäß soll auch Abschnitt 79 VStR nicht angewendet werden. Als Anteilswert sollen nur 50 v. H. des Vermögenswerts angesetzt werden. Das entspricht im wesentlichen dem Anteilswert bei einer ertraglosen GmbH, der unter Berücksichtigung des Abschlags nach Abschnitt 79 Abs. 3 VStR bei rd. 50 v. H. liegt. Allerdings dürfte hier der Abschlag auch über 50 v. H. hinausgehen und zu einem noch niedrigeren Anteilswert führen können, wenn die gemeinnützige GmbH dauernd auf Zuschüsse und Spenden angewiesen ist. Die Rechtsform einer gemeinnützigen GmbH dürfte nicht allzu häufig vorkommen. Auf jeden Fall muß die GmbH aber am Stichtag als gemeinnützig anerkannt sein.

*Anmerkungen*

Nach Aufhebung des Gesetzes über die Gemeinnützigkeit im Wohnungswesen durch Art. 21 des Steuerreformgesetzes 1990 vom 25. 7. 1988 (BGBl. 1988 I S. 1093) ist der gemeine Wert von Anteilen an den entsprechenden Wohnungsbaugesellschaften wie im Regelfall zu ermitteln. Allein schon durch die Übernahme des relativ niedrigen Einheitswertes des Grundbesitzes, der hier den wesentlichen Teil des Gesellschaftsvermögens bildet, dürfte sich aber ein Anteilswert ergeben, der erheblich unter dem Verkehrswert dieser Anteile liegt.  **4**

## Zu Abschnitt 82 Abs. 2 VStR

*b) Anteile an einer Unterstützungskasse*

Betriebliche Unterstützungskassen können auch in der Rechtsform einer GmbH gegründet werden. Anders als bei der gemeinnützigen GmbH kann aber bei Auflösung einer steuerbefreiten Unterstützungskasse von dem Kassenvermögen, d. h. vom Eigenkapital, nichts mehr den Gesellschaftern zurückerstattet werden. Das Kassenvermögen steht nämlich ausschließlich den Bezugsberechtigten und ihren Angehörigen zu oder muß ausschließlich für gemeinnützige oder mildtätige Zwecke verwendet werden. Insofern ist es berechtigt, daß nach Abschnitt 82 Abs. 2 VStR die Anteile an einer steuerbefreiten Unterstützungskasse nur mit 0 DM bewertet werden.  **5**

Kommt es jedoch zu einer Überdotierung, so wird die bisher steuerbefreite Unterstützungskasse steuerpflichtig (vgl. hierzu § 4 a EStG, § 5 Abs. 1 Nr. 3 KStG und § 3 Abs. 1 Nr. 5 VStG). Im wesentlichen wird sie dann mit dem Betrag steuerpflichtig, der den Wert des Deckungskapitals für die laufenden Leistungen übersteigt. Über diesen Betrag kann die Unterstützungskasse dann auch frei verfügen und ihn im Falle ihrer Auflösung den Gesellschaftern auch wieder zur Verfügung stellen. Demgemäß müßte bei der Bewertung der Anteile an einer überdotierten Unterstützungskasse als Vermögenswert der Betrag angesetzt werden, der vom Kassenvermögen nach Abzug des Kapitalwerts der laufenden Leistungen verbleibt. Insoweit besteht dann auch wieder eine gewisse Übereinstimmung mit der Rechtsprechung, wonach die Bewertung der Anteile mit 0 DM nur dann gelten kann, wenn das Kassenvermögen mit laufenden Rentenleistungen voll ausgelastet ist. Wird die Unterstützungskasse im vollen Umfang steuerpflichtig, so erfolgt auch die Anteilsbewertung wie im Regelfall.

*VIII. Anteile an gemeinnützigen Kapitalgesellschaften*

### c) Rückwirkender Wegfall der Steuerfreiheit

**6** Fällt bei einer gemeinnützigen Kapitalgesellschaft die Vermögensbindung weg, so führt dies dazu, daß für die letzten 10 Jahre die Steuerfreiheit rückwirkend aufgehoben wird und alle Steuern nacherhoben werden (§ 61 Abs. 3 AO). Dasselbe gilt, wenn bei einer Unterstützungskasse die Vermögensbindung aufgehoben wird (Abschnitt 6 Abs. 9 KStR). Da weder der Einheitswert noch die Steuerbilanz als Grundlagenbescheid für die Anteilsbewertung anzusehen sind, ist in diesem Fall auch § 175 Nr. 1 AO ohne Bedeutung. Der rückwirkende Wegfall der Steuerfreiheit ist zwar ein Ereignis, das Wirkung für die Vergangenheit hat (§ 175 Nr. 2 AO). Bei der Anteilsbewertung dürfte insoweit allerdings das Stichtagsprinzip vorgehen, der Wegfall dürfte deshalb nur dann zu berücksichtigen sein, wenn auch am Stichtag schon damit zu rechnen war.

# IX. Ermittlung des gemeinen Wertes für Anteile bei Beteiligungsbesitz und in den Fällen der Organschaft

## 1. Wortlaut des Abschnitts 83 VStR

*(1) Erfüllt eine Obergesellschaft die Voraussetzungen des Abschnitts 81 Abs. 1 oder 1 a, so wird der gemeine Wert nach den Anweisungen des Abschnitts 81 Abs. 1 ermittelt. Wenn diese Voraussetzungen nicht vorliegen, sind anzuwenden:*

*1. Abschnitt 81 Abs. 1 Sätze 1 und 2 für den Teil des Gesellschaftsvermögens, der aus Beteiligungen von mehr als 50 v. H. besteht. Bei der Ermittlung dieses Teils des Gesellschaftsvermögens sind Schulden, die in wirtschaftlichem Zusammenhang mit den Beteiligungen stehen, abzuziehen;*

*2. Abschnitte 77 bis 79 für den Teil des Gesellschaftsvermögens, der aus dem übrigen Betriebsvermögen besteht. Dabei sind nur die Ertragsaussichten zu berücksichtigen, die auf dieses Betriebsvermögen entfallen. Die Erträge der unter Nummer 1 fallenden Beteiligungen sowie die Zinsen für Schulden, die mit diesen Beteiligungen in wirtschaftlichem Zusammenhang stehen, sind daher auszusondern.*

*Für jeden Teil des Gesellschaftsvermögens ist ein Zwischenwert zu ermitteln. Dabei ist auf das Nennkapital der Obergesellschaft abzustellen. Die Summe der Zwischenwerte ergibt den gemeinen Wert der Anteile an der Obergesellschaft. Beispiel: . . .*

*Zur Ermittlung des gemeinen Werts für Aktien und Anteile ohne Einfluß auf die Geschäftsführung der Gesellschaft, d. h. für Aktien und Anteile i. S. des Abschnitts 80, ist der sich nach Sätzen 1 bis 3 ergebende Wert um 15 v. H. zu kürzen. Auf Antrag ist der gemeine Wert dieser Aktien und Anteile nach Abschnitt 80 Abs. 2 zu ermitteln.*

*(2) Absatz 1 gilt unabhängig davon, ob zwischen der Obergesellschaft und der Untergesellschaft ein Organschaftsverhältnis besteht.*

*(3) Ist die Untergesellschaft ein Organ, so ist bei der Ermittlung des gemeinen Werts ihrer Anteile das Geschäftsergebnis als eigener Betriebsgewinn anzusehen und für den Ertragshundertsatz maßgebend (BFH, 29. 3. 1963, BStBl. 1963 III S. 324). Die beim Organ zu berücksichtigenden Gewinne sind zu*

*IX. Anteile bei Beteiligungsbesitz und in den Fällen der Organschaft*

*korrigieren, wenn ihre Höhe wesentlich durch ungewöhnliche Verhältnisse beeinflußt worden ist, die ohne die Gewinnabführungsverpflichtung keinen Bestand gehabt hätten (BFH, 31. 7. 1985, BStBl. 1985 II S. 653). Fiktive Körperschaftsteuer und Gewerbesteuer sind bei der Ermittlung des Jahresertrags nicht abzuziehen (BFH, 2. 10. 1985, BStBl. 1986 II S. 47). Wird jedoch die auf das Betriebsergebnis des Organs entfallende Körperschaft- und Gewerbesteuer aufgrund einer Umlagevereinbarung dem Organ in Rechnung gestellt, so mindern die auf die nichtabziehbaren Ausgaben entfallende Körperschaftsteuer und die Gewerbesteuer das Betriebsergebnis des Organs. Ist für Aktien und Anteile an der Untergesellschaft, die sich im Besitz anderer Gesellschafter befinden, eine Dividende in bestimmter Höhe garantiert, so ist bei Ermittlung des Ertragshundertsatzes der Durchschnittsertrag um die garantierte Bruttodividende (Bardividende zuzüglich Steuergutschrift) zu kürzen. In diesen Fällen ist Abschnitt 84 entsprechend anzuwenden. Beispiel: . . .*

## 2. Rechtsprechung zu Abschnitt 83 VStR

BFH, 29. 3. 1963 – III 352/59 U (BStBl. 1963 III S. 324, BB 1963 S. 887)
BFH, 18. 10. 1967 – I 262/63 U (BStBl. 1968 II S. 105)
BFH, 4. 7. 1969 – III 56/65 U (BStBl. 1969 II S. 609)
BFH, 23. 7. 1971 – III R 104/70 (BStBl. 1972 II S. 5, BB 1972 S. 29)
BFH, 25. 10. 1974 – III R 128/73 (BStBl. 1975 II S. 83, BB 1975 S. 82)
BFH, 31. 7. 1985 – II R 211/82 (BStBl. 1985 II S. 632)
BFH, 2. 10. 1985 – R II 214/82 (BStBl. 1986 II S. 47, BB 1986 S. 122)

## Zu Abschnitt 83 Abs. 1 und 2 VStR

*a) Organgesellschaft*

**1** Bei der Bewertung von Anteilen an einer GmbH, die Organgesellschaft ist, kommt es auf das Ergebnis ihrer wirtschaftlichen Betätigung an, gleichgültig, ob sie auch steuerliches Einkommen hat. Das Geschäftsergebnis der Organ-GmbH ist deshalb, auch wenn sie für Rechnung des Organträgers arbeitet, als eigener Betriebsgewinn anzusehen und für die Ermittlung des Ertragshundertsatzes maßgebend (BFH, 25. 10. 1974). Die dazu erforderlichen Berechnungen müssen wie im Normalfall durchgeführt werden. Diese Regelung dürfte am besten der Begriffsbestimmung des gemeinen Werts entsprechen, da die Ertragslosigkeit durch Gewinn- und Verlustausschlußvereinbarung keine den Anteilen immanente Eigenschaft ist (BFH, 29. 3. 1963).

*Rechtsprechung*

Nicht in jedem Fall ist davon auszugehen, daß der vor Berücksichtigung der Abführung ausgewiesene Gewinn die Ertragsaussichten auch zureichend zum Ausdruck bringt. Das ist vor allem der Fall, wenn in dem nicht zu berücksichtigenden Aufwandsposten „Gewinnabführung" verdeckt eine „Gegenleistung" für eine wesentliche, anderweitig nicht abgegoltene Leistung des Organträgers enthalten ist, z. B. wenn von ihm das ganze Betriebsvermögen der Organgesellschaft unentgeltlich zur Verfügung gestellt wird. Hier würde der gedachte Wegfall der Gewinnabführungsverpflichtung auch zum Wegfall der unentgeltlichen Überlassung führen. Es muß deshalb ein gedachter Wegfall des Aufwandspostens „Gewinnabführung" durch den Ansatz eines fiktiven Aufwandspostens „Betriebspacht" ersetzt und der Ertragshundertsatz entsprechend korrigiert werden (BFH, 31. 7. 1985).

Bei der Ermittlung des Ertragshundertsatzes im Rahmen der Bewertung der Anteile an einer Organ-GmbH ist auch die auf den fiktiven Gewinn entfallende fiktive Körperschaftsteuer zu ermitteln (BFH, 25. 10. 1974). Diese Rechtsprechung ist jedoch durch die Neufassung des Abschnitts 83 VStR überholt (BFH, 31. 7. 1985). Danach ist auch bei einer Organgesellschaft mit Ergebnisabführungsverpflichtung keine fiktive Körperschaftsteuer abzuziehen, denn sie wird beim Organträger berücksichtigt (BFH, 2. 10. 1985).

## Zu Abschnitt 83 Abs. 3 VStR

*b) Obergesellschaft*

Wenn die von der Organ-GmbH erzielten Gewinne bei der Feststellung des gemeinen Werts der Anteile an der Organträger-GmbH berücksichtigt werden, wirken sie sich auch im Vermögenswert der Anteile an dieser GmbH aus. Es trifft jedoch nicht zu, daß deswegen eine nochmalige Berücksichtigung der Gewinne der Organ-GmbH bei der Ermittlung des Ertragshundertsatzes ausgeschlossen ist. Diese Auffassung beruht auf der Annahme, daß ein fiktiver Käufer der Anteile die Tatsache, daß aus dem Ergebnisabführungsvertrag (EAV) der Organträger-GmbH Gewinne zufließen, nur einmal bei der Berechnung des Kaufpreises berücksichtigt. Diese Annahme wird jedoch nicht für richtig gehalten. Der fiktive Erwerber von Anteilen an der Organträger-GmbH wird einmal berücksichtigen, daß er mit dem Vermögenswert auch eine Beteiligung an der Organ-GmbH erwirbt. Ihm wird dabei bewußt sein, daß der Wert dieser Beteiligung auch durch die Ertragsaussichten beeinflußt ist. Diese Ertragsaussichten bestehen jedoch unabhängig davon, ob die Organ-GmbH ihren Gewinn selbst

*IX. Anteile bei Beteiligungsbesitz und in den Fällen der Organschaft*

behalten darf oder aufgrund eines EAV an die Organträger-GmbH abführen muß. Die Auswirkungen der EAV zeigen sich erst darin, daß durch die Gewinnabführungsverpflichtung der Organ-GmbH die Ertragsaussichten der Organträger-GmbH steigen. Auch diesen Umstand wird der Erwerber bei der Bemessung des Kaufpreises berücksichtigen. Daß dies der Fall ist, zeigt sich eindeutig dann, wenn die Organ-GmbH keine Gewinne erzielt, sondern Verluste erleidet, die die Organträger-GmbH zu übernehmen hat. Für diesen Fall gilt, daß eine EAV nicht ohne Auswirkungen auf den gemeinen Wert der Anteile bleiben kann (BFH, 18. 10. 1967), wenn, wie es das Gesetz vorschreibt, auch die Ertragsaussichten zu berücksichtigen sind (BFH, 4. 7. 1969). Diese Rechtsprechung ist weitgehend durch Abschnitt 81 Abs. 1 VStR überholt.

3 Bei der Berechnung von Vermögenswert und Ertragshundertsatz ist ein System von Abschlägen von wesentlicher Bedeutung für die Höhe der ermittelten Werte. Bei Verschachtelung mehrerer Gesellschaften führt dieses System zu einer wiederholten Gewährung von Abschlägen, die wegen der wirtschaftlichen Einheit der miteinander verbundenen Gesellschaften nicht gerechtfertigt sind und durch die doppelte Erfassung der Erträge der Beteiligungsgesellschaften in der Regel wieder ausgeglichen werden. So ist z. B. nach Abschnitt 77 Abs. 5 VStR der Vermögenswert um 15 v H. zu kürzen, der abgelieferte Gewinn wird bei der Organträger-GmbH der Körperschaftsteuer unterworfen, wird also nicht voll angesetzt u. a. mehr. Durch diese Korrekturen, die für das Funktionieren des Stuttgarter Verfahrens von wesentlicher Bedeutung sind, wird in der Regel der Umstand, daß die Ertragsaussichten sich bei der Bewertung ihrer Anteile ausgewirkt haben, ausreichend berücksichtigt.

Dies entspricht auch der Behandlung von Wertpapieren mit Börsenkursen. Besitzt eine GmbH börsennotierte Aktien, so werden diese ebenfalls mit dem die Ertragsaussichten berücksichtigenden Börsenkurs bei der Ermittlung des Vermögenswerts erfaßt. Ähnlich wie die Erträge aus Aktien sind auch die Erträge aus der Beteiligungsgesellschaft dem übrigen Gewinn der die Beteiligung haltenden GmbH zuzurechnen (BFH, 23. 7. 1971).

4 Als weitere Begründung wird angeführt, daß der nach dem Stuttgarter Verfahren ermittelte Wert nur ein Annäherungswert sein kann und daß im Einzelfall „gewisse Unebenheiten und Härten" hingenommen werden müssen. Auch hier handele es sich um eine solche Unebenheit. Ob in Ausnahmefällen, etwa dann, wenn die Organ-GmbH ständig im Verhältnis zu ihrem Vermögen sehr hohe Gewinne erzielt und abführt, der gemeine Wert der Anteile an der Organträger-GmbH durch einen Abschlag oder in

anderer Weise ermäßigt werden müßte, wird ausdrücklich offengelassen (BFH, 4. 7. 1969).

## 3. Ergänzende Anmerkungen zu Abschnitt 83 VStR

*a) Allgemeines*

Abschnitt 83 VStR ist nicht nur für die Organ- und Organträger-GmbH, sondern für alle Kapitalgesellschaften mit Beteiligungsbesitz von Bedeutung. Der Abschnitt hätte deshalb mit Abschnitt 81 VStR zusammengefaßt werden können, der den gleichen Sachverhalt behandelt. Abgesehen davon ist die Regelung in Abschnitt 83 VStR auch deshalb nicht besonders geglückt, weil sie in manchen Punkten von Abschnitt 81 VStR abweicht.

Bei einer GmbH mit Beteiligungsbesitz ergibt sich jeweils die Frage, ob und in welchem Ausmaße der hier entstehende sog. Kaskadeneffekt verhindert werden kann. Hierzu vgl. Abschnitt 81 Rz. 7. Die dort angeführten Denkmodelle gehen davon aus, daß insoweit eine besondere Berechnung nur dann erfolgen soll, wenn sich diese auch auf das Endergebnis in stärkerem Maße auswirkt. Das ist aber nur der Fall, wenn der Beteiligungsbesitz einen wesentlichen Teil des Gesellschaftsvermögens ausmacht. Während Abschnitt 81 VStR deshalb seine Anwendung vom Verhältnis des Werts des Beteiligungsbesitzes zum Wert des gesamten GmbH-Vermögens abhängig macht, stellt Abschnitt 83 VStR darauf ab, ob die einzelne Beteiligung mehr als 50 v. H. des Nennkapitals der Untergesellschaft ausmacht, an der sie besteht. Dies ist aber keinerlei Kriterium dafür, ob sich eine Sonderbehandlung dieser Beteiligung auch auf den endgültigen Anteilswert der Obergesellschaft auswirkt. Z. B. kann eine Beteiligung von mehr als 50 v. H. gegenüber dem übrigen Gesellschaftsvermögen so gering sein, daß sie sich auf die weiteren Berechnungen nicht oder nur ganz unwesentlich auswirkt. Gleichwohl soll die Sonderbewertung durchgeführt werden. Andererseits wäre für eine Beteiligung von 25 v. H. des Stammkapitals der Untergesellschaft, die jedoch 70 v. H. des Gesellschaftsvermögens der Obergesellschaft ausmacht, die Sonderbewertung ausgeschlossen. Es wird deshalb die Auffassung vertreten, daß die Bewertungsmethode in den Fällen des Abschnitts 83 Abs. 1 VStR nur davon abhängig gemacht werden sollte, ob der gesamte Beteiligungsbesitz einen bestimmten Prozentsatz des Gesellschaftsvermögens ausmacht, z. B. mehr als 20 v. H. oder mehr als 50 v. H., sofern man an diesem in Abschnitt 83 Abs. 1 VStR genannten Satz festhalten will.

*IX. Anteile bei Beteiligungsbesitz und in den Fällen der Organschaft*

**6** Nunmehr bedarf die Frage, wie zu verfahren ist, einer doppelten Prüfung. Einmal muß nämlich festgestellt werden, ob der Wert sämtlicher Aktien und GmbH-Anteile, d. h. der gesamte Anteilsbesitz, mehr als 80 v. H. des Werts des Gesellschaftsvermögens der Obergesellschaft ausmacht; denn in diesem Fall kommt es zur Anwendung des Abschnitts 81 VStR. Wenn feststeht, daß dies nicht der Fall ist, muß jede einzelne Beteiligung untersucht werden, ob sie mehr als 50 v. H. des Nennkapitals der Untergesellschaft beträgt (s. o.). Der Wert der Beteiligungen, die diese Voraussetzungen erfüllen, ist dann zusammenzufassen und bei den weiteren Berechnungen gesondert zu behandeln.

## Zu Abschnitt 83 Absatz 1 VStR

*b) Getrennte Wertermittlung*

**7** Zur Durchführung der Sonderbewertung nach Abschnitt 83 Abs. 1 VStR müssen zunächst Gesellschaftsvermögen und Gesellschaftsertrag jeweils in zwei Teile zerlegt werden, nämlich in den Beteiligungsbesitz und in das übrige Gesellschaftsvermögen. Für jeden Teil ist die Anteilsbewertung so durchzuführen, als ob er jeweils eine eigene GmbH bilden würde, mit demselben Stammkapital wie die GmbH, für welche der endgültige Anteilswert zu ermitteln ist. Dabei wird der Anteilswert für den Beteiligungsbesitz nach Abschnitt 81 Abs. 1 VStR, der Anteilswert für das übrige Gesellschaftsvermögen dagegen nach den Abschnitten 77 ff. VStR wie im Regelfall ermittelt. Die Anteilswerte für beide Teile werden dann zusammengerechnet.

Beispiel:

Die GmbH hat ein Stammkapital von 6 Mio. DM. Ihr Vermögen setzt sich zusammen aus einer 51%igen Beteiligung an der A-GmbH, einer 100%igen Beteiligung an der B-GmbH und sonstigem Betriebsvermögen. Der gemeine Wert der Beteiligungen beträgt zusammen 5 Mio. DM, der des übrigen Betriebsvermögens 10 Mio. DM. Die durchschnittlichen Erträge aus den Beteiligungen machen 300 000 DM, die übrigen Erträge 800 000 DM aus. (Das Beispiel ist aus Abschnitt 83 Abs. 1 VStR übernommen, jedoch in der Berechnungsmethode stark vereinfacht dargestellt.)

Vermögenswert:

a) für Anteile, soweit Beteiligungsvermögen = $\dfrac{5 \text{ Mio} \times 100}{6 \text{ Mio}}$ = 83,33 v. H.

b) für Anteile, soweit sonstiges Betriebsvermögen =
$\dfrac{(10 \text{ Mio} \nmid 15 \text{ v. H.}) \times 100}{6 \text{ Mio}}$ = 141,66 v. H.

Ertragshundertsatz:

für Anteile, soweit übriges Betriebsvermögen =
$$\frac{(800\,000 \,/\, 30\text{ v.H.}) \times 100}{6\,\text{Mio}} = 9{,}33 \text{ v. H.}$$

Gemeiner Wert:

a) für Anteil, soweit Beteiligungsvermögen (s. o.)            = 83,33 v. H.

b) für Anteil, soweit übriges Betriebsvermögen =
$$\frac{70}{100} \times (141{,}66 + [5 \times 9{,}33]) = 131{,}82 \text{ v. H.}$$

c) für Anteil insgesamt = 83,33 + 131,82 = 215,15     = 215,00 v. H.

**8** Zur Ermittlung des Anteilswerts für den Beteiligungsbesitz ist vom Wert aller Beteiligungen auszugehen, welche die Voraussetzungen des Abschnitts 83 Abs. 1 VStR erfüllen. Er entspricht dann dem Vermögenswert (Abschnitt 81 Abs. 1 VStR). Anzusetzen ist allerdings nicht der Bruttowert, sondern der Nettowert des Beteiligungsbesitzes, d. h. der Wert, der sich nach Abzug aller in unmittelbarem Zusammenhang damit stehenden Schulden und Lasten der GmbH ergibt. Schulden und Lasten, bei denen ein eindeutiger Zusammenhang mit dem Beteiligungsbesitz nicht festzustellen ist, sollten nicht aufgeteilt, sondern aus Vereinfachungsgründen dem übrigen Gesellschaftsvermögen zugeordnet werden. Verbleibt nach dem Abzug noch ein Restbetrag, so sollte dieser jedenfalls beim Beteiligungsbesitz mitberücksichtigt werden können.

Auch die Erträge der GmbH müssen aufgeteilt werden, denn die Erträge des Beteiligungsbesitzes bleiben unberücksichtigt. Dasselbe gilt für damit im Zusammenhang stehende Verluste. Bei der Aufteilung ist entsprechend zu verfahren (s. o.). Das gilt aber nur, soweit sie sich bereits im Anteilswert der Beteiligung ausgewirkt haben; andernfalls sind sie bei der Obergesellschaft zu berücksichtigen. Vgl. Abschnitt 81 Rz. 11.

**9** Die Anteilsbewertung für das übrige Gesellschaftsvermögen erfolgt unter Berücksichtigung der darauf entfallenden Schulden und Lasten, Erträge und Aufwendungen wie im Regelfall nach den Abschnitten 77 ff. VStR. Es gelten deshalb auch alle danach vorgesehenen Abschläge.

Ein Anteilswert selbst kann zwar niemals negativ sein. Im vorliegenden Zusammenhang kann sich jedoch für den einen oder anderen Teil des Gesellschaftsvermögens auch ein negativer Anteilswert ergeben. Er wäre dann mit dem positiven Anteilswert des anderen Teils zu verrechnen.

**10** Die Sonderbewertung für Anteile an der GmbH, die unter Abschnitt 80 Abs. 1 VStR fallen, weil sie keinen Einfluß auf die Geschäftsführung gestatten, wird nicht bei den einzelnen Teilen durchgeführt. Es soll viel-

*IX. Anteile bei Beteiligungsbesitz und in den Fällen der Organschaft*

mehr ein Abschlag von 15 v. H. vom zusammengerechneten endgültigen Anteilswert gemacht werden. Es handelt sich dabei um eine Vereinfachungsregelung, die im Regelfall etwas über dem Ergebnis liegt, das sich nach der Sonderregelung in Abschnitt 81 Abs. 1 VStR ergibt. Gleichwohl kann nicht ausgeschlossen werden, daß der Abschlag nicht in allen Fällen zu einem Ergebnis führt, das auch bei Anwendung des Abschnitts 80 Abs. 2 VStR zu erzielen wäre. Der Anteilswert kann deshalb auf Antrag auch nach diesen Anweisungen ermittelt werden (FinMin NW, 7. 3. 1983, Betrieb 1983 S. 638). Der Vermögenswert für den Beteiligungsbesitz dürfte in diesem Fall dann um 10 v. H. (vgl. Abschnitt 81 Rz. 54) und der für das übrige Gesellschaftsvermögen um 25 v. H. (vgl. Abschnitt 80 Rz. 14) gekürzt werden können. Die ausgeschüttete Dividende ist nach dem Verhältnis der beiden Vermögensteile anteilig nur bei dem Teil für das übrige Gesellschaftsvermögen zu berücksichtigen. Dies erübrigt sich jedoch, wenn die Dividende einschließlich der Steuergutschrift den Ertrag des Vermögensteils nicht übersteigt (FinMin NW, 7. 3. 1983, s. o.).

## Zu Abschnitt 83 Abs. 2 und 3 VStR

*c) Anteile an der Organ-GmbH*

11 In Abschnitt 83 Abs. 2 und 3 VStR ist die Anteilsbewertung bei einem Organschaftsverhältnis geregelt. Bei der Ermittlung des Werts der Anteile an einer Organ-GmbH ist demgemäß so zu verfahren, als ob der Ergebnis- und Verlustübernahmevertrag nicht bestehen würde. Fiktive Steuern sind allerdings bei der Organ-GmbH nicht zu berücksichtigen.

Die Verpflichtung zur Gewinnabführung und der Anspruch auf Verlustübernahme sind bereits im Einheitswert des Betriebsvermögens der Organ-GmbH berücksichtigt (Abschnitt 12 Abs. 2 VStR) und haben sich demgemäß auch in dem für sie ermittelten Vermögenswert ausgewirkt.

*d) Anteile an der Organträger-GmbH*

12 Bei der Ermittlung des Werts der Anteile an der Organträger-GmbH wird der ermittelte gemeine Wert des Anteils an der Organ-GmbH unverändert übernommen. Es wird offensichtlich unterstellt, daß bei den Anteilen an einer Organ-GmbH stets die dafür nach Abschnitt 83 Abs. 1 VStR erforderlichen Voraussetzungen erfüllt sind.

Wenn sich beim Betriebsvermögen der Organ-GmbH die Gewinnabführungsverpflichtung ausgewirkt hat (s. o.), ist beim Betriebsvermögen der Organträger-GmbH auch ein Gewinnabführungsanspruch in gleicher Höhe anzusetzen (Abschnitt 12 Abs. 2 VStR). Entsprechendes gilt umgekehrt für die Verlustübernahmeverpflichtung. Anspruch und Verbindlichkeit müßten jeweils bei dem Teil des Betriebsvermögens der Organträger-GmbH berücksichtigt werden, der auf den Beteiligungsbesitz entfällt.

Bei der Ermittlung des Ertragshundertsatzes für die Organträger-GmbH müssen Gewinn und Verlust der Organ-GmbH unberücksichtigt bleiben; denn sie haben sich bereits auf den Ertragshundertsatz der Anteile derselben ausgewirkt. Sie können auch nicht bei dem Teil des Ertrags berücksichtigt werden, der auf das übrige Gesellschaftsvermögen entfällt. Eine andere Beurteilung kann sich aber dann ergeben, wenn die Organträger-GmbH laufend Verluste der Organ-GmbH zu übernehmen hat. Anders als die Erträge haben sich nämlich diese Verluste im Ertragshundertsatz der Anteile an der Organ-GmbH noch nicht ausgewirkt; denn diese Verluste sind bei der Ermittlung des Werts der Anteile an der Organ-GmbH mit Null DM angesetzt worden (Abschnitt 78 Abs. 4 VStR). Das wiederum hat zur Folge, daß Belastungen, die sich infolge der Verlustübernahme für die Organträger-GmbH ergeben, bei der Ermittlung ihres Ertragshundertsatzes berücksichtigt werden können (FG Hamburg, 28. 10. 1987, EFG 1988 S. 93). Kritisch wird dies allerdings, wenn sich auch bei der Obergesellschaft ein Verlust ergibt und dieser ebenfalls nach Abschnitt 78 Abs. 4 VStR praktisch mit einem Ertrag von 0 gleichgesetzt wird. **13**

Entsprechend müßte auch verfahren werden, wenn aus anderen Gründen, z. B. weil die Untergesellschaft erst neu gegründet worden ist, deren Verluste bei der Bewertung ihrer Anteile unberücksichtigt bleiben. Hierzu vgl. Abschnitt 89 Abs. 1 VStR.

*e) Garantierte Dividende*

Grundsätzlich kann bei der Ermittlung des Ertragshundertsatzes weder der nach Abschnitt 78 VStR ermittelte Ertrag noch die tatsächlich ausgeschüttete Dividende abgezogen werden. Eine Ausnahme soll allerdings nach Abschnitt 83 Abs. 3 VStR beim Ertragshundertsatz für die Anteile an einer Organ-GmbH gelten. Hier soll nämlich die garantierte Dividende abzugsfähig sein. Allein aus der Tatsache, daß es sich um die Anteile an einer Organ-GmbH handelt, läßt sich aber diese Ausnahme nicht erklären. Die gleiche Sachbehandlung müßte dann nämlich auch für jede andere GmbH gelten. **14**

Nach Abschnitt 83 Abs. 3 VStR ist zunächst der ermittelte Ertrag der GmbH um die Summe der garantierten Dividendenbeträge zu kürzen. Der verbleibende Wert des Ertrags ist auf die Gesellschafter zu verteilen, die

*IX. Anteile bei Beteiligungsbesitz und in den Fällen der Organschaft*

keine Garantie erhalten haben. Verbleibt kein Ertrag mehr, so ist insoweit von Null DM auszugehen. Bei den Gesellschaftern, denen die Dividendengarantie zugute kommt, ist dagegen die Dividende oder, falls der Ertragshundertsatz, der sich bei einer Regelbewertung ergeben würde, niedriger ist, dieser zu übernehmen. Die Anteilsbewertung erfolgt somit zweigleisig. Hierzu vgl. Abschnitt 84 Abs. 1 VStR.

Beispiel:

| | |
|---|---|
| Nennkapital des Organs | 15 000 000 DM |
| Beteiligung des Organträgers | 7 600 000 DM= 50,66 v. H. |
| garantierte Bruttodividende 10 v. H. von | 7 400 000 DM= 740 000 DM |
| durchschnittlicher Ertrag | 1 500 000 DM |
| ./. Dividendengarantie | 740 000 DM |
| verbleiben | 760 000 DM |

Ertragshundertsatz $\frac{760\,000}{7\,600\,000} = 10$ v. H.

Wird die Dividende nicht von der GmbH selbst, sondern von einem anderen Gesellschafter, z. B. der Organträger-GmbH oder von einer dritten Person garantiert, so ist zwar bei den Anteilen der dadurch begünstigten Gesellschafter ebenfalls von der garantierten Dividende auszugehen. Der auf die anderen Gesellschafter entfallende Ertrag wird jedoch wie im Regelfall ermittelt. Es kann allenfalls derjenige, der die Garantie übernommen hat, einen entsprechenden Schuldposten abziehen (Abschnitt 31 Abs. 1 VStR).

**15** *f) Fiktive Steuern*

Nach dem Stuttgarter Verfahren müssen die bei der Organ-GmbH nicht berücksichtigungsfähigen fiktiven Steuerbeträge beim Organträger erfaßt werden. Dies dürfte insbesondere dann zu Schwierigkeiten führen, wenn der Anteilswert nach Abschnitt 81 VStR zu berechnen ist. Hier soll der Anteilswert regelmäßig dem Vermögenswert, und zwar ohne Kürzung um 15 v. H., entsprechen. Diese Wertermittlungsmethode würde bei einem Organschaftsverhältnis dazu führen, daß die auf die Organ-GmbH entfallende fiktive Körperschaftsteuer und Gewerbesteuer weder bei der Untergesellschaft noch bei der Obergesellschaft berücksichtigt wird. Es ist deshalb der Vermögenswert des Organträgers um die der Organ-GmbH zuzurechnenden Steuerbeträge zu kürzen. Die Höhe des Abschlags bemißt sich hierbei nach folgender Formel:

$$\text{Abschlag} = \frac{3,5 \times \text{anteilige KSt. und GewSt.}}{\text{Stammkapital der Organ-GmbH}}$$

Die fiktiven Steuern sind allerdings bei der Ermittlung des Ertragshundertsatzes für die Organ-GmbH dann zu berücksichtigen, wenn mit den Steuerbeträgen im Umlageverfahren die Organ-GmbH weiter belastet wird (FinMin NW, 14. 4. 1987, Betrieb 1987 S. 965).

# X. Ermittlung des gemeinen Wertes für Anteile an Kapitalgesellschaften mit ungleichen Rechten

## 1. Wortlaut des Abschnitt 84 VStR

*(1) Die Beteiligung der Gesellschafter am Vermögen und Gewinn der Gesellschaft richtet sich in der Regel nach dem Verhältnis ihrer Anteile am Stammkapital (§ 29 Abs. 3 und § 72 GmbHG). In diesem Fall sind alle Anteile mit gleichen Rechten ausgestattet. Die Gesellschafter können jedoch im Gesellschaftsvertrag eine davon abweichende Vereinbarung getroffen haben. Sind danach die Anteile hinsichtlich der Beteiligung am Liquidationserlös oder hinsichtlich der Gewinnausschüttung mit ungleichen Rechten ausgestattet, so ist dies bei der Ermittlung des gemeinen Wertes zu berücksichtigen. Beispiel: ...*

*(2) Wenn nach dem Gesellschaftsvertrag für die einzelnen Anteile eine unterschiedliche Beteiligung am Liquidationserlös vereinbart ist, muß auch die Berechnung des Vermögenswertes jeweils getrennt für die verschieden ausgestatteten Anteile erfolgen. Die Berechnungen in dem Beispiel gelten entsprechend auch für die Ermittlung des Vermögenswertes.*

## 2. Ergänzende Anmerkungen zu Abschnitt 84 VStR

1  Wenn bei der Bewertung für einzelne Anteile an einer GmbH Merkmale zu beachten sind, die für die anderen Anteile an dieser GmbH nicht gelten, so sind die Anteilswerte getrennt zu ermitteln. Das gilt insbesondere für Anteile mit unterschiedlicher Beteiligung am Vermögen, z. B. verdeckte Stammeinlagen, im Liquidationsfall oder bei Veräußerung nur Zahlung des Nennwerts u. a. mehr, oder für Anteile mit verschiedener Gewinnbeteiligung, z. B. garantierte Dividende, Vorzugsdividende u. a. mehr. Inwieweit die Voraussetzungen dafür vorliegen, beurteilt sich allerdings nicht nach Abschnitt 84 VStR, sondern nach den einschlägigen Anweisungen in den Abschnitten 77 ff. VStR. Hier gehen jedenfalls die Anweisungen davon aus, daß solche Abweichungen zu beachten sind.

Beispiel:

Eine GmbH hat ein Stammkapital von 60 000 DM, ein Vermögen (nach Abzug von 15 v. H., vgl. Abschnitt 77) von 180 000 DM und einen verbleibenden Ertrag von 10 000 DM. Die Gesellschafter A und B sind je zur Hälfte am Vermögen der Gesellschaft beteiligt. Nach dem Gesellschaftsvertrag entfallen jedoch vom Gewinn 75 v. H. auf A und 25 v. H. auf B. Es ergibt sich folgende Berechnung:

$$V = \frac{180\,000 \times 100}{60\,000} = 300 \text{ v. H.}$$

Die weiteren Berechnungen sind für die Anteile des A und die Anteile des B (Nennwert jeweils 30 000 DM) getrennt durchzuführen.

Für die Anteile des A ergibt sich:

$$E = \frac{7500 \times 100}{30\,000} = 25 \text{ v. H.}$$

$$G = \frac{70}{100} \times (300 + [5 \times 25]) = \text{rd. } 297 \text{ v. H.}$$

Für die Anteile des B ergibt sich:

$$E = \frac{2500 \times 100}{30\,000} = 8{,}33 \text{ v. H.}$$

$$G = \frac{70}{100} \times (300 + [5 \times 8{,}33]) = \text{rd. } 238 \text{ v. H.}$$

Ebenso ist eine getrennte Wertermittlung durchzuführen für Anteile mit und ohne Einfluß auf die Geschäftsführung der GmbH (Abschnitt 80 VStR) u. a. mehr. **2**

Die verfahrensrechtliche Grundlage für die unterschiedliche Wertfeststellung von verschieden ausgestatteten Gruppen der Anteile an einer GmbH ergibt sich aus § 6 AntBew-VO. Hierzu vgl. Abschnitt 90 VStR. **3**

Nicht zu verwechseln mit der unterschiedlichen Wertermittlung ist der in Abschnitt 81 VStR dargestellte Fall, daß für die Anteilsbewertung einzelne Bewertungsgrundlagen zunächst getrennt voneinander ermittelt und erst danach zusammengefaßt werden müssen. Hierzu vgl. Abschnitt 83 Rz. 7. **4**

# XI. Ermittlung des gemeinen Wertes für Anteile an Kapitalgesellschaften bei nicht voll eingezahltem Grund- und Stammkapital

## 1. Wortlaut des Abschnitts 85 VStR

*(1) Die Beteiligung der Gesellschafter am Vermögen und Gewinn der Gesellschaft richtet sich in der Regel nach dem Verhältnis der Anteile am Grund- oder Stammkapital (§ 29 Abs. 2 und § 72 GmbHG). Sofern die Gesellschafter nicht ausdrücklich eine davon abweichende Vereinbarung getroffen haben, gilt dies auch dann, wenn das Grund- oder Stammkapital der Gesellschaft noch nicht voll eingezahlt ist. Es ist dabei unerheblich, ob noch mit einer Einzahlung des Restkapitals zu rechnen ist oder nicht.*

*(2) Wenn sich jedoch die Beteiligung am Vermögen und am Gewinn auf Grund einer ausdrücklichen Vereinbarung der Gesellschafter nach der jeweiligen Höhe des eingezahlten Stammkapitals richtet, sind Vermögen und Ertrag nicht mit dem vollen Stammkapital, sondern nur mit dem tatsächlich eingezahlten Stammkapital zu vergleichen. Der gemeine Wert gilt dann für je 100 DM des eingezahlten Stammkapitals.*

## 2. Rechtsprechung zu Abschnitt 85 VStR

BFH, 13. 5. 1960 – III 354/57 U (BStBl. 1960 III S. 400, BB 1960 S. 1236)
BFH, 23. 10. 1964 – III 365/61 U (BStBl. 1965 III S. 64, BB 1965 S. 76)
BFH, 18. 7. 1975 – III R 28/74 (BStBl. 1976 II S. 5, BB 1975 S. 1564)
BFH, 19. 12. 1979 – III R 65/77 (BStBl. 1980 II S. 483, BB 1980 S. 1255)
BFH, 8. 2. 1980 – III R 91/78 (BStBl. 1980 II S. 485, BB 1980 S. 1255)

**1** Über die Frage, ob eine Verpflichtung der Gesellschafter zur weiteren Einzahlung von Stammkapital bei der Ermittlung ihres Vermögens als Schuld zu berücksichtigen ist, wird erst bei der Veranlagung der Gesellschafter zur Vermögensteuer entschieden. Soweit der Bescheid über die einheitliche Feststellung des gemeinen Werts von Anteilen einen Vermerk über die mögliche oder nicht mögliche Berücksichtigung einer Einzahlungsverpflichtung von nicht geleistetem Stammkapital enthält, ist dies als Mitteilung dahin aufzufassen, bei der Anteilsbewertung sei unterstellt worden, daß mit der Einforderung des ausstehenden Stammkapitals zu rechnen bzw. nicht zu rechnen ist. Im Gegensatz zur Feststellung über den gemeinen Wert der Anteile selbst besteht für eine solche Mitteilung jedoch keine rechtliche Bindung im Sinne des § 182 Abs. 1 AO (BFH, 23. 10. 1964). Hat die GmbH einen Anspruch auf eine noch ausstehende Stammeinlage, so gehört diese als Kapitalforderung zum Gesellschaftsvermögen, auch wenn ein Einforderungsbeschluß noch nicht gefaßt worden ist. Wenn nach den Verhältnissen vom Stichtag nicht ernsthaft mit einem solchen Beschluß zu rechnen ist, kann diese Kapitalforderung mit Null DM zu bewerten sein. Das gilt z. B. auch bei einer Komplementär-GmbH, wenn Verrechnungsverbindlichkeiten gegenüber der KG bestehen (BFH, 19. 12. 1979). Bei einer GmbH in der Aufbauphase besteht allerdings eine Vermutung dafür, daß das Stammkapital benötigt und deshalb auch eingefordert wird (BFH, 8. 2. 1980).

Besteht noch eine Forderung auf Einzahlung von Stammkapital, so ist diese auch bei der Ermittlung des Vermögenswerts anzusetzen (BFH, 23. 10. 1964), wenn mit der Einzahlung zu rechnen ist. Andernfalls handelt es sich insoweit nur um Haftungskapital, das in der Vermögensaufstellung selbst dann nicht erfaßt zu werden braucht, wenn der Anspruch auch in der Steuerbilanz noch ausgewiesen ist (BFH, 18. 7. 1975). Das gilt dann auch bei der Anteilsbewertung.

## 3. Ergänzende Anmerkungen zu Abschnitt 85 VStR

Im Regelfall kommt es nicht darauf an, ob die Stammeinlage voll eingezahlt ist oder, wenn dies nicht der Fall ist, ob noch mit einer Einzahlung zu rechnen ist. Es werden deshalb jeweils Vermögen und Ertrag der GmbH dem vollen Stammkapital gegenübergestellt. Haben jedoch die Gesellschafter ausnahmsweise vereinbart, daß sich ihre Beteiligung am Gewinn und Vermögen nach dem Verhältnis des eingezahlten Kapitals richtet, dann ist dies auch hier zu beachten. Für die Anteile der Gesellschafter insgesamt ergibt sich zwar immer der gleiche Gesamtwert. Bei den einzelnen Gesellschaftern kommt es jedoch zu Verschiebungen. Es ist deshalb notwendig, auch bei der Anteilsbewertung so zu verfahren, wie es den Vereinbarungen der Gesellschafter entspricht.

*XI. Anteile an Kapitalgesellschaften bei nicht eingezahltem Grund- und Stammkapital*

**3** Wird der Resteinzahlungsanspruch bei der Ermittlung des Gesellschaftsvermögens angesetzt, so erhöht dies über den Vermögenswert auch den Anteilswert. Zwar kann in diesem Fall der Gesellschafter eine entsprechende Resteinzahlungsverpflichtung bei der Ermittlung seines Vermögens abziehen. Damit wird aber die doppelte Belastung des Resteinzahlungsanspruchs mit Vermögensteuer nur zum Teil verhindert; denn die GmbH selbst bleibt damit steuerpflichtig, und die Gesellschafter haben einen entsprechend höheren Anteil zu versteuern. Unter diesen Umständen ist jeweils besonders zu prüfen, ob der Resteinzahlungsanspruch nicht mit Null DM angesetzt werden kann (Abschnitt 11 Abs. 1 VStR), weil er nur als Haftungskapital anzusehen ist. Hierzu vgl. auch BB 1980 S. 669.

# XII. Ermittlung des gemeinen Wertes für Anteile an Kapitalgesellschaften bei verdecktem Nennkapital

## 1. Wortlaut des Abschnitts 86 VStR

*(1) Liegt verdecktes Nennkapital vor (vgl. Abschnitt 11 Abs. 2), so ist dieses in der Regel auch bei der Ermittlung des gemeinen Wertes zu berücksichtigen. Ist das verdeckte Nennkapital hinsichtlich der Beteiligung am Gewinn und am Vermögen den Geschäftsanteilen gleichgestellt, so ist dieses wie die Anteile der Gesellschafter am Nennkapital zu bewerten. In diesem Fall ist der gemeine Wert nicht für je 100 DM des Nennkapitals, sondern für je 100 DM des um das verdeckte Nennkapital erhöhten Nennkapitals zu ermitteln. Es ist deshalb das Gesellschaftsvermögen, bei dem das verdeckte Nennkapital nicht abgezogen ist, mit dem um das verdeckte Nennkapital erhöhten Nennkapital zu vergleichen. Das gleiche gilt für die Ermittlung des Ertragshundertsatzes.*

*(2) Ist das verdeckte Nennkapital nur am Vermögen beteiligt und wird hierfür statt einer Gewinnbeteiligung eine feste Verzinsung gewährt, so ist für dieses verdeckte Nennkapital ein besonderer Wert zu ermitteln (vgl. Abschnitt 84 Abs. 1). Ein Abschlag nach Abschnitt 78 Abs. 3 kommt dabei jedoch nicht in Betracht.*

*(3) Verdecktes Nennkapital, das nur eine Gewinnbeteiligung und keine Vermögensbeteiligung gewährt, ist wie eine typische stille Beteiligung (vgl. Abschnitt 56 Abs. 7) zu bewerten. Die Wertermittlung für das übrige Nennkapital erfolgt nach Absatz 4. Beispiel: . . .*

*(4) Ist für das verdeckte Nennkapital keine Beteiligung am Gewinn und am Vermögen vereinbart, so ist es mit dem Nennwert anzusetzen, soweit nicht eine besonders hohe oder niedrige Verzinsung (vgl. Abschnitt 56) ein Abweichen vom Nennwert erfordert. Das verdeckte Nennkapital ist bei der Ermittlung des Vermögenswerts des übrigen Nennkapitals (Abschnitt 77) als Betriebsschuld mit dem Nennwert abzuziehen. Bei der Ermittlung des Durchschnittsertrags für das übrige Nennkapital ist das Einkommen der Gesellschaft um die Beträge zu kürzen, die auf das verdeckte Nennkapital als Zinsen oder unter einer anderen Bezeichnung als Beteiligung am Ertrag gezahlt worden sind. Der so geminderte Durchschnittsertrag ist nach Kürzung um den Abschlag nach Abschnitt 78 Abs. 3 zu dem Nennkapital ins Verhältnis zu setzen.*

XII. Anteile an Kapitalgesellschaften bei verdecktem Nennkapital

## 2. Rechtsprechung zu Abschnitt 86 VStR

BFH, 25. 2. 1955 – III 153/53 U (BStBl. 1955 III S. 133, BB 1955 S. 1129)
BFH, 6. 10. 1967 – III 230/64 U (BStBl. 1968 II S. 74)
BFH, 21. 3. 1969 – III R 18/68 (BStBl. 1969 II S. 430)

### a) Darlehen von Gesellschaftern und Nichtgesellschaftern

1 Unter bestimmten Voraussetzungen muß ein Gesellschafterdarlehen bei der Einheitsbewertung des GmbH-Vermögens als verdeckte Stammeinlage behandelt werden (BFH, 21. 3. 1969). Selbst bei Darlehen von Nichtgesellschaftern soll in besonders gelagerten Fällen die Annahme von verdecktem Nennkapital möglich sein (BFH, 6. 10. 1967).

### b) Vergleich mit dem Nennkapital

2 Bei der Anteilsbewertung würde es nicht angehen, das um die verdeckte Stammeinlage erhöhte GmbH-Vermögen dem Stammkapital (ohne verdeckte Stammeinlage) gegenüberzustellen. Bei einem solchen Verfahren würden nämlich ungleiche Größen zueinander ins Verhältnis gesetzt. Es kann deshalb nur das um das verdeckte Stammkapital verminderte Gesellschaftsvermögen mit dem Stammkapital der GmbH verglichen werden (BFH, 25. 2. 1955). Infolgedessen müssen die verdeckte Stammeinlage mit ihrem Nennwert vom GmbH-Vermögen und die dafür vereinbarten Zinsen vom Ertrag der GmbH abgezogen werden. Erst der noch verbleibende Betrag an Vermögen und Ertrag wird dem Stammkapital (ohne verdeckte Stammeinlage) gegenübergestellt. Diese Sachbehandlung dürfte allerdings nach Abschnitt 86 Abs. 1 VStR überholt sein.

## 3. Ergänzende Anmerkungen zu Abschnitt 86 VStR

3 Eine verdeckte Stammeinlage ist anzunehmen, wenn ein Gesellschafter oder eine ihm nahestehende Person der GmbH einen einlagefähigen Vermögensvorteil zuwendet und diese Zuwendung ihr Ursache im Gesellschaftsverhältnis hat (Abschnitt 36 a Abs. 1 KStR). Das soll der Fall sein, wenn die Zuführung von Gesellschaftskapital zwingend war, das Eigenkapital aber durch das Darlehen eines Gesellschafters ersetzt werden soll oder dieser für das Darlehen eines Dritten (z. B. einer Bank) die Bürgschaft übernimmt und damit dem Darlehen den obligatorischen Charakter nimmt. Weiter soll ein Gesellschaftsdarlehen als verdecktes Nennkapital gelten, wenn das Eigenkapital der GmbH weniger als 10 v. H. ihres Aktivvermö-

gens ausmacht (BMF, 16. 3. 1987, BStBl. 1987 I S. 373, BB 1987 S. 601). Das verdeckte Nennkapital ist als übriges Eigenkapital i. S. des § 29 Abs. 2 KStG zu behandeln. Die dafür gezahlten Vergütungen sind verdeckte Gewinnausschüttungen. Die Umqualifizierung in verdecktes Nennkapital führt dazu, daß das Darlehen bei der Ermittlung des Vermögenswerts der GmbH nicht abzugsfähig ist und die gezahlte Vergütung den Ertragshundertsatz nicht mindern kann. Die Gesellschafter müssen damit einen entsprechend höheren Anteilswert versteuern. Inwieweit eine verdeckte Stammeinlage anzunehmen ist, muß bereits für die Steuerbilanz entschieden werden. Die dort getroffene Entscheidung ist für die Einheitsbewertung zu übernehmen (Abschnitt 11 Abs. 2 VStR). Sie wirkt sich damit ohne weitere Korrektur auch bei der Anteilsbewertung aus. Damit wird vermieden, daß die oft sehr umstrittene Frage, inwieweit verdecktes Stammkapital anzunehmen ist, bei der Anteilsbewertung erneut zu Diskussionen führt. Wegen der verdeckten Gewinnausschüttungen vgl. Abschnitt 79 Rz. 20.

In Abschnitt 86 VStR wird nur die Frage behandelt, ob das Vermögen und der Ertrag der GmbH in Relation zum Stammkapital oder zum Stammkapital einschließlich einer etwaigen verdeckten Stammeinlage gesetzt werden muß. Zu Abschnitt 86 Abs. 1 VStR ist vorgesehen, daß die verdeckte Stammeinlage dem Nennkapital zugerechnet wird, vorausgesetzt, daß sie diesem hinsichtlich der Beteiligung am Vermögen und Gewinn gleichgestellt ist. Sollte dies der Fall sein, ist wie bei einer echten Stammeinlage zu verfahren, denn auf die formale Eintragung ihrer Höhe im Handelsregister kommt es hier nicht an. Für diesen Fall wären die Anweisungen in Abschnitt 86 Abs. 1 VStR überflüssig. 4

Die in Abschnitt 86 Abs. 2 und 3 VStR behandelten Fälle eines Gesellschafterdarlehens dürften kaum von großer praktischer Bedeutung sein; denn ein Gesellschafterdarlehen bildet selbst dann keine verdeckte Einlage, wenn es einer überschuldeten GmbH gegeben wird (BFH, 10. 12. 1975 – I R 135/74, BStBl. 1976 II S. 226). Der Vorteil der Überlassung eines zinslosen oder niedrig verzinsten Gesellschafterdarlehens stellt noch keine verdeckte Einlage dar (Abschnitt 36 a Abs. 2 KStR). Dasselbe gilt auch für die Einlage eines stillen Gesellschafters, selbst wenn er gleichzeitig am Stammkapital der GmbH beteiligt ist. Das GmbH-Vermögen wird infolgedessen um diese Schulden und Verbindlichkeiten gekürzt, so daß das Darlehen auch nur einmal beim Gesellschafter erfaßt wird. Abschnitt 86 Abs. 2 und 3 VStR gilt dagegen für den Fall, daß ein Gesellschafterdarlehen doch als verdeckte Einlage zu behandeln ist. 5

# XIII. Bewertung bei eigenen Aktien und GmbH-Anteilen

## 1. Wortlaut des Abschnitts 87 VStR

*(1) Eigene Aktien und eigene Anteile, die eine Gesellschaft besitzt und die weder zur Einziehung bestimmt noch nach den Verhältnissen vom Bewertungsstichtag unveräußerlich sind, sind bewertungsfähige Wirtschaftsgüter. Übersteigt der Nennwert der eigenen Aktien und Anteile nicht den Betrag von 10 v. H. des Nennkapitals der Gesellschaft, sind die eigenen Aktien oder Anteile weder bei der Ermittlung des Vermögenswerts noch bei der Ermittlung des Ertragshundertsatzes zu berücksichtigen. Vermögen und Ertrag der Gesellschaft sind in diesem Fall nur den Aktien und Anteilen im Fremdbesitz gegenüberzustellen. Das gilt auch, wenn die eigenen Aktien und die eigenen Anteile zur Einziehung bestimmt oder unveräußerlich sind.*

*(2) Übersteigt der Wert der eigenen Aktien und Anteile den Betrag von 10 v. H. des Nennkapitals der Gesellschaft oder wird die genaue Berechnung nach diesem Absatz beantragt, ist die Anteilsbewertung in der Weise durchzuführen, daß der gemeine Wert ohne Ansatz der Eigenanteile nach den Abschnitten 77 bis 79 berechnet und anschließend um einen Zuschlag erhöht wird, der sich nach folgender Formel bestimmt:*

$$Zuschlag = \frac{59{,}5 \times Eigenanteile}{Nennkapital \not{/} 0{,}595 \times Eigenanteile} \; v. \, H.$$

Beispiel: . . .
Ist beim Vorliegen von Eigenanteilen eine Bewertung nach Abschnitt 80 Abs. 2 durchzuführen, so ist der Zuschlag nach folgender Formel zu berechnen:

$$Zuschlag = \frac{52{,}5 \times Eigenanteile}{Nennkapital \not{/} 0{,}525 \times Eigenanteile} \; v. \, H.$$

## 2. Rechtsprechung zu Abschnitt 87 VStR

BFH, 22. 4. 1960 – III 451/58 U (BStBl. 1960 III S. 364, BB 1960, S. 976)
BFH, 30. 10. 1964 – III 258/61 U (BStBl. 1965 III S. 40, BB 1965 S. 76)
BFH, 5. 6. 1970 – III R 33/68 (BStBl. 1970 II S. 658)
BFH, 20. 10. 1972 – III R 5/72 (BStBl. 1973 II S. 105)
BFH, 22. 11. 1974 – III R 57/73 (BStBl. 1975 II S. 225, BB 1975 S. 316)
BFH, 2. 11. 1988 – II R 52/85 (BStBl. 1989 II S. 80, BB 1989 S. 61)

## Zu Abschnitt 87 Abs. 1 VStR

*a) Erfassung von Eigenanteilen*

Eigenanteile einer GmbH, die nicht zur Einziehung bestimmt sind und bereits im Verkehr waren, sind wie Fremdanteile zu bewerten, wenn sie jederzeit veräußert werden können. Für den Erwerber des GmbH-Anteils ist es nämlich belanglos, ob er den Anteil von der GmbH oder von einem Gesellschafter erwirbt (BFH, 22. 4. 1960). Demgegenüber tritt der durch den Eigenerwerb bedingte Verlust der wirtschaftlichen Rechte (Ruhen des Stimmrechts, der Gewinnanteilsberechtigung und des Rechts der Beteiligung am Auflösungserlös) in den Hintergrund. Eigenanteile, die von der GmbH dazu bestimmt sind, eingezogen zu werden, sind dagegen bei der Ermittlung des Betriebsvermögens der GmbH außer Ansatz zu lassen (BFH, 30. 10. 1964). Die vorstehenden Grundsätze gelten auch dann, wenn der Nennwert der eigenen Anteile 50 v. H. des Stammkapitals beträgt (BFH, 20. 10. 1972).

Die Frage, ob Eigenanteile zur Einziehung bestimmt sind, ist im Verfahren über die Einheitswertfeststellung des Betriebsvermögens der GmbH zu entscheiden. Daß sie nicht zur Einziehung bestimmt sind, ergibt sich z. B. daraus, daß die GmbH diese Anteile in der Steuerbilanz mit den Anschaffungskosten ausweist und ihnen somit einen Wert beimißt (BFH, 5. 6. 1970).

Die Möglichkeit, sich durch die Ausgabe der Anteile Vermögen zu verschaffen, geht erst dann verloren, wenn nach den Verhältnissen vom Stichtag die Unveräußerlichkeit feststeht. Daß ein Erwerber wegen des prozentual geringen Anteils am Stammkapital keinen Einfluß auf die Geschäftsführung ausüben kann, führt allerdings dazu, daß für diese Anteile eine Wertermittlung nach Abschnitt 80 VStR in Betracht kommt (BFH, 5. 6. 1970).

Werden alle im Fremdbesitz befindlichen Anteile verkauft, so ist der gemeine Wert in der Weise aus dem Verkauf abzuleiten, daß der Kaufpreis sowohl den Fremdanteilen als auch den Eigenanteilen, soweit sie nicht zur Einziehung bestimmt sind, zugeordnet wird (BFH, 2. 11. 1988). Damit werden die den Kaufpreis ebenfalls beeinflussenden Eigenanteile der GmbH mit einem angemessenen Wert erfaßt, ohne daß differenzierende betriebswirtschaftliche Berechnungen über die Wertunterschiede zwischen Fremd- und Eigenanteilen angestellt zu werden brauchen (BFH, 2. 11. 1988).

## XIII. Bewertung bei eigenen Aktien und GmbH-Anteilen

### Zu Abschnitt 87 Abs. 2 VStR

*b) Eigenanteile bei der Ermittlung des Anteilswertes*

**3** Eigenanteile, die eine GmbH besitzt, sind weder beim Stammkapital noch bei der Ermittlung des Vermögenswerts und des Ertragshundertsatzes zu berücksichtigen. Vermögen und Ertrag der GmbH sind sonach nur den Anteilen in Fremdbesitz gegenüberzustellen. Wenn dann aber die Eigenanteile gleichwohl wie Fremdanteile zu behandeln sind, würde auch für sie der danach ermittelte gemeine Wert gelten. Der gemeine Wert steigt aber schon rein rechnerisch bei einer größeren Anzahl von Eigenanteilen in einem unverhältnismäßigen Ausmaß an. Im bewertungsrechtlichen Schrifttum wird diese Bewertungsmethode deshalb nur so lange für unbedenklich gehalten, wie die Anteile einen geringen Prozentsatz des Stammkapitals ausmachen. Bei einer größeren Anzahl von Eigenanteilen soll deshalb folgende Berechnungsmethode angewendet werden: Der Ansatz der Eigenanteile wird bei der Berechnung des Vermögenswertes zunächst eliminiert. Dem Vermögen werden dann aber die Eigenanteile mit dem gemeinen Wert wieder hinzugerechnet. Der danach ermittelte Vermögenswert und der Ertragshundertsatz wird dann dem vollen Stammkapital gegenübergestellt. Diese Berechnungsmethode führt jedenfalls bei Eigenanteilen, die einen größeren Umfang des Stammkapitals ausmachen, zu einem eher vertretbaren Ergebnis als die Berechnung nach Abschnitt 87 Abs. 1 VStR. Denn sie trägt der Tatsache Rechnung, daß den Eigenanteilen die Eigenschaft innewohnt, am Vermögen und am Ertrag beteiligt zu sein, und daß vom Standpunkt des gedachten Erwerbers aus diese latente Eigenschaft beim Erwerb sofort realisiert wird (BFH, 20. 10. 1972).

Es bleibt dahingestellt, bis zu welchem Prozentsatz von Eigenanteilen die Bewertung ohne Abänderung des Verfahrens nach Abschnitt 79 Abs. 1 VStR erfolgen kann. Bei 16 v. H. Eigenanteilen wird jedenfalls diese Abweichung für erforderlich gehalten (BFH, 22. 11. 1974). Wenn der gemeine Wert der Fremdanteile aus Verkäufen abgeleitet werden kann, gilt dieser grundsätzlich auch für die Eigenanteile (BFH, 20. 10. 1972).

*c) Feststellungsbescheid*

**4** Der für die Anteile unanfechtbar festgestellte gemeine Wert ist für die Einheitswertfeststellung des Vermögens der GmbH auch hinsichtlich der von ihr gehaltenen Anteile bindend; denn die §§ 1 ff. AntBew-VO unterscheiden nicht zwischen Eigenanteilen und Fremdanteilen. Der einheitliche Feststellungsbescheid gilt vielmehr für und gegen alle Personen, die Inhaber der Anteile sind (BFH, 5. 6. 1970).

## 3. Ergänzende Anmerkungen zu Abschnitt 87 VStR

Eigene Anteile der GmbH gehören ebenso wie Fremdanteile zum Betriebsvermögen. Demgemäß müßten sie auch bei der Anteilsbewertung wie Fremdanteile behandelt werden. Früher wurde ganz generell so verfahren, als ob sie bereits eingezogen worden wären. Das GmbH-Vermögen (ohne die Eigenanteile) und der Ertrag der GmbH wurden nur den Fremdanteilen gegenübergestellt. Gleichwohl wurden dann aber auch die Eigenanteile mit dem so ermittelten Anteilswert angesetzt. Die Rechtsprechung hat dazu jedoch festgestellt, daß sich dieses vereinfachte Verfahren nur dann vertreten läßt, wenn die Eigenanteile einen relativ geringen Prozentsatz des Stammkapitals ausmachen (BFH, 22. 11. 1974). Demgemäß wird in Abschnitt 87 Abs. 2 VStR bestimmt, daß dann, wenn die Eigenanteile mehr als 10 v. H. des Stammkapitals betragen, die Berechnung nach der etwas umständlicheren, jedoch von der Rechtsprechung ebenfalls gebilligten Berechnungsmethode durchgeführt wird.

Die Bewertung bei eigenen Aktien und Anteilen kann allerdings danach in der Weise durchgeführt werden, daß der gemeine Wert ohne Ansatz der Eigenanteile nach Abschnitt 77 bis 79 VStR berechnet und anschließend um den sich aus Abschnitt 87 Abs. 2 VStR ergebenden Zuschlag erhöht wird. Zu dieser Berechnungsmethode vgl. auch Christoffel in Betrieb 1984 S. 2647.

Mit dieser Berechnungsmethode wird zwar das Problem der steuerlichen Behandlung der Eigenanteile sicher nicht gelöst, sie führt jedoch zu Ergebnissen, die den wirtschaftlichen Gegebenheiten näher kommen als die in Abschnitt 87 Abs. 1 VStR vorgesehene Berechnung. Ähnliche Probleme wie bei den Eigenanteilen zeigen sich auch bei einer beteiligungsmäßigen Verflechtung von Schwestergesellschaften, bei der Beteiligung der GmbH (Obergesellschaft) an einer Personengesellschaft, die ihrerseits wiederum Anteile an dieser GmbH besitzt, und in anderen ähnlichen Fällen mehr.

Man muß davon ausgehen, daß die Grenze von 10 v. H. insoweit verbindlich ist, als bei eigenen Anteilen, die diesen Umfang haben, die genauere Bewertung nach Abschnitt 87 Abs. 2 VStR stets durchzuführen ist. Mit dieser Grenze sollte aber nicht ausgeschlossen werden, daß auch eigene Anteile in einem geringeren Umfang als 10 v. H. des Nennkapitals nach Abschnitt 87 Abs. 2 VStR bewertet werden können; denn die Grenze soll nur der Arbeitsvereinfachung dienen, hat also auch nicht die gesetzliche Wirkung wie die Fortschreibungsgrenzen nach § 22 Abs. 1 BewG. Eine genauere Berechnung kann hier mindestens dann nicht ausgeschlossen werden, wenn der absolute Wert dieser eigenen Anteile sehr hoch ist, so

## XIII. Bewertung bei eigenen Aktien und GmbH-Anteilen

daß er zu einer auch steuerlich ins Gewicht fallenden Wertabweichung führen würde. Demgemäß kann nach Abschnitt 87 Abs. 2 VStR eine genauere Berechnung in einem solchen Fall stets dann durchgeführt werden, wenn sie beantragt wird. Im einzelnen vgl. hierzu auch Christoffel in Betrieb 1984 S. 2647.

7 Anteile, die eingezogen werden, sind nicht mehr zu bewerten. Das setzt voraus, daß sie nicht mehr in den Verkehr gebracht werden sollen. Um sich hier weitere Erörterungen zu ersparen, soll jeweils auf die Behandlung der Eigenanteile in der Steuerbilanz der GmbH abgestellt werden. Dort werden die zur Einziehung bestimmten Eigenanteile nur noch mit einem Erinnerungsposten vermerkt. Dasselbe gilt bei der Ermittlung des Einheitswerts des Betriebsvermögens. Diese Entscheidung ist dann auch für die Anteilsbewertung zu übernehmen.

8 Der endgültige Einheitswert für das Betriebsvermögen der GmbH kann erst festgestellt werden, wenn auch der gemeine Wert der eigenen Anteile feststeht. Bei der Anteilsbewertung ist deshalb zunächst von dem Einheitswert auszugehen, der sich ohne diese eigenen Anteile ergeben würde. Hierzu vgl. Abschnitt 87 Abs. 2 VStR. Der sich ergebende gemeine Wert für die Eigenanteile ist dann diesem fiktiven Einheitswert hinzuzurechnen.

# XIV. Ermittlung des gemeinen Werts für Kuxe und andere Anteile an bergrechtlichen Gewerkschaften

## 1. Wortlaut des Abschnitts 88 VStR

*Bei Kuxen und anderen Anteilen an bergrechtlichen Gewerkschaften, die kein Nennkapital haben, wird der gemeine Wert nicht in einem Hundertsatz, sondern jeweils in DM für den einzelnen Kux ermittelt. Der an die Stelle des Vermögenswerts tretende Vermögensanteil ergibt sich durch die Teilung des Vermögens mit der Zahl der Kuxe. Das gleiche gilt für die Ermittlung der an die Stelle des Ertragshundertsatzes tretenden Ertragsanteile. Der gemeine Wert wird nach der Gleichung in Abschnitt 79 Abs. 2 ermittelt.*

## 2. Ergänzende Anmerkungen zu Abschnitt 88 VStR

Bergrechtliche Gewerkschaften mußten nach § 163 des Bundesberggesetzes v. 13. 8. 1980 (BGBl. 1980 I S. 1310) bis zum 1. 1. 1986 aufgelöst oder in Kapitalgesellschaften umgewandelt werden. Z. Zt. gibt es lediglich noch zwei Gesellschaften mit dieser Rechtsform. Sie sollen noch weitere fünf Jahre bestehen bleiben. Damit dürften die Anweisungen in Abschnitt 88 VStR heute nur noch von ganz beschränkter Bedeutung sein. Sobald die Liquidation feststeht, ist bei der Anteilsbewertung nach Abschnitt 81 Abs. 3 VStR zu verfahren.

1

# XV. Ermittlung des gemeinen Wertes für Anteile an Kapitalgesellschaften bei Neugründung

## 1. Wortlaut des Abschnitts 89 VStR

*(1) Der Wert des Anteils an einer Gesellschaft, die sich im Aufbau befindet, ist in der Regel mit 100 v. H. des eingezahlten Nennkapitals festzusetzen. Ist das Nennkapital nicht in voller Höhe eingezahlt und ist am Stichtag mit der Einzahlung des noch ausstehenden Nennkapitals zu rechnen, so ist der Wert des Anteils mit 100 v. H. des Nennkapitals festzusetzen. Es kann unterstellt werden, daß den Gründern der Gesellschaft die Anteile noch so viel wert sind, als sie zu deren Erwerb an Kapital aufgewendet haben (RFH, 11. 5. 1939, RStBl. 1939 S. 805 und BFH, 23. 10. 1964, BStBl. 1965 III S. 64). Als Aufbauzeit kann im allgemeinen ein Zeitraum bis zu drei Jahren seit Aufnahme der geschäftlichen Tätigkeit angesehen werden. Eine Bewertung unter dem Nennwert kann in den ersten Jahren nach der Neugründung ausnahmsweise dann gerechtfertigt sein, wenn echte Fehlmaßnahmen oder der nichtplanmäßige Aufbau des Unternehmens zu erheblichen, in ihrer Höhe unerwarteten Vermögensverlusten geführt haben, deren Ausgleich im normalen Geschäftsbetrieb ausgeschlossen erscheint (BFH, 6. 8. 1971, BStBl. 1972 II S. 109).*

*(2) Bei Gesellschaften, die z. B. durch Umwandlung aus einer Personengesellschaft oder einer Einzelfirma oder im Rahmen einer Betriebsaufspaltung aus einem bestehenden Unternehmen entstanden sind (BFH, 23. 4. 1986, BStBl. 1986 II S. 594), ist jedoch die Ermittlung des gemeinen Wertes nach den Abschnitten 77 bis 79 durchzuführen. Bei der Ermittlung der Ertragsaussichten der Gesellschaft kann von dem früheren Betriebsergebnis der Personengesellschaft oder Einzelfirma ausgegangen werden.*

*(3) Bei Neugründung von Gesellschaften i. S. des Abschnitts 81 Abs. 1 und Abs. 1 a ist Absatz 1 nicht anzuwenden; die Bewertung erfolgt in diesem Fall nach Abschnitt 81 Abs. 1.*

## 2. Rechtsprechung zu Abschnitt 89 VStR

BFH, 23. 10. 1964 – III 365/61 U (BStBl. 1965 III S. 64, BB 1965 S. 76)
BFH, 20. 5. 1965 – IV 49/65 U (BStBl. 1965 III S. 503, BB 1965 S. 976)
BFH, 6. 8. 1971 – III R 88/68 (BStBl. 1972 II S. 109, BB 1972 S. 210)
BFH, 13. 3. 1981 – III R 132/79 (BStBl. 1981 II S. 600, BB 1981 S. 1449)
BFH, 23. 4. 1986 – II R 215/83 (BStBl. 1986 II S. 594, BB 1986 S. 1286)
BFH, 27. 7. 1988 – I R 104/84 (DStZ/E 1989 S. 86)

## Zu Abschnitt 89 Abs. 1 VStR

*a) Ansatz mit 100 v. H. des eingezahlten Nennkapitals*

Der gemeine Wert der Anteile einer GmbH, die sich im Aufbau befindet, ist in der Regel mit 100 v. H. des eingezahlten Nennkapitals anzusetzen. Verluste während der Anlaufzeit sind nicht zu berücksichtigen, da bei Neugründungen nicht sofort mit einem Gewinn gerechnet werden kann und jeder Käufer der Anteile solche Verluste in seine Kaufpreisüberlegungen mit einbeziehen würde. Geht man von einer ordnungsgemäßen Verwendung des eingezahlten Stammkapitals aus und berücksichtigt man weiter, daß kein Kaufmann Geld in ein Unternehmen steckt, bei dem er von vornherein mit einem Verlustabschluß rechnet, so entsprechen die aufgewendeten Mittel, also der eingezahlte Betrag des Stammkapitals, dem Wert des Unternehmens am Stichtag (BFH, 23. 10. 1964). 1

Die Vermutung, der gemeine Wert entspreche nicht dem eingezahlten Kapital, kann durch den Nachweis entkräftet werden, daß die Gründung der GmbH eindeutig eine Fehlmaßnahme gewesen ist oder daß das eingezahlte Kapital für wertlose Fehlmaßnahmen ausgegeben wurde. Führen Fehlmaßnahmen bei einem neugegründeten Unternehmen zu erheblichen, in ihrer Höhe unerwarteten Vermögensverlusten, deren Ausgleich im normalen Geschäftsbetrieb ausgeschlossen erscheint, so ist es geboten, solche Verluste auch bei der Schätzung des gemeinen Werts zu berücksichtigen (BFH, 6. 8. 1971). 2

Wie im Regelfall ist zu verfahren, wenn es sich nur formal um eine Neugründung handelt, wirtschaftlich aber die Umstrukturierung eines bereits seit längerem bestehenden Unternehmens erfolgt ist. Dazu gehört auch die Betriebsaufspaltung, gleichgültig ob diese im Wege einer Bargründung oder Sachgründung der neuen Betriebsgesellschaft durchgeführt wurde (BFH, 23. 4. 1986).

*XV. Anteile an Kapitalgesellschaften bei Neugründungen*

**3** Die Aufbauzeit bei einem Unternehmen, dessen Zweck die Konstruktion und Herstellung von Maschinen ist, wird mit der Aufnahme der Produktion noch nicht beendet. Auch nach Aufnahme der Fertigung braucht ein neugegründetes Unternehmen im allgemeinen immer noch eine gewisse Anlaufzeit, bis es sich in das Wirtschaftsleben eingegliedert hat und gewinnbringend arbeiten kann (BFH, 6. 8. 1971).

**4** Ist bei einer im Aufbau befindlichen GmbH das Stammkapital eingezahlt, und ist mit der Einzahlung eines weiteren Teils des noch ausstehenden Stammkapitals mit der Zeit zu rechnen, so ist bei Ermittlung des gemeinen Werts dieser zur alsbaldigen Einzahlung vorgesehene Betrag ebenso wie das bereits eingezahlte Nennkapital in der Regel mit 100 v. H. zu berücksichtigen (BFH, 23. 10. 1964).

*b) Verluste in der Anlaufzeit und Teilwert*

**5** Bei der Ermittlung des Teilwerts einer Beteiligung für ertragsteuerliche Zwecke gelten die folgenden Grundsätze: Treten während der Anlaufzeit Verluste auf, die erkennen lassen, daß sich das Unternehmen nicht rentieren wird, so liegen in der Regel die Voraussetzungen einer Teilwertabschreibung vor. Wenn keine Aussicht auf eine Besserung der wirtschaftlichen Lage des Unternehmens besteht, ist auch der Wert der Beteiligung gemindert. Anders ist der Teilwert zu beurteilen, wenn Maßnahmen getroffen sind, die eine künftige Rentabilität gewährleisten sollen. Zwar ist auch hier das Vermögen der Kapitalgesellschaft durch die Verluste gemindert. Aber auf den Teilwert der Beteiligung bleibt dieser Umstand ohne Einfluß; denn der Wert der Beteiligung bemißt sich wesentlich nach den künftigen Ertragsaussichten und den sonstigen, an den Besitz der Beteiligung geknüpften Erwartungen, deren Verwirklichung die Finanzierungsmaßnahmen dienen. Daher kommt in diesen Fällen eine Teilwertabschreibung erst in Betracht, wenn auf Grund der weiteren Entwicklung erkennbar ist, daß der Gesamtheit der getroffenen Maßnahmen der Erfolg versagt bleiben wird (BFH, 20. 5. 1965). Die Vermutung, daß sich der Teilwert einer Beteiligung mit den Anschaffungskosten deckt, gilt auch beim Erwerb im Zusammenhang mit einer Kapitalerhöhung (BFH, 27. 7. 1988). Im Regelfall soll für eine im Ausland gegründete Kapitalgesellschaft eine Aufbauzeit von 5 Jahren angenommen werden (BFH, 27. 7. 1988).

## 3. Ergänzende Anmerkungen zu Abschnitt 89 VStR

**6** Bei einer neugegründeten GmbH, deren Unternehmen sich im Aufbau befindet, sollen die Anteile in der Regel mit 100 v. H. des Nennkapitals angesetzt werden. Es handelt sich hier um die Parallele zur Bewertung von Anteilen an einer GmbH in Liquidation. Würde hier dagegen eine Bewertung wie im Regelfall durchgeführt, so würde sich ein Anteilswert nicht von 100 v. H., sondern, unterstellt, die GmbH würde noch keine Erträge abwerfen oder noch mit den sog. Anlaufverlusten arbeiten, nur von rd. 50 v. H. ergeben. Hierzu vgl. Abschnitt 79 Abs. 3 VStR. Man könnte deshalb die Auffassung vertreten, daß der Unterschied heute zu groß ist, um vom Ergebnis her einen Anteilswert von 100 v. H. noch für vertretbar zu halten. Bisher hat man versucht, dieses Problem dadurch zu lösen, daß man die Aufbauzeit, die nach Abschnitt 89 VStR grundsätzlich 3 Jahre dauern soll, im Einzelfall verkürzt (FinMin NS, 23. 11. 1973, BB 1973 S. 1618). Es wäre jedoch zweckmäßiger, auch hier von vornherein schon ganz generell von der Regelbewertung auszugehen, zumal bei einer GmbH, die durch Umwandlung, durch Verschmelzung oder durch Ausgliederung im Wege der Betriebsaufspaltung neu entstanden ist, auch heute schon die Regelbewertung gilt (BFH, 23. 4. 1986).

Mit dem Ansatz von 100 v. H. soll offensichtlich in Übereinstimmung mit der einkommensteuerlichen Behandlung sichergestellt werden, daß während der Anlaufzeit eine Teilwertabschreibung auf einen niedrigeren Anteilswert ausgeschlossen ist. Diese Rücksichtnahme braucht aber schon deshalb nicht zwangsläufig zu sein, weil die Übernahme des sich nach den Abschnitten 77 ff. VStR ergebenden Anteilswerts auch sonst bei den Ertragsteuern als Begründung für eine Teilwertabschreibung abgelehnt wird. Hierzu vgl. Abschnitt 76 Rz. 1.

Abschnitt 89 VStR behandelt nur die Anteilsbewertung bei der bereits entstandenen und sich noch im Aufbau befindenden GmbH. Die steuerliche Behandlung der Anteile an der sog. Vor- oder Gründergesellschaft ist offen. Solange es sich dabei um eine BGB-Gemeinschaft handelt, wird das Gesellschaftsvermögen unmittelbar den Beteiligten zugerechnet. Eine Anteilsbewertung erübrigt sich deshalb. Dasselbe gilt, wenn es sich bei einer größeren Zahl von Gründern um einen nicht rechtsfähigen Verein handelt. Eine andere Rechtslage kann sich dagegen ergeben, wenn auch schon die Gründergesellschaft vermögensteuerlich in gleicher Weise wie die spätere GmbH zu behandeln ist. Dies wäre der Fall, wenn Vermögen auf sie übertragen worden ist, sie nach außen in Erscheinung tritt und ihrer Eintragung in das Handelsregister keine ernsthaften Hindernisse mehr entgegenstehen (Abschnitt 10 Abs. 1 VStR und BFH, 13. 3. 1981 – III R 132/79, BStBl. 1981 II S. 600, BB 1981 S. 1449). In diesem Fall müßten bei den Gründergesellschaftern auch schon die Anteile erfaßt werden, so daß auch eine Anteilsbewertung durchgeführt werden muß.

7

# XVI. Stichtag für die Bewertung von Anteilen an Kapitalgesellschaften

## 1. Wortlaut des Abschnitts 89 a VStR

*(1) Nach § 112 BewG ist Stichtag für die Bewertung von Aktien usw. jeweils der 31. Dezember eines Kalenderjahres; ausnahmsweise ist es der 1. Januar, wenn bei einer Kapitalgesellschaft mit diesem Stichtag die steuerliche Rechtsfähigkeit beginnt. Das gilt sowohl für die Bewertung von notierten als auch für die Bewertung von nichtnotierten Aktien und Anteilen. Bei nichtnotierten Aktien und Anteilen kann jedoch der nach den Abschnitten 77 ff. ermittelte und auf den für eine Hauptveranlagung maßgebenden Bewertungsstichtag festgestellte gemeine Wert vorbehaltlich der in Absatz 2 genannten Ausnahmen während des ganzen Hauptveranlagungszeitraums beibehalten werden.*

*(2) Eine Bewertung der Anteile auf Neu- oder Nachveranlagungszeitpunkte innerhalb des laufenden Hauptveranlagungszeitraums ist insbesondere durchzuführen:*

1. *wenn dies beantragt wird (§ 3 AntBew-VO);*

2. *wenn eine Kapitalgesellschaft neu gegründet wird oder aus anderen Gründen erstmals eine Wertermittlung erforderlich wird;*

3. *wenn sich die Beteiligungsverhältnisse so ändern, daß erstmals eine Wertermittlung nach Abschnitt 80 erforderlich wird oder erstmals die Voraussetzungen für eine Wertermittlung nach Abschnitt 80 nicht mehr gegeben sind. In diesen Fällen ist die in § 6 AntBew-VO vorgesehene gesonderte Feststellung nur für die Anteile ohne Einfluß auf die Geschäftsführung zu treffen, die diese Anteile in die Normalbewertung einbezieht.*

4. *wenn der Einheitswert für die Kapitalgesellschaft fortgeschrieben wird und sich unter Berücksichtigung des fortgeschriebenen Einheitswertes ein Vermögenswert ergibt, der um mehr als 10 v. H. von dem zuletzt ermittelten Vermögenswert abweicht;*

5. *wenn Verkäufe bekannt werden, aus denen sich ein gemeiner Wert ableiten läßt (vgl. Abschnitt 74 Abs. 3 und Abschnitt 76), der um mehr als 10 v. H. von dem zuletzt festgestellten gemeinen Wert abweicht;*

6. *wenn die Kapitalgesellschaft ihr Nennkapital erhöht oder vermindert hat.*

*Anmerkungen*

*Für die Ermittlung des Vermögenswertes sind die Verhältnisse vom jeweiligen Stichtag und für die Ermittlung der Ertragsaussichten die Verhältnisse der letzten drei Jahre vor dem Stichtag maßgebend. Dies gilt nicht für eine Wertermittlung nach Nummer 5. In den Fällen der Nummer 3 sind Vermögen und Ertragsaussichten nur unter den Voraussetzungen der Nummern 4, 5 oder 6 neu zu ermitteln.*

## 2. Ergänzende Anmerkungen zu Abschnitt 89 a VStR

Zu Abschnitt 89 a Abs. 1 VStR

*a) Durchführung der Anteilsbewertung auf Antrag*

Nach § 112 BewG ist nicht nur für Aktien und andere Wertpapiere, sondern auch für GmbH-Anteile eine jährliche Neubewertung vorgesehen. Mit einer jährlichen Anteilsbewertung wäre jedoch ein erheblicher Aufwand verbunden. Obligatorisch ist sie deshalb jeweils nur zum Stichtag 31. Dezember des Jahres, das einer Vermögensteuerhauptveranlagung vorangeht (Abschnitt 89 a Abs. 1 VStR). Auf Stichtag während des Hauptveranlagungszeitraumes ist sie zwar ebenfalls gesetzlich vorgesehen. Aus den zuvor genannten Gründen soll sie hier jedoch auf Ausnahmen beschränkt bleiben. Diese Ausnahmen ergeben sich aus Abschnitt 89 a Abs. 2 VStR. Davon ist im vorliegenden Zusammenhang nur der erste dort angeführte Fall von Interesse, wonach auf Bewertungsstichtage während eines Hauptveranlagungszeitraums eine Neubewertung stets auf Antrag durchzuführen ist. Einen Antrag wird aber die GmbH oder ein Gesellschafter nur dann stellen, wenn sich der Anteilswert gegenüber dem vom letzten Bewertungsstichtag nach seiner Meinung verringert hat. Im umgekehrten Fall kann abgewartet werden, ob das Finanzamt die Initiative für eine solche Neubewertung ergreift. Eine Neubewertung auf Antrag ist ohne Einschränkung zulässig. Demgemäß haben auch die nach Abschnitt 89 a Abs. 1 Nr. 4 und 5 VStR zu berücksichtigenden Wertgrenzen hier keine Bedeutung. 1

Nach § 3 AntBew-VO kann jeder Gesellschafter einen Antrag auf Neubewertung stellen. Es wird jedoch zweckmäßig sein, daß die GmbH dies übernimmt. Aus diesem Grund wird empfohlen, sich zunächst mit der Geschäftsleitung der GmbH, um deren Anteile es sich handelt, in Verbindung zu setzen. Von dieser müssen nämlich Vorarbeiten geleistet werden, die u. U. einen nicht unerheblichen personellen und kostenmäßigen Aufwand erfordern. Es sollte deshalb stets geprüft werden, ob das steuerliche 2

*XVI. Stichtag für die Bewertung von Anteilen an Kapitalgesellschaften*

Ergebnis einer neuen Anteilsbewertung diesen Aufwand auch rechtfertigt. Die Antragstellung kann auch in der Weise erfolgen, daß eine Erklärung zur Anteilsbewertung abgegeben wird.

Für den Antrag auf eine Neubewertung ist ebenso wie für den Antrag auf eine Wertfortschreibung des Einheitswerts (§ 22 Abs. 4 BewG) oder Neuveranlagung der Vermögensteuer (§ 16 Abs. 3 VStG) eine besondere Frist nicht vorgeschrieben. Es kann infolgedessen auch noch auf einen zurückliegenden Bewertungsstichtag eine Neubewertung durchgeführt werden. Sie wäre jedoch in entsprechender Anwendung der zitierten Vorschriften allerdings dann nicht mehr zulässig, wenn die Festsetzungsfrist (§ 181 AO) bereits abgelaufen ist. Hierzu vgl. auch Abschnitt 90 Rz. 7.

Zu Abschnitt 89 a Abs. 2 und 3 VStR

*b) Zweckmäßigkeit eines Antrags*

3   Sinnvoll erscheint der Antrag auf eine neue Anteilsbewertung auf einen Stichtag während eines Hauptveranlagungszeitraumes in folgenden Fällen:

a) wenn der Einheitswert des Betriebsvermögens zum 1. 1. 1989 nach unten fortgeschrieben wird. Dies gilt aber auch, wenn sich das Betriebsvermögen verringert hat, ohne daß es zu einer Fortschreibung kommt, z. B. weil die Wertgrenzen in § 22 Abs. 1 BewG nicht erreicht werden. Auch in diesem Fall kann von dem verringerten Betriebsvermögen ausgegangen werden; denn der Einheitswertbescheid für das Betriebsvermögen ist kein Grundlagenbescheid. Hierzu vgl. Abschnitt 77 Rz. 21.

b) wenn sich der Vermögenswert infolge von Wertminderungen bei den zugerechneten Wirtschaftsgütern oder infolge entsprechender anderer Korrekturen i. S. des Abschnitts 77 VStR verringert;

c) wenn sich die Ertragsaussichten so verschlechtert haben, daß sich der bisher zugrunde gelegte Ertragshundertsatz erheblich verringern würde. Sofern diese ungünstigen Ertragsaussichten nicht schon bei der letzten Anteilsbewertung berücksichtigt worden sind, würde dann der Durchschnittsertrag aus dem Betriebsergebnis der drei Jahre vor dem neuen Stichtag abgeleitet werden müssen. Die Ausführungen zur Ermittlung der künftigen Ertragsaussichten (hierzu vgl. Abschnitt 78 Rz. 8 ff.) gelten im übrigen entsprechend;

d) wenn bei einzelnen Gesellschaftern Veränderungen in der Kapitalbeteiligung eingetreten sind, die für den einen oder anderen Gesellschafter

*Anmerkungen*

zur Folge haben, daß es für den folgenden Stichtag zur Sonderbewertung nach Abschnitt 80 VStR oder, nachdem bisher eine Sonderbewertung erfolgt war, wieder zur Regelbewertung kommt und die Neubewertung zu einem niedrigeren Anteilswert führt. In diesem Fall brauchen allerdings nur die Anteile neu bewertet zu werden, die davon betroffen sind. Ob bei einer Neubewertung infolge solcher Veränderungen die Bewertungsunterlagen vom letzten Stichtag weiterhin beibehalten werden können und nur umgerechnet zu werden brauchen oder ob sie zum neuen Stichtag völlig neu ermittelt werden müssen, hängt von den Umständen des Einzelfalls ab. Eine neue Ermittlung sollte immer dann gelten, wenn auch die Anweisungen in Abschnitt 89 a Abs. 1 Nr. 4, 5 oder 6 VStR erfüllt sind. Dies würde sich dann aber auch auf die Anteile der anderen Gesellschafter auswirken.

e) wenn es zu einer Kapitalerhöhung gekommen ist und damit der Anteilswert rechnerisch geringer würde. Ob hier nur eine Umrechnung des Anteilswerts aufgrund der alten Bewertungsunterlagen erfolgen kann, oder diese zum neuen Stichtag wieder völlig neu ermittelt werden müssen, hängt von den Umständen des Einzelfalles ab. Auch hier sollte es darauf ankommen, ob die Anweisungen in Abschnitt 89 a Abs. 1 Nr. 4, 5 oder 6 VStR erfüllt werden;

f) wenn nach einer Neugründung der GmbH die Aufbauzeit abgelaufen ist und damit eine Regelbewertung in Betracht kommt, sofern diese zu einem niedrigeren Anteilswert führt;

g) wenn Verkäufe nach dem letzten Stichtag getätigt worden sind, deren Kaufpreis niedriger ist als der Anteilswert vom letzten Stichtag oder niedriger als der gemeine Wert vom letzten Stichtag, der aus Kaufpreisen abgeleitet worden war. Sind Verkäufe vorgekommen, so können diese zwar zu einer Neubewertung führen, sie sind jedoch keine neue Tatsache, die etwa nach § 173 Abs. 1 AO nachträglich auch noch eine Korrektur des Anteilswerts zu einen früheren Stichtag rechtfertigen könnte.

Die Neubewertung auf einen späteren Stichtag kann beantragt werden, ohne daß dafür noch weitere Voraussetzungen notwendig sind, also auch in Fällen, die in Abschnitt 89 a Abs. 2 VStR nicht besonders aufgeführt sind.

*c) Neubewertung von Amts wegen*

Auch das Finanzamt kann eine Neubewertung nach Abschnitt 89 a Abs. 2 VStR durchführen. Ob es dazu kommt, bleibt im Einzelfall abzuwarten.

*XVI. Stichtag für die Bewertung von Anteilen an Kapitalgesellschaften*

noch 4  Jedenfalls müssen hier die Voraussetzungen des Abschnitts 89 a Abs. 2 VStR erfüllt sein, was bei einer Neubewertung auf Antrag nicht notwendig ist. Vermutlich wird eine solche von Amts wegen erfolgende Neubewertung auf Ausnahmefälle beschränkt bleiben. Von größerer Bedeutung dürfte hier vielmehr die Berichtigung einer bereits durchgeführten Anteilsbewertung aufgrund einer bei der GmbH durchgeführten Außenprüfung sein. Hierzu vgl. Abschnitt 90 Rz. 9 ff.

# XVII. Verfahren bei der Bewertung von Anteilen an Kapitalgesellschaften

## 1. Wortlaut des Abschnitts 90 VStR

*(1) Die Vorschriften der AntBew-VO über die einheitliche und gesonderte Feststellung des gemeinen Wertes von Anteilen und Genußscheinen gelten auch in Fällen der Abschnitte 80, 84 bis 86. Das Finanzamt darf den Bescheid nicht allein gegen die Gesellschaft richten, es muß vielmehr die Gesellschaft zur Namhaftmachung der einzelnen Gesellschafter mit besonders großen Beteiligungen im Sinne von § 4 Abs. 1 Nr. 2 AntBew-VO auffordern und den Bescheid auch gegen diese Gesellschafter richten (BFH, 22. 1. 1971, BStBl. 1971 II S. 418). Wegen der notwendigen Beiladung von Anteilseignern im Klageverfahren vgl. BFH, 17. 7. 1985 (BStBl. 1985 II S. 675).*

*(2) Die Frage, ob ein Paketzuschlag nach § 11 Abs. 3 BewG mit Rücksicht darauf zu machen ist, daß ein Steuerpflichtiger eine wesentliche Beteiligung besitzt, ist bei der Vermögensteuerveranlagung des Steuerpflichtigen zu entscheiden (BFH, 15. 2. 1974, BStBl. 1974 II S. 443). Hat das Betriebsfinanzamt den gemeinen Wert der Anteile der Kapitalgesellschaft aus Verkäufen abgeleitet (vgl. Abschnitt 74 Abs. 3), so hat es in seiner Mitteilung an das Wohnsitzfinanzamt einen Vorschlag zur Höhe des Paketzuschlags zu machen.*

## 2. Wortlaut der Verordnung zur gesonderten Feststellung des gemeinen Werts nichtnotierter Anteile an Kapitalgesellschaften (AntBew-VO)

### § 1 Gegenstand der Feststellung

*Für Anteile an Kapitalgesellschaften, die nach § 11 Abs. 2 BewG zu bewerten sind, ist der gemeine Wert gesondert festzustellen. Soweit sich aus den folgenden Vorschriften keine Besonderheiten ergeben, gelten die Vorschriften der Abgabenordnung.*

*XVII. Verfahren bei der Bewertung von Anteilen an Kapitalgesellschaften*

## §2 Örtliche Zuständigkeit

*Für die gesonderte Feststellung des gemeinen Werts nach § 1 ist das Betriebsfinanzamt (§ 18 Abs. 1 Nr. 2 AO) örtlich zuständig. § 27 AO bleibt unberührt.*

## §3 Einleitung des Feststellungsverfahrens

*Die gesonderte Feststellung wird von Amts wegen durchgeführt, wenn sie für die Besteuerung von Bedeutung ist. Unter dieser Voraussetzung können auch die Kapitalgesellschaft oder ein Anteilsinhaber die gesonderte Feststellung beantragen.*

## §4 Erklärungspflicht

*(1) Zur Feststellung des gemeinen Werts hat die Kapitalgesellschaft, deren Anteile zu bewerten sind, nach amtlichem Vordruck eine Erklärung abzugeben, aus der sich ergeben*

1. *die erforderlichen Angaben zur Ermittlung des gemeinen Werts,*
2. *Name und Anschrift der Personen, denen Rechte an mindestens 5 v. H. des Nennkapitals zustehen,*
3. *bei unterschiedlicher Ausstattung der Anteile jeweils die Personen, bei deren Anteilsbesitz diese Unterschiede zu beachten sind und worin sie bestehen.*

*(2) Die Erklärung ist eine Steuererklärung im Sinne des § 150 AO.*

## §5 Beteiligte am Feststellungsverfahren

*(1) Am Feststellungsverfahren sind beteiligt*

1. *die Kapitalgesellschaft, deren Anteile zu bewerten sind,*
2. *die Anteilsinhaber, die Antrag auf Feststellung des gemeinen Werts gestellt haben,*
3. *die Anteilsinhaber, die dem Betriebsfinanzamt nach § 4 Abs. 1 Nr. 2 von der Kapitalgesellschaft namhaft gemacht worden sind.*

*(2) Der Feststellungsbescheid ist allen am Verfahren Beteiligten bekanntzugeben. Er kann auch anderen Anteilsinhabern bekanntgegeben werden.*

*(3) Ist der Feststellungsbescheid mehreren Beteiligten bekanntzugeben, die keinen Empfangsbevollmächtigten im Sinne des § 183 Abs. 1 AO bestellt haben, so gilt die Kapitalgesellschaft als Empfangsbevollmächtigter.*

## § 6 Feststellungsverfahren bei unterschiedlicher Ausstattung der Anteile

*(1) Sind Anteile unterschiedlich ausgestattet, so ist für jede Gruppe von Anteilen, die nach ihrer Ausstattung zusammengehören, eine gesonderte Feststellung zu treffen. Die unterschiedlichen Feststellungen können, wenn sich die Interessen der Beteiligten nicht widersprechen, in einem Bescheid zusammengefaßt werden.*

*(2) Ergehen wegen der unterschiedlichen Ausstattung mehrere Feststellungsbescheide, so gilt § 5 Abs. 3 jeweils für die Personen mit gleich ausgestattetem Anteilsbesitz.*

## § 7 Befugnis zur Einlegung von Rechtsbehelfen

*Zur Einlegung von Rechtsbehelfen gegen den Feststellungsbescheid sind befugt*

*1. die Anteilsinhaber, denen der Feststellungsbescheid bekanntgegeben wurde (§ 5 Abs. 2);*

*2. die Kapitalgesellschaft, deren Anteile zu bewerten sind (§ 5 Abs. 1 Nr. 1).*

## 3. Rechtsprechung zu Abschnitt 90 VStR und zur AntBew-VO

BFH, 23. 10. 1964 – III 365/61 U (BStBl. 1965 III S. 64, BB 1965 S. 76)
BFH, 21. 3. 1969 – III R 100/66 (BStBl. 1969 II S. 493, BB 1969 S. 1208)
BFH, 12. 12. 1969 – III R 52/67 (BStBl. 1970 II S. 304, BB 1970 S. 606)
BFH, 25. 11. 1970 – III R 122/69 (BStBl. 1971 II S. 272, BB 1971 S. 598)
BFH, 10. 12. 1971 – III R 35/71 (BStBl. 1972 II S. 331, BB 1972 S. 643)
BFH, 31. 10. 1974 – III R 130/73 (BStBl. 1975 II S. 253, BB 1975 S. 265)
BFH, 1. 7. 1977 – III R 28/76 (BStBl. 1977 II S. 698, BB 1977 S. 1644)
BFH, 7. 12. 1977 – II R 164/72 (BStBl. 1978 II S. 323, BB 1978 S. 540)
BFH, 7. 12. 1979 – III R 45/77 (BStBl. 1980 II S. 234, BB 1980 S. 715)
BFH, 28. 4. 1983 – III R 136/82 (BStBl. 1983 II S. 506, BB 1983 S. 1462)
BFH, 28. 5. 1986 – II R 197/83 (BFH-NV 1987 S. 664)
BFH, 18. 3. 1987 – II B 14/87 (BFH-NV 1988 S. 290)

*a) Grundlagen- und Folgebescheid*

Das einheitliche Feststellungsverfahren des gemeinen Werts von GmbH-Anteilen wird durch einen Grundlagenbescheid abgeschlossen. Für die am Feststellungsverfahren beteiligten Personen, gegen die der Bescheid gerich- **1**

*XVII. Verfahren bei der Bewertung von Anteilen an Kapitalgesellschaften*

tet ist, sind die Vorschriften des § 182 Abs. 1 und 2 AO anzuwenden. Das Ergebnis der Anteilsbewertung muß also dem Vermögensteuerbescheid nach § 182 Abs. 1 AO bindend zugrunde gelegt werden. Es gilt demgemäß auch § 175 Nr. 1 AO. Der darin zum Ausdruck kommende Maßgeblichkeitsgrundsatz stellt im übrigen einen allgemeinen Rechtsgedanken dar, der überall dort entsprechend angewandt werden muß, wo in einem Grundlagenbescheid Feststellungen getroffen werden, auf denen ein weiterer Bescheid (Folgebescheid) bindend aufbaut (BFH, 10. 12. 1971).

Besteht über die Feststellung des gemeinen Werts zwischen den Beteiligten Streit, so müssen sich aus dem Urteil des Tatsachengerichts im einzelnen die Gründe ergeben, die für seine rechtliche Überzeugung maßgebend waren (§ 96 Abs. 1 FGO). Hier sind dies vor allem das Vermögen und die Ertragsaussichten der Kapitalgesellschaft (§ 11 Abs. 2 BewG). Die bloße Feststellung des Ergebnisses der Berechnungen nach dem Stuttgarter Verfahren allein genügt nicht. Das Tatsachengericht ist auch nicht der Prüfung enthoben, sich über die Grundlagen des angewendeten Verfahrens klar zu werden. Es muß den Gang zur Schätzung in seinem Urteil offenlegen (BFH, 7. 12. 1977).

Die sich nach § 5 Abs. 3 AntBewV ergebende Rechtslage ist eindeutig und bedarf keiner weiteren Klärung. Danach gilt, wenn kein Empfangsbevollmächtigter i. S. des § 183 Abs. 1 AO bestellt worden ist, die Kapitalgesellschaft als Adressatin des Bescheides über die Anteilsbewertung (BFH, 18. 3. 1987).

*b) Beiladung der Beteiligten*

2 Die Entscheidung im Streit über die Feststellung des gemeinen Werts kann gegenüber der GmbH und ihren Gesellschaften nur einheitlich ergehen. Deshalb müssen zu einem Rechtsmittelverfahren, das von der GmbH allein eingeleitet worden ist, auch die Gesellschafter als notwendig am Verfahren Beteiligte hinzugezogen werden, soweit sie dem Finanzamt bekannt sind (BFH, 25. 11. 1970). Das gilt auch insoweit, als sie zur Vertretung der GmbH nicht bevollmächtigt sind. Erhebt nämlich die GmbH Klage gegen einen solchen Bescheid und werden die Gesellschafter, die keine Klage erhoben haben, nicht dem Verfahren beigeladen, so wirkt das Urteil auch nicht gegen diese Gesellschafter (BFH, 21. 3. 1969).

Erhebt nicht die GmbH, sondern ein Gesellschafter Klage, so sind entsprechend den obigen Grundsätzen die GmbH und alle dem Finanzamt benannten oder sonst bekannten Gesellschafter dem Verfahren beizuladen, wenn die Klage den Wert aller Geschäftsanteile betrifft (BFH, 12. 12. 1969). Das gilt auch für die Gesellschafter, die zur Geschäftsführung und Vertretung der GmbH bestellt sind, denn die Geschäftsführungsbefugnis hat keinen Einfluß auf den Wert ihrer Anteile. Von ihrer Beiladung kann nicht deshalb abgesehen werden, weil daneben noch die GmbH selbst beizuladen ist (BFH, 21. 3. 1966).

Wenn die Klage die Herabsetzung des gemeinen Werts der Anteile einzelner Gesellschafter wegen geringen Einflusses auf die Geschäftsführung nach Abschnitt 80 VStR bezweckt, sind nur die Gesellschafter beizuladen, für die eine solche Herabsetzung in Betracht kommen kann (BFH, 25. 11. 1970). Die übrigen Gesellschafter sind aber dann beizuladen, wenn ein Gesellschafter die Herabsetzung des Wertes seines Anteils wegen besonderer Umstände begehrt, und diese Umstände in gleichem Ausmaß auch auf alle übrigen Anteilseigner zutreffen (BFH, 12. 12. 1969). 3

Das Unterlassen einer notwendigen Beiladung ist stets von Amts wegen zu beachten. Hat das Finanzamt die notwendige Hinzuziehung einer am Verfahren beteiligten Person im Einspruchsverfahren unterlassen, so ist dieser Verfahrensmangel als geheilt anzusehen, wenn das Finanzgericht durch Beiladungsbeschluß die vom Finanzamt unterlassene Zuziehung des Beteiligten nachgeholt hat (BFH, 25. 11. 1970).

### c) Streitwert

Wenn die GmbH selbst den Rechtsbehelf einlegt, ist zur Ermittlung des Streitwerts der Unterschiedsbetrag zu errechnen, der sich ergibt, wenn die aufgrund des Anteilswerts der Vorentscheidung und die aufgrund des begehrten Anteilswerts jeweils alle Anteilseigner treffende Vermögensteuerbelastung einander gegenübergestellt werden. Das Doppelte dieses Betrags wird dann als Streitwert angesetzt. Ob sich der Wertunterschied bei den einzelnen Anteilseignern auch tatsächlich vermögensteuerlich auswirkt, braucht nicht geprüft zu werden (BFH, 23. 10. 1964). 4

In einem Fall, in welchem nicht die GmbH, sondern ein Anteilseigner die besondere Feststellung des Anteilswertes beantragt hatte, wurde allerdings als Streitwert nur der einfache Jahresbetrag an Vermögensteuer angesetzt, der sich nach dem streitigen Wertunterschied ergab (BFH, 1. 7. 1977). Dies gilt auch, wenn der festgestellte Wert nicht nur an einem Stichtag der Bewertung zugrundegelegt wird. Auch ist es ohne Belang, daß insoweit noch eine Mehrbelastung bei der Gewerbekapitalsteuer in Betracht kommen kann. Eine Einzelberechnung des Streitwerts für jede Steuer würde zu einer kaum zu rechtfertigenden Mehrarbeit

*XVII. Verfahren bei der Bewertung von Anteilen an Kapitalgesellschaften*

führen. Im übrigen kann sich diese Streitwertberechnung sowohl zugunsten wie auch zuungunsten der Steuerpflichtigen auswirken (BFH, 28. 4. 1983).

Die Rechtsprechung, daß bei einer Klage der Kapitalgesellschaft alle Anteile in die Streitwertberechnung einzubeziehen seien, ist dann nicht maßgebend, wenn eindeutig feststeht, daß die Mehrzahl der Gesellschafter Körperschaften des öffentlichen Rechts sind, die der Vermögensteuer nicht unterliegen (BFH, 28. Mai 1986).

## 4. Ergänzende Anmerkungen zu Abschnitt 90 VStR und zur AntBew-VO

Zu Abschnitt 90 Abs. 1 VStR

*a) Formelles Feststellungsverfahren*

5   Der gemeine Wert der Anteile an einer GmbH wird in einem formellen Verfahren gesondert festgestellt (§ 1 AntBew-VO). Dabei ist es gleichgültig, ob er nach Abschnitt 76 VStR aus Verkäufen abgeleitet (InSen. Hamburg, 3. 4. 1987, DStZ/E 1987 S. 187) oder nach den Abschnitten 77 ff. VStR geschätzt wird. Zuständig dafür ist jeweils das Betriebsfinanzamt der Kapitalgesellschaft, um deren Anteile es sich handelt.

Für das Feststellungsverfahren gelten, soweit sich aus der Verordnung nichts anderes ergibt, die Vorschriften der Abgabenordnung. Auch auf diese gesonderte Feststellung finden deshalb die Vorschriften über Steuerfestsetzungen sinngemäß Anwendung (§ 181 Abs. 1 AO).

aa) Erklärungspflicht

6   Zur Durchführung der Anteilsbewertung hat die GmbH auf einem amtlichen Vordruck eine entsprechende Erklärung abzugeben (§ 4 Abs. 1 AntBew-VO). Diese ist eine Steuererklärung im Sinne des § 150 AO. Soweit in dem amtlichen Vordruck vorgesehen, hat die GmbH den Anteilswert selbst zu berechnen. Diese Selbstberechnung ist zwar nicht gesetzlich vorgeschrieben (§ 150 Abs. 1 AO). Es dürfte aber schon im eigenen Interesse der GmbH liegen, die Berechnungen selbst durchzuführen. Dies gilt um so mehr, als diese im Verhältnis zu dem Arbeitsaufwand, den die übrigen Angaben verlangen, relativ einfach sind. Welche Angaben in der Erklärung zu machen sind, ergibt sich aus § 4 Abs. 1 AntBew-VO.

Wird die Erklärung nicht oder nur verspätet abgegeben, so kann ein Verspätungszuschlag festgesetzt werden. Er richtet sich nach der Höhe der festgesetzten Steuer (§ 152 Abs. 2 AO). Im vorliegenden Fall sind die steuerlichen Auswirkungen der Anteilsbewertung zu schätzen (§ 152 Abs. 4 AO). Sie sollen mit 4 v. T. des gemeinen Werts sämtlicher Anteile an der GmbH angesetzt werden.

bb) Feststellungsbescheid

Die Feststellung des Anteilswertes erfolgt in einem besonderen Feststellungsbescheid. Nach § 5 Abs. 1 AntBew-VO ist er nicht gegen die GmbH, sondern gegen alle dort aufgeführten Beteiligten zu richten. Sie müssen deshalb in dem Feststellungsbescheid genannt werden. Die Formulierung: „Der Bescheid ergeht mit Wirkung für und gegen alle Beteiligten (§ 5 Abs. 1 und 3 AntBew-VO)", soll deshalb nicht genügen (FinMin Saarland, 30. 3. 1987, DStZ/E 1987 S. 186 mit Hinweis auf FG Köln, 15. 5. 1986). Über die Zurechnung der Anteile soll jedoch noch nicht in dem Feststellungsbescheid entschieden werden können (FG Münster, 17. 1. 1980, EFG 1980 S. 380).  7

Der Feststellungsbescheid kann, wenn die Bewertungsunterlagen noch nicht abschließend geprüft sind, auch unter dem Vorbehalt der Nachprüfung ergehen (§ 164 Abs. 1 AO). Der Vorbehalt entfällt, wenn die Festsetzungsfrist abläuft (§ 164 Abs. 4 AO). Die gesonderte Feststellung kann aber auch vorläufig erfolgen, wenn ungewiß ist, ob und inwieweit die Voraussetzungen, von denen bei der Wertermittlung ausgegangen wird, zutreffen (§ 165 Abs. 1 AO). Eine gesonderte Feststellung unter dem Vorbehalt der Nachprüfung oder eine vorläufige Feststellung sind immer dann zweckmäßig, wenn mit einer alsbaldigen Außenprüfung bei der GmbH zu rechnen ist, deren Ergebnisse auch noch Einfluß auf den Anteilswert haben könnten.

Auch für die gesonderte Feststellung des Anteilswertes gilt eine besondere Feststellungsfrist. Die Vorschriften in § 181 Abs. 2 AO müssen insoweit sinngemäß angewendet werden. Danach beginnt die Frist nicht vor Ablauf des Kalenderjahres, auf dessen Beginn der Anteilswert erstmals steuerlich anzuwenden ist. Da es hier nur auf die vermögensteuerlichen Auswirkungen ankommt, wäre dies für die Anteilsbewertung zum 31. 12. 1988 der Ablauf des Jahres 1989. Die Festsetzungsfrist dauert grundsätzlich 4 Jahre (§ 179 Abs. 2 Nr. 2 AO), so daß die Feststellung noch bis Ende 1993 erfolgen kann.  8

*XVII. Verfahren bei der Bewertung von Anteilen an Kapitalgesellschaften*

cc) Berichtigung des Feststellungsbescheids

**9** Der Feststellungsbescheid kann unter den gleichen Voraussetzungen wie ein Steuerbescheid auch nachträglich wieder aufgehoben oder geändert werden. Das gilt insbesondere, wenn nachträglich Tatsachen bekannt werden, die zu einem höheren oder auch zu einem niedrigeren Anteilswert führen (§ 173 Abs. 1 AO). Auch hier gilt der Grundsatz, daß zwischenzeitliche Änderungen der BFH-Rechtsprechung nicht zum Nachteil der Beteiligten berücksichtigt werden dürfen (§ 176 Abs. 1 AO). Eine für die beteiligten Personen günstige Entwicklung der BFH-Rechtsprechung kann dagegen auch rückwirkend bei einer Berichtigung auf einen früheren Stichtag beachtet werden. Wesentliche, sich auf einzelne Regelungen beziehende Änderungen der Abschnitte 76 ff. VStR sollen allerdings nicht auf frühere Stichtage angewendet werden können (BFH, 7. 12. 1979).

**10** Zu einer rückwirkenden Änderung kann es kommen, wenn bei der GmbH eine Außenprüfung durchgeführt worden ist. Dies setzt jedoch voraus, daß sich diese Außenprüfung formal auch auf die Anteilsbewertung erstreckt hat (§ 193, § 194 Abs. 2 AO). Es genügt jedenfalls nicht, daß diese nur zu einer Änderung des Einheitswerts für das Betriebsvermögen der GmbH oder zu einer Änderung ihrer Steuerbilanz führt; denn weder der Einheitswert noch die Gewinnfeststellung haben für die Anteilsbewertung die Wirkung eines Grundlagenbescheides. Wegen dieser fehlenden Bindungswirkung (§ 175 Nr. 1 AO) kommt es deshalb auch nicht automatisch zu einer Änderung des Feststellungsbescheides über den Anteilswert. Wenn sich dagegen die Außenprüfung bei der GmbH formal auch auf die Anteilsbewertung erstreckt, was wohl regelmäßig der Fall sein dürfte, könnten entsprechende Änderungen mitberücksichtigt werden. Bei der Ermittlung des Vermögenswerts können dies allerdings nur Tatsachen sein, die schon am Stichtag vorgelegen haben und den Beteiligten auch schon mehr oder weniger bekannt waren, bei der Ermittlung des Ertragshundertsatzes nur Tatsachen, die nach den Verhältnissen vom Stichtag auch von den Beteiligten schon erwartet werden konnten.

**11** Ebenso wie es bei der Einheitsbewertung eine Fortschreibung zur Fehlerbeseitigung gibt (§ 22 Abs. 2 BewG), kann auch hier eine Neubewertung zur Fehlerbeseitigung beantragt werden, auch wenn dieser Fall in Abschnitt 89 a Abs. 2 VStG nicht ausdrücklich vorgesehen ist. Sie läßt allerdings den fehlerhaften Feststellungsbescheid unberührt; denn sie erfolgt erst auf den nächsten oder übernächsten Stichtag während des Hauptveranlagungszeitraumes. Für den dazu erforderlichen Antrag kommt es aber weder auf die zeitlichen Einschränkungen des § 22 Abs. 2 BewG, noch auf die in § 173 Abs. 1 Nr. 2 AO genannten Einschränkungen (s. o.) an. Hierzu vgl. auch Abschnitt 89 a Rz. 3.

Sowohl bei der Berichtigung als auch bei der Überprüfung eines nur vorläufigen oder nur unter Vorbehalt der Nachprüfung festgestellten Anteilswerts (§§ 164 ff. AO) ist zu berücksichtigen, daß es sich bei der Wertermittlung um eine Schätzung handelt. Die einmal angewendete Schätzungsmethode, hier das Stuttgarter Verfahren, kann aber nicht durch eine andere Schätzungsmethode ersetzt werden. Im übrigen sollte man nur dann zu einer neuen Wertfeststellung kommen, wenn sie zu einer ins Gewicht fallenden Abweichung führt und damit auch der Arbeitsaufwand vertretbar ist, der mit den daran anschließenden Korrekturen bereits vorliegender Steuerbescheide verbunden ist. In Anlehnung an Abschnitt 89 a Abs. 2 VStR wird hierfür eine Grenze von 10 v. H. des zu berichtigenden Anteilswertes vorgeschlagen. Man sollte sich zunächst mit einer überschlägigen Berechnung begnügen und lediglich feststellen, ob sich bei einer Korrektur vermutlich ein um mehr als 10 v. H. abweichender Anteilswert ergeben würde. Bei einem sehr großen Gesellschaftsvermögen würde allerdings schon im Hinblick auf die auch entsprechend größeren steuerlichen Auswirkungen eine Berichtigung stets und ohne Rücksicht auf irgendwelche Grenzen erfolgen müssen. Dasselbe gilt, wenn sich die Berücksichtigung zugunsten der Gesellschafter auswirkt.

**12**

Bei dieser sich schon aus der Sache selbst ergebenden großzügigen Beurteilung erübrigt sich eine Erörterung der Frage, inwieweit hier auch die Vorschriften der Kleinbetragsverordnung v. 10. 12. 1980 (BGBl. 80 I S. 2255) i. d. F. v. 14. 12. 1984 (BGBl. 1984 I S. 1493) beachtet werden müssen.

### dd) Beteiligte am Feststellungsverfahren

Die Personen, die am Feststellungsverfahren beteiligt sind, ergeben sich aus § 5 Abs. 1 AntBew-VO. Sind es mehrere Personen, so sollen sie einen Empfangsbevollmächtigten bestellen, der ermächtigt ist, den Feststellungsbescheid und andere Mitteilungen im Zusammenhang mit der Anteilsbewertung für sie in Empfang zu nehmen (§ 183 Abs. 1 AO). Wird ein solcher nicht bestellt, so gilt bei der Anteilsbewertung die GmbH als Empfangsbevollmächtigter (§ 5 Abs. 3 AntBew-VO). Dies wäre nur dann ausgeschlossen, wenn dem Finanzamt bekannt ist, daß die GmbH nicht mehr besteht, ein Gesellschafter ausgeschieden ist oder zwischen den Gesellschaftern ernstliche Meinungsverschiedenheiten bestehen (§ 183 Abs. 2 AO). Im übrigen ist jedoch der Feststellungsbescheid allen am Verfahren Beteiligten

**13**

*XVII. Verfahren bei der Bewertung von Anteilen an Kapitalgesellschaften*

bekanntzugeben (§ 5 Abs. 2 AntBew-VO). Hierzu vgl. auch FinMin NS, 28. 4. 1987 mit Hinweis auf FG Köln, 15. 5. 1986 (BB 1987 S. 1380). Es ist aber darauf hinzuweisen, daß in dem Feststellungsverfahren nur der gemeine Wert verbindlich festgestellt wird. Über die Zurechnung der Anteile bei den einzelnen Gesellschaftern wird erst bei deren Veranlagung entschieden (FG München, 17. 1. 1980, EFG 1980 S. 379).

**14** Am Feststellungsverfahren können auch ausländische Gesellschafter beteiligt sein, soweit sie dem Betriebsfinanzamt von der GmbH namhaft gemacht worden sind (§ 5 Abs. 1 AntBew-VO). Meistens werden diese jedoch mit ihren Anteilen gar nicht der deutschen Vermögensteuer unterliegen. Ist dies offensichtlich, so wird es für unbedenklich angesehen, wenn auf eine Zustellung des Feststellungsbescheides an den einzelnen ausländischen Gesellschafter verzichtet wird.

ee) Feststellungsbescheid als Grundlagenbescheid

**15** Der Feststellungsbescheid ist ein Grundlagenbescheid (§ 171 Abs. 10 AO). Für Steuerbescheide und für andere Feststellungsbescheide, bei denen es auf den Wert der Anteile ankommt, ist er bindend (§ 182 Abs. 1 AO). Dies gilt auch dann, wenn er noch nicht rechtskräftig geworden ist. Er wirkt gegenüber allen am Feststellungsverfahren beteiligten Personen, denen er bekanntgegeben wird. Er wirkt aber auch gegenüber dem Rechtsnachfolger, auf den der Anteil nach dem Stichtag übergeht (§ 166 AO). Zwar gilt diese Wirkung gegenüber dem Rechtsnachfolger zunächst nur für die Einheitswertfeststellung. Der gleiche Grundsatz muß aber hier mindestens entsprechend gelten, denn auch der Anteilswert kann ebenso wie der Einheitswert für längere Zeit von Bedeutung sein. Auf jeden Fall gilt jedoch der Feststellungsbescheid gegenüber dem Gesamtrechtsnachfolger. Kommt es nachträglich zu einer Änderung des Feststellungsbescheids, so sind auch alle anderen Feststellungsbescheide und alle Steuerbescheide, bei denen der Anteilswert übernommen worden ist, entsprechend zu ändern (§ 175 Nr. 1 AO). Das gilt auch dann, wenn sie schon rechtskräftig sind.

*b) Rechtsbehelf gegen den Feststellungsbescheid*

**16** Gegen den Feststellungsbescheid kann die GmbH und jeder Beteiligte, dem dieser Bescheid zugestellt wurde, Rechtsbehelf einlegen (§ 7 AntBew-VO). Im übrigen gelten die allgemeinen Grundsätze.

## c) Feststellungsbescheid bei getrennter Bewertung

Bei unterschiedlicher Ausstattung der Anteile an einer GmbH (hierzu vgl. Abschnitt 84 VStR) ist für jede Gruppe, für die dieselben Merkmale gelten, eine eigene gesonderte Feststellung durchzuführen (§ 6 Abs. 1 AntBew-VO). Aus Vereinfachungsgründen wird zugelassen, daß diese getrennten Wertermittlungen zusammen in einem einzigen Feststellungsbescheid erfolgen. Voraussetzung ist allerdings, daß die Interessen der Beteiligten dem nicht entgegenstehen (§ 6 Abs. 1 AntBew-VO). Insoweit würde es sich um dieselben Fälle handeln, in denen nach § 5 Abs. 3 AntBew-VO in Verbindung mit § 183 Abs. 2 AO der Feststellungsbescheid nicht der GmbH als Empfangsbevollmächtigter für alle Beteiligten, sondern jedem einzelnen Beteiligten getrennt zugestellt werden muß.

## d) Geltungsbereich des Feststellungsbescheids

Ein Feststellungsbescheid ist nur insoweit bindend, als dies in einem Steuergesetz vorgesehen ist (§ 179 Abs. 1 AO). Grundlage für das formelle Verfahren für die Feststellung des Anteilswertes ist § 113 a BewG. Diese Vorschrift gehört zu dem Teil des Bewertungsgesetzes, der ausschließlich nur für die Vermögensteuer gilt (§ 17 Abs. 1 BewG). Demgemäß ist auch der Feststellungsbescheid mit dem Anteilswert nur für die Vermögensteuer bindend (§ 182 Abs. 1 AO). Es ist auch bei der Ermittlung des Einheitswerts des Betriebsvermögens zu übernehmen. Daß insoweit in § 109 Abs. 3 BewG ein ausdrücklicher Hinweis auf § 113 a BewG fehlt, dürfte zu keiner anderen Rechtslage führen.

Ein Anteilswert wird aber auch für andere Steuerarten benötigt. Bei der Erbschaftsteuer gilt dies für den Fall, daß Anteile zum Nachlaß gehören oder Anteile den Gegenstand der Schenkung bilden. Hier erfolgt deshalb die Ermittlung des Anteilswertes im Rahmen der jeweiligen Steuerveranlagung. Es ist deshalb der Feststellungsbescheid mit dem Anteilswert nicht für die Erbschaftsteuer verbindlich (FG Rheinland-Pfalz, 2. 10. 1980, EFG 1981 S. 224).

Dies schließt aber nicht aus, daß er in der Praxis dann doch von dem Anteilswert abgeleitet wird, der auf den letzten, vor dem Erbschaftsteuerstichtag (§ 11 ErbStG) liegenden Stichtag nach § 113a BewG festgestellt worden ist.

*XVII. Verfahren bei der Bewertung von Anteilen an Kapitalgesellschaften*

*e) Bewertung von Anteilen an einer ausländischen GmbH*

**20** Ein formelles Feststellungsverfahren ist nur für Anteile an einer inländischen GmbH vorgeschrieben. Die Ermittlung des Werts von Anteilen an einer ausländischen GmbH oder ähnlichen Gesellschaft ist dagegen unselbständiger Teil der Feststellung des Einheitswerts des Betriebsvermögens, zu dem diese Anteile gehören, oder Teil der Vermögensteuerveranlagung des Anteilseigners, dem sie zuzurechnen sind. Entsprechendes gilt, wenn diese Anteilswerte im Rahmen eines Feststellungsverfahrens zur Bewertung der Anteile an einer inländischen GmbH benötigt werden, z. B. weil zu deren Vermögen eine ausländische Schachtelbeteiligung gehört, die steuerfrei geblieben war. Unter diesen Umständen müssen sich gelegentlich auch mehrere Finanzämter mit der Bewertung von Anteilen an einer ausländischen GmbH beschäftigen. Es sollte dafür seitens der Finanzverwaltung sichergestellt werden, daß alle beteiligten Finanzämter von einem einheitlichen Anteilswert ausgehen. Dazu könnte es zweckmäßig sein, daß nach Abstimmung der betroffenen Finanzämter, welche die Arbeiten an sich durchführen müßten, das Finanzamt, das für den Gesellschafter mit der größeren Beteiligung zuständig ist, bei gleichen Beteiligungen der einzelnen Gesellschafter das Finanzamt, das sich hier zuerst mit der Antweilsbewertung befaßt, die Bewertungsarbeit für die anderen miterledigt. Soweit bekannt, teilt das Bundesamt für Finanzen den Finanzämtern jeweils die Fälle mit, in denen mehrere Inländer an einer ausländischen Kapitalgesellschaft beteiligt sind. Trotz Fehlens eines formalen Verfahrens sind bisher in diesem Zusammenhang noch keine besonderen Schwierigkeiten bekannt geworden.

# Anlage

Auszug aus dem

# Bewertungsgesetz

i. d. F. vom 30. 5. 1985 (BGBl. I S. 845)
zuletzt geändert durch das Steuerreform-Gesetz vom 25. 7. 1988 (BGBl. I S. 1093)

## § 9 BewG   Bewertungsgrundsatz, gemeiner Wert

(1) Bei Bewertungen ist, sweit nichts anderes vorgeschrieben ist, der gemeine Wert zugrunde zu legen.

(2) Der gemeine Wert wird durch den Preis bestimmt, der im gewöhnlichen Geschäftsverkehr nach der Beschaffenheit des Wirtschaftsguts bei einer Veräußerung zu erzielen wäre. Dabei sind alle Umstände, die den Preis beeinflussen, zu berücksichtigen. Ungewöhnliche oder persönliche Verhältnisse sind nicht zu berücksichtigen.

(3) Als persönliche Verhältnisse sind auch Verfügungsbeschränkungen anzusehen, die in der Person des Steuerpflichtigen oder eines Rechtsvorgängers begründet sind. Das gilt insbesondere für die Verfügungsbeschränkungen, die auf letztwilligen Anordnungen beruhen.

## § 11 BewG   Wertpapiere und Anteile

(1) Wertpapiere und Schuldbuchforderungen, die am Stichtag an einer deutschen Börse zum amtlichen Handel zugelassen sind, werden mit dem niedrigsten am Stichtag für sie im amtlichen Handel notierten Kurs angesetzt. Liegt am Stichtag eine Notierung nicht vor, so ist der letzte innerhalb von 30 Tagen vor dem Stichtag im amtlichen Handel notierte Kurs maßgebend. Entsprechend sind die Wertpapiere zu bewerten, die zum geregelten Markt zugelassen oder in den geregelten Freiverkehr einbezogen sind.

(2) Anteile an Kapitalgesellschaften (Aktiengesellschaften, Kommanditgesellschaften auf Aktien, Gesellschaften mit beschränkter Haftung, Kolonialgesellschaften, bergrechtlichen Gewerkschaften), die nicht unter Absatz 1 fallen, sind mit dem gemeinen Wert anzusetzen. Läßt sich der gemeine Wert nicht aus Verkäufen ableiten, die weniger als ein Jahr zurückliegen, so ist er unter Berücksichtigung des Vermögens und der Ertragsaussichten der Kapitalgesellschaft zu schätzen.

*Anlage*

(3) Ist der gemeine Wert einer Anzahl von Anteilen an einer Kapitalgesellschaft, die einer Person gehören, infolge besonderer Umstände (z. B. weil die Höhe der Beteiligung die Beherrschung der Kapitalgesellschaft ermöglicht) höher als der Wert, der sich auf Grund der Kurswerte (Absatz 1) oder der gemeinen Werte (Absatz 2) für die einzelnen Anteile ingsgesamt ergibt, so ist der gemeine Wert der Beteiligung maßgebend.

(4) Wertpapiere, die Rechte der Einleger (Anteilinhaber) gegen eine Kapitalgesellschaft oder einen sonstigen Fonds verbriefen (Anteilscheine), sind mit dem Rücknahmepreis anzusetzen.

### § 112 BewG   Stichtag für die Bewertung von Wertpapieren und Anteilen

Stichtag für die Bewertung von Wertpapieren und Anteilen an Kapitalgesellschaften ist jeweils der 31. Dezember des Jahres, das dem für die Hauptveranlagung, Neuveranlagung und Nachveranlagung zur Vermögensteuer maßgebenden Zeitpunkt vorangeht.

### § 113 BewG   Veröffentlichung der am Stichtag maßgebenden Kurse und Rücknahmepreise

Der Bundesminister der Finanzen stellt die nach § 11 Abs. 1 BewG maßgebenden Kurse und die nach § 11 Abs. 4 maßgebenden Rücknahmepreise vom Stichtag (§ 112 BewG) in einer Liste zusammen und veröffentlicht diese im Bundessteuerblatt.

### § 113 a BewG   Verfahren zur Feststellung der Anteilswerte

Der Wert der in § 11 Abs. 2 BewG bezeichneten Anteile an inländischen Kapitalgesellschaften wird gesondert festgestellt. Die Zuständigkeit, die Einleitung des Verfahrens, die Beteiligung der Gesellschaft und der Gesellschafter am Verfahren sowie die Zulässigkeit von Rechtsbehelfen werden durch Rechtsverordnung geregelt.

# Sachregister

Hinweis für die Benutzung:
z. B. **A 78** = Stichwort wird in Abschnitt A 78 VStR behandelt,
**78, 4ff.** = Stichwort wird bei Randziffer 4ff. in der Rechtsprechungsübersicht zu Abschnitt 78 VStR oder Kommentierung zu Abschnitt 78 VStR behandelt.

**Abschlag A 74; A 77; A 78; A 79**
- Ableitung der Verkäufe **74,** 6, 17, 19ff.
- genereller
-- Ertragshundertsatz **78,** 36ff.
-- Vermögenswert **77,** 68, 71
- Minderheitsbeteiligung **A 80; 80,** 16; **81,** 14; **83,** 10
- wegen hoher Rendite **A 78; 78,** 29ff., 33
- wegen niedriger Erträge **79,** 17ff.

**Abweichender Abschlußzeitpunkt A 77**
- OHG **17,** 4
- Vermögenswert **77,** 7, 22ff.

**Abweichendes Wirtschaftsjahr**
- Ertragshundertsatz **78,** 9

**Aktien A 74; 74,** 2ff., 15ff.

**Aktiengattungen 74,** 23

**Anlagevermögen bewegliches A 78**
- Ertragshundertsatz **78,** 3
- Vermögenswert **77,** 58, 61ff.

**Anlaufverluste A 89**
- bei Neugründung **89,** 6

**AntBew-VO A 90**
- Beteiligte **90,** 2
- Erklärungspflicht **90,** 6
- Rechtsbehelf **90,** 3

- unterschiedliche Ausstattung **90,** 17

**Anteilsbewertung**
- auf Antrag **89a,** 1ff.
- Verfahren **A 89a**
- von Amts wegen **89a,** 1ff.

**Anteilswert** s. gemeiner Wert

**Antrag A 89a**
- auf Durchführung der Anteilsbewertung **89a,** 1ff.

**Arbeitskraft A 78**
- hohe Rendite durch eigene, Ertragshundertsatz **78,** 30
- Vermögenswert **77,** 5

**Aufbauzeit A 89**
- Anlaufverluste **89,** 5
- bei Neugründung **89,** 1

**Aufteilungsmaßstab**
- bei Anteilen an KG **77,** 53ff.
- bei Anteilen an OHG **77,** 53ff.

**Ausgaben A 78**
- nicht abzugsfähige, Ertragshundertsatz **78,** 21ff.
-- Tarifbelastung **78,** 21ff.

**Ausländische Gesellschaft**
- Aktien **74,** 25; **76,** 9
- Anteile, GmbH **90,** 20ff.
- Verfahren **90,** 14, 20

215

## Sachregister

**Ausländische Gesellschafter**
- Beteiligte am Verfahren **90**, 14
- Ertragshundertsatz **78**, 24

**Ausländische Steuern**
- Ertragshundertsatz **78**, 22
- Vermögenswert **77**, 33

**Außenprüfung**
- Ertragshundertsatz **78**, 2
- Feststellungsbescheid **90**, 10
- Vermögenswert **77**, 6

**Baukostenindex 77**, 48

**Beteiligte** am Feststellungsverfahren **90**, 2ff.

**Beteiligung A 80**
- bei Ehegatten **80**, 8, 21
- und Paketzuschlag **80**, 25
- Sonderbewertung **80**, 14ff.
- Umfang **80**, 4ff., 12, 20
s. a. Paketzuschlag und -abschlag

**Beteiligungsbesitz A 74, A 80**
- Anteilsbewertung **80**, 12ff.
- Betriebsvermögen **77**, 60
- getrennte Wertermittlung **83**, 5, 7ff.
- Holding **83**, 3, 5
- Neubewertung bei Änderung **A 89a**
- Organverhältnis **83**, 5ff.
- Paketzuschlag **74**, 26ff.

**Betriebsergebnis A 78**
- durchschnittliches **78**, 27
- negatives **78**, 7, 39
- selbständige Ermittlung **78**, 26
s. a. Ertragshundertsatz

**Betriebsgrundstücke A 77**
- Einheitswert **77**, 47
- – Korrektur **77**, 13, 15, 51
- gepachtete, gemeiner Wert **79**, 9

- Vermögenswert **77**, 11ff., 46ff.

**Betriebsvermögen A 77**
- Einheitswert **77**, 21
- Vermögenswert **77**, 21

**Bewertungsmethoden A 79**
- Stuttgarter Verfahren **79**, 1ff.
- verschiedene **79**, 11

**Börsenhandel** als gewöhnlicher Geschäftsverkehr **76**, 8

**Börsenkurs A 74**
- Ableitung aus dem **74**, 18; **76**, 8
- Bedeutung **74**, 1
- für Beteiligung **77**, 31, 42
- Streichung **74**, 14

**Brennrecht,** Vermögenswert **77**, 3

**Bundesminister der Finanzen A 74**

**Darlehen**
- verdeckte Stammeinlage **86**, 1, 5
- Vermögenswert **77**, 64

**Dividenden**
- Bedeutung für Minderheitsbeteiligung **80**, 14, 17
- als Ertragshundertsatz **A 80**

**Dividendengarantie**
- getrennte Wertermittlung **84**, 1, 2
- Organschaft **83**, 14

**Ehegatten A 74; A 80**
- mit Mehrheitsbeteiligung **74**, 27; **80**, 8, 21

**Eigene Anteile A 87**
- zur Einziehung bestimmte **87**, 2, 7
- Erfassung **87**, 1, 2
- geringer Umfang **87**, 3
- größerer Umfang **87**, 6

- rechnerische Ermittlung des Anteilswerts **87**, 3

**Einheitswert A 77**
- abweichender Abschlußzeitpunkt **77**, 7
- Aufteilung bei OHG **77**, 53
- Auslandsvermögen **77**, 33
- Betriebsvermögen, Vermögenswert **77**, 27ff.
- Grundbesitz **77**, 45ff.
- immaterielle Wirtschaftsgüter **77**, 35
- Korrekturen **77**, 4, 13, 20ff., 41ff.
- negativer **77**, 27
- OHG-Anteil **77**, 53ff.
- Rückstellungen **77**, 37ff.
- steuerfreie Wirtschaftsgüter **77**, 28ff.
- Steuerschulden **77**, 65ff.

**Einheitswertbescheid**, Bedeutung für Vermögenswert **77**, 21

**Einmann-GmbH**, Anteilswert **80**, 11

**Einnahmen A 78**
- steuerfreie, Ertragshundertsatz **78**, 17

**Einzahlungsanspruch** bei noch nicht gezahltem Stammkapital **85**, 1, 2; **89**, 4

**Erbbaurecht**, Vermögenswert **77**, 51

**Erfindung**, Vermögenswert **77**, 35

**Erklärungspflicht A 90**
- Anteilsbewertung **90**, 6

**Erträge geringe A 79**
- Abschlag **79**, 15

**Ertragsaussichten A 78; A 81; A 83**

- Beteiligungsbesitz **81**, 5, 7, 12, 13
- Ertragshundertsatz als Grundlage für **78**, 1ff.
- GmbH & Co. **81**, 4
- Grundstücks-GmbH **81**, 1
- Holdinggesellschaft **81**, 2, 10ff., 14
- Liquidationsgesellschaft **81**, 17
- s. a. Ertragshundertsatz

**Ertragshundertsatz A 78**
- Abrechnung **78**, 10ff.
- abweichendes Wirtschaftsjahr **78**, 9
- ausländische Steuern **78**, 22
- Außenprüfung **78**, 1
- Familiengesellschaft **78**, 2
- genereller Abschlag **78**, 6, 36ff.
- Gewinnausschüttung **78**, 22
- hohe Rendite **78**, 29ff.
- Körperschaftsteuer **78**, 23
- korrigierter Steuerbilanzgewinn **78**, 8
- künftige Ertragsteuerbelastung **78**, 4, 21
- Minderheitsbeteiligung **80**, 14, 17
- negatives Betriebsergebnis **78**, 7, 25, 39
- nicht abzugsfähige Ausgaben **78**, 21
- rechnerische Ermittlung **78**, 38
- selbständige Ermittlung **78**, 26ff.
- steuerfreie Einnahmen **A 78; 78**, 17
- Veräußerungsgewinn und -verlust **78**, 12, 19
- Verlustabzug **78**, 15
- Vermögensteuer **78**, 8, 10ff.
- Zurechnung **78**, 12ff.

*Sachregister*

**Ertragsteuerbelastung, latente** A 77
- Ertragshundertsatz **78**, 4
- Gesellschafter **77**, 16 ff.
- Vermögenswert **77**, 16 ff.

**Ertragswertverfahren 79**, 14

**Familien-AG** A 74

**Familien-GmbH**
- Ertragshundertsatz **78**, 2
- gemeiner Wert für Anteile **79**, 6
- Minderheitsbeteiligung **80**, 13

**Feststellungsbescheid über Anteilswert** A 90
- bei anderen Steuern **90**, 18
- Änderung **90**, 11, 12
- Außenprüfung **90**, 10
- Berichtigung **90**, 9
- Eigenanteile **87**, 4
- Festsetzungsfrist **90**, 8
- Rechtsbehelf gegen **90**, 7, 16
- vorläufiger **90**, 7

**Feststellungsverfahren** A 90
- ausländische Gesellschafter **90**, 14
- Beteiligte **90**, 2, 13
- Durchführung **90**, 5

**Finanzamt,** zuständiges, für Anteilsbewertung A 90

**Firmenwert** A 77
- Vermögenswert **77**, 8, 35

**Formeln** für die verschiedenen Bewertungsmethoden **79**, 11

**Gemeiner Wert** A 76; A 79
- Ableitung aus Verkäufen **76**, 19, 23

- Abschlag
- – bei geringen Erträgen **79**, 3 ff., 15, 19
- – – Höhe **79**, 18
- – – bei Verlust **79**, 17
- Ermittlung bei Minderheitsbeteiligung **80**, 14 ff.
- Ermittlungsgrundlagen **79**, 1 ff., 11 ff.
- rechnerische Ermittlung **79**, 14
- Rückgabeverpflichtung **79**, 22, 24
- schwere Verkäuflichkeit **79**, 8
- sonstige Korrekturen **79**, 25
- Stuttgarter Verfahren **76**, 2
- unterkapitalisierte GmbH **79**, 20
- und Unternehmenswert **79**, 13
- Verfügungsbeschränkung **79**, 5, 21 ff.

**Geschäftsführung** A 80
- Anteile ohne Einfluß auf **80**, 1 ff.
s. a. Minderheitsgesellschaft

**Geschäftsverkehr** A 74
- gewöhnlicher **74**, 17
s. a. Kaufpreis, Verkauf

**Geschäftswert** A 77
- Vermögenswert **77**, 41, 52

**Gesellschafter,** Arbeitserfolg, Ertragshundertsatz **78**, 29 ff.

**Gewinnabführungsverpflichtung**
- Ertragshundertsatz **78**, 22
- Organschaft **83**, 11
- Vermögenswert **77**, 40

**Gewinnausschüttung**
- Ertragshundertsatz **78**, 22
- Vermögenswert **77**, 40

**GmbH**
- ertragslose, Abschlag **79**, 15

- ohne Vermögen, Anteilswert
  **81**, 4
- unterkapitalisierte, Anteilswert
  **79**, 20

**GmbH & Co.**
- Anteile, Vermögenswert **77**, 57
- Ermittlung des Anteilswerts
  **81**, 4

**Grundbesitz A 77**
- Vermögenswert **77**, 11, 45 ff., 50

**Grundlagenbescheid**
- über Anteilswert **90**, 1, 10, 15, 18
- Einheitswert der GmbH als **77**, 1, 6, 20
- Steuerbilanz der GmbH als **78**, 8

**Grundstücks-GmbH**, Anteilswert
**81**, 1

**Holdinggesellschaft A 81**
- Anteilswert **81**, 2, 10 ff.
- Kaskadeneffekt **81**, 7
- Minderheitsgesellschaft **81**, 14; **83**, 10
- OHG- und KG-Anteile **81**, 15 ff.

**Immaterielle Wirtschaftsgüter A 77**
- Vermögenswert **77**, 8, 35

**Kapitalforderungen**, Vermögenswert **77**, 62

**Kapitalforderungen und -schulden**
**77**, 64

**Kaskadeneffekt**, Beteiligung **81**, 7, 15; **83**, 5

**Kaufpreis A 74**
- Ableitung des gemeinen Werts
  **74**, 19, 23

**Kinder A 74**
- als Minderheitsgesellschafter **74**, 27; **80**, 21

**Kommanditgesellschaft**, Aufteilung des Vermögens, Vermögenswert **77**, 58

**Körperschaftsteuer**
- Ertragshundertsatz **78**, 23 ff.
- Minderheitsgesellschaften **80**, 25
- Vermögenswert **77**, 66

**Kursliste A 74**

**Kuxe A 88**

**Liquidationsgesellschaft A 81**
- Anteilswert **81**, 17

**Mantel-GmbH**, Anteilswert
**81**, 4, 18

**Mehrheitsbeteiligung A 80**
- im Besitz der OHG **80**, 21
- bei Ehegatten **80**, 20
  s. a. Minderheitsgesellschaften, Paketzuschlag

**Minderheitsbeteiligung A 80**
- Anteilswert **80**, 11 ff.
- Ertragshundertsatz **80**, 25
- Verfügungsbeschränkungen
  **79**, 23
- Vermögenswert **80**, 14

**Mineralgewinnungsrecht**, Vermögenswert **77**, 52, 54

**Mittelwertformel**, Bedeutung **79**, 11 ff.

**Negatives Betriebsergebnis**, Ertragshundertsatz **78**, 25, 39

**Nennkapital**, Änderung **A 89 a**

*Sachregister*

**Neugründung der GmbH** A 89; A 89a
- Anlaufverluste **89**, 5
- Betriebsaufspaltung **89**, 2
- noch nicht eingezahltes Stammkapital **89**, 4
- Stichtag **89a**, 1ff.
- Umwandlung **89**, 6
- Vorgesellschaft **89**, 7

**Nutzungen,** Vermögenswert **77**, 61, 63

**Obergesellschaft,** Anteilswert **83**, 2, 3, 12

**Offene Handelsgesellschaft**
- Aufteilung **77**, 58ff.
- Betriebsvermögen **77**, 55ff.

**OHG-Anteil**
- Besitz einer Mehrheitsbeteiligung **80**, 22; **81**, 15
- Vermögenswert **77**, 55ff.

**Organgesellschaft,** Anteilswert **83**, 2, 3, 11

**Organschaft** A 83
- negative Erträge **83**, 13
- Sonderbewertung **83**, 5ff.

**Paketzuschlag** A 74; A 80
- Mehrheitsbeteiligung **74**, 26

**Pensionslasten,** Vermögenswert **77**, 10

**Persönliche Umstände** A 74; A 79
- Ermittlung des gemeinen Werts **74**, 11; **79**, 6ff., 21ff.
- Mehrheitsbeteiligung **80**, 1, 3

**Politische Risiken,** gemeiner Wert **79**, 10

**Rechnerische Ermittlung** A 77; A 78; A 79
- Ertragshundertsatz **78**, 38
- gemeiner Wert **79**, 14
- Minderheitsbeteiligung **80**, 16ff.
- Organverhältnis **83**, 10
- verdeckte Stammeinlage **86**, 4
- Vermögenswert **77**, 69

**Rechtsbehelf** A 90
- gegen Feststellungsbescheid **90**, 3, 10, 16
- Streitwert **90**, 4

**Rendite** A 78; A 79
- Bedeutung hoher, für Ertragshundertsatz **78**, 29ff.
- Bedeutung niedriger, für gemeinen Wert **79**, 3, 11, 12

**Rente,** Vermögenswert **77**, 60, 63

**Rücklagen**
- steuerfreie, Ertragshundertsatz **78**, 14
- Vermögenswert **77**, 38, 39

**Rückstellung,** Vermögenswert **77**, 9, 38

**Sachleistungsansprüche 77**, 64

**Schachtelbeteiligung** A 77
- Vermögenswert **77**, 30ff.

**Schulden und Lasten** A 77
- Vermögenswert **77**, 9, 37ff.

**Stammeinlage** A 85; A 86
- noch nicht eingezahlte **85**, 3; **89**, 4
- verdeckte **86**, 1ff.

**Steuerbelastung, latente**
- Ertragshundertsatz **78**, 4
- Vermögenswert **77**, 16, 63

**Steuerbilanzgewinn** A 78
- Abrechnung 78, 14 ff.
- abweichendes Wirtschaftsjahr 78, 9
- Gesellschafter-Geschäftsführer-Gehalt 78, 20
- Grundlage für Ertragshundertsatz 78, 8 ff.
- Hinzurechnung zum 78, 12 ff.
- Korrekturen 78, 8 ff.
- negativer 78, 39
- nichtabzugsfähige Ausgaben 78, 19

**Stichtag** A 89 a
- Ableitung des Anteilswerts aus Verkäufen 74, 5, 18 ff.
- Ertragshundertsatz 78, 27

**Stille Gesellschaft**, Anteilsbewertung 86, 5

**Stille Reserven**
- Betriebsgrundstücke 77, 52
- Ertragshundertsatz 78, 27
- Vermögenswert 77, 64

**Stimmrecht**, Anteile ohne 80, 3, 23

**Stuttgarter Verfahren** A 76; A 79
- Bedeutung 76, 2 ff., 7, 16 ff., 25; 79, 1 ff., 11 ff.
- Bindung an 79, 13
- als sog. Übergewinnmethode 79, 2

**Teilwert** für bewegliches Anlagevermögen 77, 61

**Umwandlung** A 89
- Anteilwert 89, 6

**Ungleiche Ausstattung** A 84
- Anteilswert 84, 1 ff.

**Unterbeteiligung** bei Mehrheitsbeteiligung 80, 8, 23

**Unternehmenswert**, Bedeutung für gemeinen Wert 79, 13

**Unterstützungskasse** A 82
- Anteil an 82, 1 ff.

**Veräußerungsgewinn und -verlust** A 78
- Ertragshundertsatz 78, 16, 19

**Verfahren zur Anteilsbewertung** A 90
- Außenprüfung 90, 10
- ausländische Anteile 90, 20
- Berichtigung 90, 9 ff.
- Zuständigkeit 90, 5

**Verfügungsbeschränkungen** A 74; A 79
- Abschlag 74, 20; 79, 5 ff., 21 ff.
- Familiengesellschaft 79, 6
- GmbH & Co. 81, 4
- Gründergesellschaften 79, 7

**Vergleichszinssatz** 79, 16

**Verkauf von Anteilen** A 76
- Bedeutung für Anteilswert 74, 14; 76, 1 ff.
- Börsenkurs 74, 14
- gewöhnlicher Geschäftsverkehr 74, 1, 2, 11
- mehrere, als Grundlage 74, 7
- Stichtag 76, 5 ff.; 89a, 1 ff.

**Verkäuflichkeit, schwere** A 79
- Abschlag wegen 79, 8

**Verlust** A 78
- Ertragshundertsatz 78, 25, 39
- gemeiner Wert 79, 18

**Vermögensänderung** A 89 a

**Vermögensteuer** A 78
- Ertragshundertsatz 78, 19

## Sachregister

**Vermögenswert  A 77; A 80**
- Abschlag vom  77, 19, 68
- abweichender Abschluß-
  zeitpunkt  77, 30 ff.
- Auslandsvermögen  77, 33
- Betriebsgrundstücke  77, 11,
  46 ff.
- Einheitswert als Grundlage für
  77, 21, 28 ff.
- Erfindungen  77, 35
- Geschäftswert  77, 41
- Gewinnabführungsverpflichtung
  77, 40
- GmbH & Co.  77, 57
- Grundbesitz  77, 11
- immaterielle Wirtschaftsgüter
  77, 35
- Kapitalforderungen  77, 64
- Körperschaftsteuerbelastung
  77, 65
- Korrekturen bei Ermittlung  77,
  13 ff., 43 ff.
- Minderheitsbeteiligung  80, 14
- Nutzungen  77, 60
- OHG- und KG-Anteile  77, 55 ff.
- Pensionslasten  77, 10
- rechnerische Ermittlung  77, 72
- Rückstellungen  77, 38 ff.
- Schachtelbeteiligung  77, 30 ff.
- Schulden und Lasten  77, 8 ff.,
  36 ff.
- steuerfreie Wirtschaftsgüter  77,
  29 ff.
- Steuerschulden  77, 63 ff.

**Vorgesellschaft,** Anteil an  89, 7

**Wirtschaftsgüter**
- ertragslose, gemeiner Wert  81, 6
- immaterielle, Vermögenswert
  77, 35 ff.

**Wohnungsbau-GmbH,** Anteile an
gemeinnütziger  82, 4

**Zwerganteile,** gemeiner Wert  80, 3

# Die Betriebsaufspaltung nach Handels- und Steuerrecht

Von Dr. **Gerhard Brandmüller,**
Rechtsanwalt und Fachanwalt für Steuerrecht, Starnberg.

5., neubearbeitete und wesentlich erweiterte Auflage 1985,
371 Seiten, Kt.

ISBN 3-8005-6276-6
Bücher des Betriebs-Beraters

„ . . . Das Werk enthält nicht nur interessante Gestaltungshinweise, z. B. Anteilsrotation vor Liquidation einer Kapitalgesellschaft, sondern befaßt sich auch mit wichtigen zivilrechtlichen, insbesondere haftungsrechtlichen Fragen. Besonders lesenswert (und leider weithin unbekannt) ist die Darstellung der Haftung von GmbH-Geschäftsführern, auch für den Fall weitgehender Ressortteilung . . . Insgesamt ist festzustellen, daß das Werk von Brandmüller an systematischer Durchdringung, klarer Darstellung und Aktualität von keiner anderen Darstellung der Betriebsaufspaltung übertroffen wird."    *Notar Dr. Sebastian Spiegelberger, Schweinfurt*
*Deutsche Notar-Zeitschrift 12/86*

„ . . . Einer Empfehlung bedarf die Schrift von Brandmüller in Fachkreisen wohl kaum noch. Verbreitung sei ihr gewünscht bei „Betroffenen", die sich hier umfassend und abgewogen informieren können, ohne allein vordergründige Vorteile zur Entscheidungsgrundlage zu machen."    *RA Dr. J. Meyer-Landrut, Düsseldorf*
*Juristische Rundschau 5/87*

**Verlag Recht und Wirtschaft
Heidelberg**

# Schriften des Betriebs-Beraters

10  *Grüll/Janert,* Der Anstellungsvertrag mit leitenden Angestellten, 12. Aufl.
13  *Grüll,* Die Konkurrenzklausel, 4. Aufl.
21  *Hofmann,* Der Prokurist, 5. Aufl.
27  *Schleßmann,* Das Arbeitszeugnis, 9. Aufl.
34  *Hässler,* Die Geschäftsführung des Betriebsrates, 5. Aufl.
38  *Eberstein,* Der Handelsvertreter-Vertrag, 6. Aufl.
40  *Laux,* Die Zwischenfinanzierung von Bausparverträgen, 5. Aufl.
48  *Frotscher,* Steuern im Konkurs, 2. Aufl.
50  *Eberstein,* Die zweckmäßige Ausgestaltung von Allgemeinen Geschäftsbedingungen im kaufmännischen Geschäftsverkehr, 3. Aufl.
51  *Frotscher,* Die steuerliche Außenprüfung, 2. Aufl.
55  *Troll,* Bewertung der Aktien und GmbH-Anteile bei der Vermögensteuer, 5. Aufl.
61  *Kapp,* Schwerpunkte des Erbschaft- und Schenkungsteuerrechts
62  *Ripfel,* Der Gesellschaftsvertrag der GmbH
64  *Spie/Piesker,* Der Geschäftsbereich des Arbeitsdirektors
65  *Bauer,* Unternehmensveräußerung und Arbeitsrecht
68  *Döllerer,* Verdeckte Gewinnausschüttungen und verdeckte Einlagen bei Kapitalgesellschaften, (2. Aufl. i. Vb.)
69  *Klein/Ruban,* Der Zugang zum Bundesfinanzhof
70  *Helwich,* Pfändung des Arbeitseinkommens
71  *Hohn,* Arbeitssicherheit und Unfallschutz im Betrieb
72  *Dichtl/Schenke,* Einzelhandel und Baunutzungsverordnung
73  *Kaligin/Rieckmann,* Berliner Steuervergünstigungen für Investoren
74  *Ricker,* Unternehmensschutz und Pressefreiheit (i. Vb.)
75  *Eberstein/Braunewell,* Einführung in die Grundlagen der Produkthaftung (i. Vb.)
76  *Laux,* Das Fünfte Vermögensbildungsgesetz

## Verlag Recht und Wirtschaft
## Heidelberg